国家出版基金项目
NATIONAL PUBLICATION FOUNDATION

"十四五"国家重点图书出版规划项目

新时代
东北全面振兴
研究丛书

XIN SHIDAI
DONGBEI QUANMIAN ZHENXING
YANJIU CONGSHU

———

中国东北振兴研究院
组织编写

东北振兴中的劳动力变动研究

李万军　闫琳琳——著

辽宁人民出版社

图书在版编目（CIP）数据

东北振兴中的劳动力变动研究 / 李万军，闫琳琳著.
沈阳：辽宁人民出版社，2025. 2. --（新时代东北全
面振兴研究丛书）. -- ISBN 978-7-205-11344-5

Ⅰ. F249.21

中国国家版本馆CIP数据核字第2024B4C276号

出版发行：辽宁人民出版社
　　　　　地址：沈阳市和平区十一纬路25号　邮编：110003
　　　　　电话：024-23284313　邮箱：ln_editor4313@126.com
　　　　　http://www.lnpph.com.cn
印　　刷：辽宁新华印务有限公司
幅面尺寸：170mm×240mm
印　　张：15.75
字　　数：265千字
出版时间：2025年2月第1版
印刷时间：2025年2月第1次印刷
策划编辑：郭　健
责任编辑：陈　昊　张婷婷　郭　健
助理编辑：龙佳琪
封面设计：丁末末
版式设计：G-Design
责任校对：吴艳杰
书　　号：ISBN 978-7-205-11344-5
定　　价：86.00元

《**新时代东北全面振兴研究丛书**》 中国东北振兴研究院　组织编写

编委会

主　任

夏德仁　郭　海　迟福林

委　员

唐立新　徐　峰　张连波　孟继民

常修泽　刘海军　蔡文祥

总　序

　　《新时代东北全面振兴研究丛书》是中国东北振兴研究院组织编写出版的第二套关于东北振兴主题的丛书。中国东北振兴研究院成立于 2016 年，是国家发展和改革委员会为支持东北地区振兴发展而批准成立的研究机构。近 10 年来，该研究院以服务东北振兴这一国家战略为己任，充分发挥高校人才和智力优势，密切与社会各界合作，根据不同时期党中央对东北振兴做出的重大决策，深入东北三省调查研究，组织年度东北振兴论坛并不定期举办具有针对性的专家座谈会，向国家有关部门和东北三省各级党委和政府提供了一系列具有决策参考价值的咨询报告。在此基础上，也形成了一批具有学术价值的研究成果。2020 年，研究院组织编写出版了《东北振兴研究丛书》(共 8 个分册)，在社会上引起良好反响。从 2023 年开始，研究院结合总结东北振兴战略实施 20 周年的经验，组织编写了《新时代东北全面振兴研究丛书》(共 9 个分册)，从更广阔的视野和新时代东北振兴面临的新问题角度，对东北振兴进行了更加深入的研究。研究院和出版社的同志邀请我为这套丛书作序，我也想借此机会，结合自己 20 年来亲身参与东北振兴全过程的经历和近几年参与研究院组织的调研的体会，就丛书涉及的一些问题谈谈个人的看法，也算是为丛书开一个头。

一、关于东北振兴的重大战略意义

　　东北振兴战略是国家启动较早的区域发展战略，启动于 2003 年。我深切体会到，20多年来，还没有哪一个区域的发展像东北地区这样牵动着历届党和国家领导人的心，被给予了这样多的关心和支持。仅党的十八大以来，习近平总书记就10多次到东北来考察调研，亲自主持召开座谈会并作重要讲话。党中央和国务院在不同时期都对支持东北振兴做出政策安排，尽最大的可能性给予东北各项支持政策。从中可以看出，东北振兴战略不仅仅是一个简单的区域发展战略，它远远超出东北地区的范围，具有十分重大的全局性意义。我从以下两方面来理解这一重大意义：

第一，东北振兴是实现中国式现代化的战略支撑。

中国式现代化最本质的特征是由中国共产党领导的社会主义现代化。回顾历史，在中国共产党领导下，中国式现代化贯穿了新中国成立至今70多年的整个历史过程，这一历史过程既包括改革开放以来的40多年，也包括从新中国成立到改革开放的近30年。在党领导的现代化建设过程中，东北地区扮演着十分独特而举足轻重的角色。东北地区是新中国最早启动工业化的地区，新中国成立之初，党的第一代领导人为开展社会主义工业化建设，在东北地区进行了大规模投资。"一五"时期，国家156个重点项目中有56个安排在东北地区，其投资额占了总投资额的44.3%。东北工业基地的建立与发展，寄托着中国共产党人对社会主义现代化的理想和追求，展现了中国共产党人独立自主建设新中国的高瞻远瞩和深谋远虑。在此过程中，东北工业基地的发展为中国社会主义工业体系的建设做出了不可磨灭的重大贡献，东北地区的能源工业、基础原材料生产和重大装备制造等支撑着国家的经济建设和国防建设。与此同时，东北三省的经济发展水平一直在全国排名前列，以辽宁为例，由于其特殊的战略地位，辽宁的经济总量（当年的衡量指标是工农业总产值）曾排名第一，被称为"辽老大"。改革开放后，东南沿海地区在改革推动下，市场机制快速发育，经济发展迅速，而东北三省则面临从传统计划经济向社会主义市场经济转型的痛苦过程。尽管东北人在转型过程中做出了大量艰苦的探索，但是由于体制机制的惰性和产业结构的老化使市场机制的发育相对缓慢，东北三省的经济总量在全国的排名逐渐落后。2003年10

月，党中央、国务院正式印发《关于实施东北地区等老工业基地振兴战略的若干意见》，以此为标志，国家正式启动了东北地区等老工业基地振兴战略。习近平总书记高度重视东北老工业基地的振兴发展，党的十八大以来，先后10多次到东北考察并发表重要讲话，多次就东北振兴问题做出重要指示批示，强调了东北振兴在国家大局中的战略地位，特别是强调了东北地区在维护国家国防安全、粮食安全、生态安全、能源安全、产业安全方面担负着重大责任。在加快强国建设、实现第二个百年奋斗目标、推进民族复兴伟业的过程中，东北振兴的战略地位是至关重要的。

综上所述，东北老工业基地由于有着区别于其他地区的历史演变过程，其建设、发展、改革和振兴凝聚着中国共产党几代领导人对社会主义道路全过程的实践探索和不懈努力，因而对实现中国式现代化来说具有特有的象征性意义。可以说，没有东北老工业基地的全面振兴，就没有中国式现代化目标的实现，而且，东北全面振兴的进度也在一定程度上决定了中国式现代化实现的进度。在迈向第二个百年奋斗目标新征程中，东北振兴能否实现新突破，标志着中国式现代化目标能否成功。所以东北全面振兴是实现中国式现代化的重要支撑。

第二，东北振兴是维护国家安全的重要保证。

东北振兴不能简单地从经济发展方面来衡量其重大意义。我在省市工作期间，经常接待党和国家领导人到东北来考察调研，我感觉到领导同志所关心的问题主要不是经济增长率是多少、地区生产总值是多少，所考察的企业或项目主要不是看其能够创造多少产值，而是看其能否为国家解决战略性重大问题。以大连的造船工业为例，20年前其每年实现的产值也就是100亿元左右，与一些超千亿元的大型企业相比，微不足道；但领导同志最关心的是，他们能造出保障国家能源安全的30万吨级大型油轮和液化天然气（LNG）运输船，能够造出保障国防安全的航空母舰和大型驱逐舰，所以在2003年党中央、国务院印发的《关于实施东北地区等老工业基地振兴战略的若干意见》中明确现代造船业为大连市的四大支柱产业之一，作为老工业基地产业振兴的重要组成部分。同样，我们看到的东北地区的飞机制造、核电装备、数控机床等装备制造业企业，规模并不大，产值并不高，但是却体现着"国之重器"特点，是我国国防安全和产业安全的重要保障。从国家的粮食安全来看，我曾几次到黑龙江和吉林粮食产区考察学习，深切感受到东北地区的粮食生产在维护国家粮食安全中的战略地位。东北是我国重要的农业生产基地，粮食产量占全国总产量1/4以上，商品粮与全国1/3，粮食调出量占全国40%，是国家粮食安全的"压舱石"。前几年在黑龙江省北大荒集团，我看到一望无际的黑土地上，全部实现了机械化耕种，其情景令人震撼；最近我又率队参观了北大荒集团的数字农业指挥中心，看到通过数字化和人工智能技术，可将上亿亩的耕地集中进行智能化管理，切身感受到了"中国人的饭碗端在我们自己手里"的安全感。

习近平总书记高度重视东北振兴，曾多次从维护国家安全的角度强调东北振兴的重要性。2018年9月，习近平总书记在沈阳主持召开深入推进东北振兴座谈会时强调，东北地区是我国重要的工业和农业基地，维护国家国防安全、粮食安全、生态安全、能源安全、产业安全的战略地位十分重要，关乎国家发展大局。习近平总书记亲自为东北地区谋定了维护国家"五大安全"的战略定位，做出统筹发展和安全的前瞻性重大部署，进一步提升了东北振兴的战略层次，凸显了东北振兴的重要支撑地位，为新时代东北全面振兴提供了根本遵循。

东北三省地处复杂多变的国际地缘政治敏感区，肩负着发展和安全的重要使命。我们应自觉从维护国家安全的战略高度推进东北振兴，既要在总体上担负起维护"五大安全"的政治责任，又要厘清国防安全、粮食安全、生态安全、能源安全、产业安全的具体责任。比如在国防安全上，要进一步完善军民融合发展政策，充分释放军工企业制造能力，通过与地方产业链、供应链的衔接，提升国防装备制造产业创新能力和效率。再比如在产业安全上，针对"卡脖子"技术，要在自主研发体系、产业链供应链的完善上，采取有效举措甚至"举国体制"予以支持。东北地区的新定位，进一步明确了东北振兴的战略重点，使东北振兴战略与维护国家"五大安全"战略紧密结合，更加有利于加强政策统筹协调，有利于实现重点突破。

维护国家"五大安全"，也是东北振兴的重要途径。东北地区要以"五大安全"战略定位为引领，准确把握国家战略需要，充分发挥东北地区比较优势和深厚潜力，突出区域资源特色，结合建设现代化产业体系，谋划一批统筹发展与安全的高质量的重大项目。把"五大安全"的战略定位和政治责任，落实到东北振兴的各方面和全过程。特别需要强调的是，在东北地区产业结构调整中，要加强"国之重器"的装备制造业升级改造，加快数字化智能化进程，增强核心部件和关键技术的自主研发能力，解决好"卡脖子"问题。

二、关于东北振兴中的体制机制改革

当前，东北地区与发达地区的最大差距是经济活力的差距，从根本上讲，还是体制机制的差距。前不久我在东南沿海地区考察过程中，见到不少东北人在那里创业发展，其中一部分是商界人士，如企业家或公司高管；还有一部分是科技人员，他们当中许多人是携带着科技成果从东北转战到南方的。我与其中几位科技企业的高管和科研人员做了深入的交谈，询问了他们为什么远离家乡到这里发展，他们的回答几乎是一致的，即东南沿海的经济充满活力，市场机制发达，生产要素市场健全，创新创业的成功率高，企业家和科技人员的聪明才智能够得到充分发挥。至于东北的情况，他们的回答也是很中肯的：东北的产业和科技教育基础都很好，他们也想在当地创业发展，但是有几个因素使得许多人最终选择了离开——一是东北地区的企业缺乏创新动力和吸纳科技成果的积极性，在科研成果和优秀人才面前，更多的是南方企业（也包括创投公司）伸出橄榄枝，很少遇到东北企业的主动欢迎；二是要素市场不健全，获得资金的资本市场、获得人才的人才市场和制造业企业的供应链市场都有许多缺陷；三是尽管政府部门推动发展的积极性高，但是由于政策多变，新官不理旧账，所以给企业和创业者带来许多不确定性。

以上问题，究其原因还是东北地区的体制机制改革不到位。东北地区是在全国各区域中进入计划经济最早的地区，从1950年开始，国家就对东北地区的煤炭、钢材等生产资料进行统一的计划分配；另一方面，东北地区又是各区域中退出计划经济最晚的地区，由于长期形成的历史包袱，计划经济管理的惯性使得市场机制在原有的计划经济基础上发育得较为缓慢。尽管东北地区在国家自始至终的支持下，在体制机制改革方面做了大量艰苦细致的工作，但是与其他区域相比，特别是与东南沿海地区相比，市场化程度仍然不高，距离市场机制在资源配置中发挥决定性作用的目标还有相当大的差距。从现象上来看，市场化程度不高主要表现在来自企业的自我发展动力活力不足。国企改革不到位，效率不高，在许多竞争性行业对其他市场主体形成"市场准入障碍"或"挤出效应"，制约了民营经济的发展；而地方政府为了弥补市场主体数量不够、企业动力不足问题，不得不亲自下场参与经济活动，再加上长期形成的计划经济的管理习惯，在一定程度上挤压了市场机制发挥作用的空间，限制了市场机制对资源配置的决定性作用。所以，今后东北地区的深化改革还是要围绕着国企改革，以加快民营经济发展和理顺政府与市场的关系为重点。

一是国企国资改革。当前东北国有经济在总体经济中占的比重比较高。以国有控股工业企业资产占规模以上工业企业资产总额的比重为例，辽宁为53.2%，吉林为61.4%，黑龙江为43.2%，均远高于全国37.7%的平均水平。东北地区国有经济比重高有其历史原因，也有东北的国有企业特别是央企为国家担负着一些特殊职能的原因。因此东北地区的国企国资改革并不能简单地提出国退民进或降低国企比重的措施，而是要按照党的二十届三中全会的要求，推进国有经济布局优化和结构调整，增强东北地区国有企业的核心功能，推动国有资本向维护国家"五大安全"领域、向关系国民经济命脉和国计民生的重要行业和关键领域集中，通过完善现代企业制度，将东北的国有企业做强做优做大，提升国际竞争力。针对当前东北地区存在的"市场准入障碍"和"挤出效应"问题，国企国资改革要按照有所为有所不为的原则，在一些竞争性行业，通过混合所有制改革，为非公有制经济创造更多市场准入的机会。这样做一方面实现了国有资本布局的战略性调整，另一方面也在公平竞争的原则下，推动了非公有制经济的发展。

二是民营经济发展。民营经济一直是东北地区经济发展中的一块短板，这一方面是由于东北地区长期实施的是以国有经济为主导的经济模式，民营经济缺乏健康发展的土壤；另外一方面，东北地区的民营企业存在一些先天不足，相当一部分民营企业不是靠企业自身的资本积累和科技创新获得可持续发展能力，而是靠政府部门政策支持和金融机构的信贷扶持发展起来的。我们可以看到，东北地区早期发展起来的民营企业大都有能力获得低价的土地资源或矿产资源的开发许可，而在其背后往往隐藏着不正常的政商关系，因此，每当一个地区出现腐败案件时总会牵扯出一些民营企业家。东北地区民营企业平均生命周期明显短于东南沿海地区，这种先天不足制约了民营经济的发展。要解决这个问题，必须认真贯彻中央"两个毫不动摇"方针，建立亲清的政商关系，遵循国家正在制定的《中华人民共和国民营经济促进法》的法律原则，在明确民营经济发展"负面清单"前提下，放心放手、公平公正地支持民营企业的发展。针对东北地区民营企业家资源不足的问题，要充分利用东北地区的资源优势和产业优势，进一步降低市场准入门槛，吸引更多的外省市企业家到东北来创新创业，结合扶持和培养本土优秀企业家，不断壮大民营企业家群体，并逐步形成东北地区敢于竞争、勇于创新的企业家精神。

在支持非公有制经济发展过程中，我还有一个体会，就是要对民营企业进行正确引导。要认识到民营企业的本质特征是追求企业利益的，但是如何把企业利益与公共利益有机结合起来，这就涉及政府如何进行政策引导。20多年前，亿达集团和东软集团在大连创办了大连软件园，本来所在位置的土地是可以搞房地产开发的，这样可以取得较高的资金回报，但是在政府政策引导下，这两个公司合作规划建设了当时国内最大的软件园，这样就将企业利益和政府的公共利益有机结合起来。尽管企业取得的效益没有像房地产那么高，但是由于政府的一系列政策，他们可以取得更长远的利益，同时又能为城市的功能布局优化、产业结构调整、新兴产业发展做出贡献。大连软件园的建设开启了大连旅顺南路软件产业带的发展，使大连的软件产值从不足1亿元发展到现在的3000多亿元，旅顺南路软件产业带聚集了20多万的软件人才。从这个角度看，通过政府的正确引导，民营企业的利益是可以与公共利益达成一致的。

三是理顺政府与市场的关系。应当看到，由于传统计划经济下的企业对政府依附关系的延续，东北地区政府与市场的关系仍带有"大政府""小市场"的特征。特别是东北地区的各级政府担负着推进体制改革和实施东北振兴战略的重要职责，所以在实践中往往存在着一种"双重悖论"，即一方面政府推进体制改革、实施振兴战略的目的是增强市场活力，放大市场机制作用；但另一方面政府在实施改革和振兴措施的过程中，又往往强化了政府职能，增加了行政干预，进一步压缩了市场机制发挥作用的空间，使市场机制在配置资源方面的决定性作用难以得到有效发挥。要解决这一问题，还是要以党的二一届三中全会精神为指导，把"充分发挥市场在资源配置中的决定性作用，更好发挥政府作用"作为目标和原则，在具体实践中、在"推动有效市场与有为政府更好结合"上下功夫。一是把塑造"有效市场"作为政府的一项"公共服务"，通过落实党的二十届三中全会关于深化改革的各项措施，切实培育起有效的市场机制，并向全社会提供。二是当一些领域"有效市场"形成，市场机制能够对资源配置产生决定性作用时，政府应当主动退出此领域，防止政府"有形的手"干预有效市场"无形的手"的作用。三是政府在制定产业规划和产业政策时，应该遵循市场经济规律，预见中长期的市场波动和周期变化，弥补市场机制在某些环节的"失效"。四是在推动东北产业结构调整过程中，要把产业结构优化升级与培育市场机制有机结合起来，合理界定国企和民企投资的优势领域，结合国有资本的优化布局，将其投资重点集中到涉及国家重大利益的关键领域，并在竞争性领域为民营企业发展留出足够空间，防止出现"挤出效应"。特别是要抢抓当前新一轮科技革命和产业变革重大机遇，充分发挥民营企业家和科技人员创新创业的积极性和创造性，最大限度地将民间资金引导到科技研发和产业创新，在推动战略性新兴产业和未来产业的同时，发展壮大东北地区的民营经济。

党的二十届三中全会提出，到2035年全面建成高水平社会主义市场经济体制。这里所提到的"全面建成"，从区域上讲，就是全国一盘棋，各区域都要通过深化改革，完成向高水平社会主义市场经济体制转型的任务，共同融入全国统一的社会主义大市场之中。这对于目前在市场化改革中仍与发达地区存在较大差距的东北地区来说，既是推进改革的难得机遇，又是不容回避的巨大责任和挑战。

三、关于东北振兴中的产业结构调整

实施东北振兴战略的重要任务是推动东北地区的产业振兴，而产业振兴的核心内容是对东北地区现有的产业结构进行调整优化。近年来，我几次带领中国东北振兴研究院的研究人员深入到东北三省的企业进行调研，对东北地区的产业发展有了一些认识。

东北地区产业结构的主要特点是"老"。东北老工业基地之所以被称为"老"，是因为新中国成立初期国家在东北地区建设的工业体系属于工业化早期水平，产业结构单一，重化工业比重过高，其中能源与基础原材料工业处于价值链前端，附加值低，受某些资源枯竭的影响，成本增加，竞争力下降。东北地区装备制造业是国家工业体系中的顶梁柱，具有不可替代的优势，但是由于体制机制问题，长期以来技术更新缓慢，设备老化，慢慢落后于时代的发展。国家实施东北地区等老工业基地振兴战略后，加大力度对东北地区的产业结构进行了调整，但由于东北老工业基地长期积累的问题较多，历史包袱较重，所以这一任务仍未最终完成。最近几年东北各省区经济总量在全国排名仍然未有明显改变，说明经济增长的动能仍不充足，产业结构的老化问题仍未得到根本解决，结构性矛盾仍然是当前振兴发展面临的主要矛盾之一。老工业基地振兴是一个世界性难题，德国鲁尔、法国洛林、美国底特律地区都走过了近50年的艰难振兴历程。东北老工业基地振兴与体制转型相伴而行，更为曲折复杂，更要爬坡过坎。要充分认识老工业基地结构调整任务的艰巨性复杂性，以更加坚定的决心和顽强的意志，通过全面深化改革，激发市场经济主体竞争活力，焕发结构调整的积极性和创造性，通过有效的产业政策，推动传统产业的转型升级和战略性新兴产业发展，使东北地区的产业浴火重生、凤凰涅槃。我们正面临新一轮科技革命和产业变革，这为东北地区产业结构调整优化提供了一个难得的历史机遇。在科技革命和产业变革面前，东北地区的产业结构调整应当调整思路和方式，从传统思路采取渐进式的产业演化方式来推进调整，转换到以创新的思路采取突变式的产业变革来推进调整。主要思路有以下三方面：

一是加快推进产业链延伸和完善，增加传统原材料工业的附加值和竞争能力。东北地区是国家重点布局的重点工业燃料和原材料生产基地，原油开采、石油化工、煤炭电力、钢铁等既是资源密集型产业又是资本密集型产业。资源型产业附加值低，只有沿产业链向口下游发展才能提高附加值，增强竞争力；而资本密集型产业要求提高集中度，以规模经济降低单位成本，提高竞争力。以东北的石化产业为例，原来是以原油开采、石油炼化为主，提供的产品主要是燃油，中下游严重缺乏。辽宁省的总炼油能力是1亿多吨，且分散在多个炼厂，大多数炼厂都不够国际标准的规模经济。所以，辽宁石化产业作为第一大支柱产业，其出路只有两条：一条是拉长产业链，让石化产业从传统的炼油为主，向中下游的化工原料、精细化工和化工制成品方向发展，逐级提高产品的附加值和经济效益；另一条是走集中化规模化的道路，充分利用辽宁沿海深水港优势，在物流上利用港口大进大出，在生产流程上采用炼油化工一体化模式，从而增加规模效益，降低单位成本。2010年，大连长兴岛石化基地引进了民营企业恒力集团，在国家发展和改革委员会支持下，总投资2000多亿元，建设2000万吨炼化一体化项目，包括中下游环节150万吨乙烯项目、450万吨对二甲苯（PX）项目、1700万吨精对苯二甲酸（PTA）项目，这些都是世界上单体最大的项目。这些项目一方面真正实现了石油炼化沿着烯烃类和芳烃类两条路线向中下游延伸，后面环节的产品附加值会越来越高；另一方面真正实现了石油化工的规模化集约化生产，依托深水良港的物流条件，使物流成本更低、生产效率更高。恒力石化的投资再加上大石化的搬迁改造等项目将使大连长兴岛建设成为世界级石化基地，彻底改变大连石化产业的格局，实现脱胎换骨的结构调整，使之成为现代产业体系的重要组成部分。

二是促进实体经济与数字经济深度融合，将传统装备制造业转化为与数字时代相适应的"智能制造业"。我们现在已经进入了数字时代，加快实体经济与数字经济深度融合已刻不容缓。东北地区具有实体经济、数字经济深度融合的基础。一方面，东北传统制造业基础雄厚，门类齐全，有数量众多的传统制造业企业，其中许多企业在我国的工业体系中地位重要、不可替代，这些都为数字化应用和数字产业发展提供了宏大的应用场景，为数字技术赋能传统产业创造了巨大的发展空间。推动东北地区传统产业的数字化转型将为东北振兴带来两大增长点：一是众多传统制造业企业转型为智能制造企业，极大提高其制造效率、创新能力和国际竞争力；二是围绕数字化工业生态的建立完善，又派生出一大批为产业数字化服务的数字产业化公司。从这个角度看，东北地区所拥有的传统产业基础将转化为数字经济发展的难得的资源和优势。另一方面，东北地区也具备以数字技术改造传统产业的能力。在发展数字经济方面，东北地区起步比较早。以辽宁为例，2003年，东北老工业基地振兴国家战略开始启动时，当时大连市所确定的四大支柱产业中，软件和信息服务业就是其中之一，而且这一产业布局被写进了《关于实施东北地区等老工业基地振兴战略的若干意见》。自此，大连的软件产业发展保持了10年之久的高速增长，旅顺南路软件产业带聚集了上百家世界五百强公司、上千家国内软件公司和20多万的软件人才，带动了应用软件的自主研发，人工智能、大数据、区块链等新技术也在软件业基础上开始起步。总体上看，东北地区的数字经济发展不是一张白纸，而是有相当的基础，只要咬定目标不放松，保持政策连续性，并且进一步加大支持力度，就一定会在数字经济与实体经济融合发展方面取得新突破。当前，东北要通过深化改革全面推进传统制造业企业的数字化改造。应当认识到数字化改造涉及复杂的生产流程和特殊的技术规定性，又需要进行必要的投资、付出相应的成本；更重要的是，要根据工业互联网的技术要求，重新构造生产流程和管理流程。因此，光凭企业自身的主动性是远远不够的，必须由政府出面，采取经济手段和行政手段相结合的方式，强力推进企业的数字化转型。一是示范引领，每个行业都要在国内外选择几个数字化转型成功的企业，组织同行进行学习借鉴，使其能够切身体会到数字化为企业带来的发展机遇和巨大利益；二是政策支持，对积极开展数字化转型的企业给予适当补贴和贷款贴息；三是通过产业链的关联企业相互促进，重点支持行业龙头企业数字化，然后遵循数字化伙伴优先原则，通过采购和销售方式的数字化引导配套企业的数字化建设。

三是大力发展新质生产力，推进战略性新兴产业和未来产业发展。要充分认识到，东北具备发展新质生产力的基础和条件。新质生产力并不是凭空产生的，它是建立在现实生产力的基础之上的。东北地区现有的代表国之重器的装备制造业解决了国外"卡脖子"问题，具有不可替代性，它所聚集的装备、技术、人才本身就是具有竞争力的先进生产力。在新的科技革命面前，只要顺应时代要求，加快数字化和人工智能应用，大力发展智能制造和绿色制造，那么传统制造业就会孕育出更多新质生产力。东北地区的教育、科技较发达，集中了一批国内优秀的大学和科研院所，每年为国家培养输送了大批优秀人才，也涌现出许多自主创新的科研成果，这些教育、科技资源是新质生产力形成的主要源头。但是由于体制机制障碍，东北地区的人才资源和科研成果并未在当地转化为新质生产力。我们经常可以看到，在东南沿海，一些自主研发的技术来源于东北的高校或科研院所。这说明，东北地区发展新质生产力是具备基础条件的。关键是如何将大学和科研院所的人才资源和科技资源就地转化为新质生产力，并通过具有竞争力的体制机制吸纳外来的新质生产力要素。加快发展新质生产力必须增强"赛道意识"，要认识到当今的科技革命已经改变了原有的产业发展逻辑，"换道超车"将变为常态。

如果固守在原有的传统赛道上，东北地区的产业发展会继续拉大和发达地区之间的差距，并且在新时代科技发展和产业创新中掉队。国家要求"十四五"期间东北振兴实现新突破，我认为主要应在"赛道转换"上取得突破。一是从"传统制造业改造赛道"转换到"智能制造新赛道"，对传统制造业进行全产业链全覆盖的数字化赋能改造和人工智能应用，搭上第四次工业革命这趟班车。二是从"资源枯竭型地区改造赛道"转换到"新能源、新材料发展赛道"，东北地区化石能源已失去优势，但是在风电、光伏、核电、氢能源、储能产业发展方面潜力巨大。三是抢占战略性新兴产业和未来产业赛道，充分利用东北地区教育、科技资源优势，积极鼓励支持自主创新，加强尖端技术和颠覆性技术研发和产业化，争取在新兴产业和未来产业发展中后来居上。

要塑造有利于新质生产力发展的体制机制。加快发展新质生产力必须形成与之相适应的新型生产关系，从东北地区来说，就是要塑造有利于新质生产力发展的体制机制和政策环境。新质生产力由于其革命性和创新性，自身的流动性很强，为了寻找更适宜的发展环境，新质生产力可以随时跨国跨地区转移。近年来，东北地区加强营商环境建设取得了很大进展，而当前加快发展新质生产力，更需要通过深化改革，为新质生产力孕育和发展创造良好环境。一是深化行政体制改革，增强政府部门推进科技创新和产业创新的责任感，提高对科技企业和科研单位的服务效率，打造一支熟悉科技和产业发展规律、具有服务意识、高效廉洁的公务员队伍；二是深化科技教育体制改革，推动科研与产业深入融合，培养更多高质量创新型人才；三是大力支持以企业为主体的创新体系建设，充分发挥央企在东北产业创新中的引领作用，同时积极支持民营科技企业投身于新兴产业和未来产业发展之中；四是打造支持新质生产力发展、推进东北地区科技发展和产业创新的投融资体制。

四、关于东北振兴中的对外开放

党的二十届三中全会通过的《中共中央关于进一步全面深化改革、推进中国式现代化的决定》（以下简称《决定》）强调："开放是中国式现代化的鲜明标识，必须坚持对外开放基本国策，坚持以开放促改革，依托我国超大规模市场优势，在扩大国际合作中提升开放能力，建设更高水平开放型经济新体制。"在新时代东北全面振兴的关键阶段，认真学习贯彻党的二十届三中全会精神，推动东北地区全方位开放，建设更高水平的开放型经济新体制，具有十分重大而深远的意义。

要充分认识东北对外开放在国家总体对外开放格局中的战略地位。改革开放 40 多年来，我国对外开放呈现出由南至北梯度开放的格局。20 世纪 70 年代末 80 年代初，以深圳经济特区建设为标志的珠江三角洲对外开放，对应于国际资本向亚太地区流动、亚太地区劳动密集型产业向中国转移的形势；90 年代，以浦东新区建立为标志的长江三角洲对外开放，对应于全球化进程加快、中国积极参与全球化的形势；10 多年前，"一带一路"倡议及京津冀协同发展战略的提出是以全球金融危机之后美国的单边主义导致逆全球化倾向为背景的；最近几年，中央强调东北要成为对外开放新前沿，这是基于地缘政治新变化、中美贸易冲突加剧、俄乌冲突及俄战略向东向亚洲转移，进而东北亚成为国际合作热点地区的形势做出的重大判断；而发挥东北作为东北对外开放新前沿的作用，推动全方位对外开放，特别是加强与东北亚各国的深度合作，已成为我国应对百年变局、保障国家安全、拓宽国际合作空间，实现世界政治经济秩序向有利于我国方向转变的战略选择。

我国东北地区地处东北亚区域的中心地带，向北与俄蒙接壤，是我国的北大门；向东与朝鲜半岛相连，与日韩隔海相望；向南通过辽宁沿海连接太平洋，与亚太国家和地区沟通紧密；向内与京津冀和东部沿海省市相互依存，是畅通国内大循环、联通国内国际双循环的关键区域。东北海陆大通道是"一带一路"的重要线路，是我国沿海地区和日韩"北上西进"到欧洲的便捷通道。东北产业基础雄厚，人才科技资源丰富，生态环境良好，在经济合作方面与相关国家和地区具有难得的互补性。应当充分认识东北的开放优势，增强开放前沿意识，推进东北地区全面开放，这不仅是东北全面振兴取得新突破的需要，更是我国应对世界百年未有之大变局、开拓全方位高水平对外开放格局、突破以美国为首的西方国家对中国的遏制打压和围堵、维护国家安全、实现第二个百年奋斗目标、加快中国式现代化进程的需要。

东北地区的全面开放是一个多维度全方位开放的概念，从开放格局看，既要对外开放，也要对内开放；从开放方位看，包括了东西南北中全方位开放；从开放内容看，既包括资金技术信息的流动型开放，也包括规则规制管理标准等制度型开放。

一是进一步加强对内开放。东北地区在长期计划经济中形成的封闭性特征，首先需要通过对内开放予以打破。要通过深化改革缩小东北与先进地区在市场化和开放度方面的差距，尽快融入全国统一大市场。要加强东北振兴战略与发展京津冀、长江经济带、粤港澳大湾区等国家重大战略的对接，消除各类阻挡要素跨区域流动的障碍，积极接受先进地区资金、技术、人才、信息等资源的辐射，发挥东北地区自身优势，在畅通国内大循环、联通国内国际双循环中发挥更大作用。

二是加快实施向北开放战略。要充分认识到在世界经济政治格局深刻变化的形势下，东北地区向北开放、积极开展对俄罗斯经贸合作的重大战略意义和难得的历史机遇。要深入分析中俄经济互补性，挖掘两国经贸合作潜力和空间，积极开展与俄罗斯多领域的务实合作。要大力推进石油、天然气、核电等领域的合作，强化中俄能源交易和物流设施建设，保障我国的能源安全。要加强东北地区各边境口岸现代化建设，提供高效率通关便利服务，促进对俄贸易高质量发展，把各口岸城市打造成中俄贸易物流枢纽城市。要充分发挥东北地区的产业优势，有效利用俄罗斯远东开发战略的各项政策，参与远东地区基础设施投资、资源开发、环境保护、农业发展、制造业等领域的合作。要加强与俄罗斯人才、技术、资金等领域的交流与合作，在推进产业合作的同时，逐步建立完整的产业链和供应链，带动东北地区的产业转型与升级。

三是以 RCEP（区域全面经济伙伴关系协定）为契机深化与日韩合作。作为东北三省的主要贸易和投资伙伴，日本和韩国之前在东北做了大量投资。

当前受地缘政治形势变化，合作受到一些阻碍，日韩企业开始重构产业链和供应链并转移投资。由此，要抓住 RCEP 实施的契机，加快建设以 RCEP 为基本原则的国际化投资环境，加强与日韩企业的沟通，帮助他们解决发展中的困难，恢复日韩企业在东北投资发展的信心，稳固原有的合作关系，同时实施更加优惠的政策，吸引日韩企业通过增量投资进行产业升级，在东北地区形成新兴产业的产业链和供应链。

四是建设东北海陆大通道。要把东北海陆大通道建设纳入国家"一带一路"的重点建设项目中予以推进。加快东北亚国际航运中心建设和大通道沿线物流枢纽建设，提升辽满欧、辽蒙欧两条海铁联运班列转运效率，争取开辟辽宁沿海港口至欧洲的"北极航线"，打造连接亚欧大陆的"一带一路"新通道。东北海陆大通道沿途四个副省级城市，哈长沈大要一体化发展，提高对外开放水平，完善中心城市功能，打造东北亚地区最具活力的城市带。大连应发挥好东北亚重要的国际航运中心、国际贸易物流中心和区域性金融中心作用。

五是积极稳妥推进制度型开放。东北全面开放能否顺利推进，关键是能否创造一个具有竞争力的国际化的营商环境。要下决心推进规则、规制、管理、标准等制度型开放，用制度型开放倒逼行政体制改革，补齐东北地区国际化营商环境的短板，不断提高贸易投资的便利性，增强东北地区对国际先进生产要素的吸纳能力。

五、关于东北振兴中的营商环境建设

改善营商环境是国家实施东北振兴战略以来，对东北地区提出的一项重要而艰巨的任务。习近平总书记每次到东北考察都强调改善营商环境的重要性，特别在 2018 年 9 月主持召开的深入推进东北振兴座谈会上，对东北振兴提出六个方面要求，其中排在首位的就是"以优化营商环境为基础，全面深化改革"。近年来，东北各级党委、政府认真贯彻落实习近平总书记的重要指示，在加强营商环境建设方面做了大量卓有成效的工作，东北地区的营商环境有了明显改善，但是与先进地区相比，与企业和老百姓的期望相比，还有不小的差距。这一差距主要表现在东北地区对先进生产要素，包括资金、技术、人才的吸纳能力仍然不足，"孔雀东南飞"和"投资不过山海关"的问题仍然未从根本上得到解决。在全国各区域都在致力于打造高水平营商环境的背景下，东北地区不能再满足于原有水平的营商环境了，而必须对标先进地区的标准，提高建设营商环境水平，增强东北地区对先进生产要素的吸纳能力，推动新时代东北全面振兴实现新突破。

什么是高水平营商环境？就是党中央提出的市场化、法治化、国际化的营商环境。这一概念可以追溯到党的十八届五中全会，当时明确提出了要完善法治化、国际化、便利化的营商环境，这是中央文件中对市场化、法治化、国际化营商环境的早期表述。2019 年 10 月，国务院通过了《优化营商环境条例》，以政府规定的方式明确了市场化、法治化、国际化营商环境的定义，并提出了具体的政策措施。党的二十大报告进一步强调，市场化、法治化、国际化一流营商环境建设是当前中国推动实现高质量发展和中国式现代化的重要保证。党的二十届三中全会《决定》从"构建高水平社会主义市场经济体制""完善高水平对外开放体制机制""完善中国特色社会主义法治体系"三个角度，分别深入阐述了通过全面深化改革，构建高水平的市场化、法治化、国际化营商环境的基本原则和具体的改革措施。特别是《决定》强调"构建全国统一大市场""规范地方招商引资法规制度，严禁违法违规给予政策优惠行为"，这实际上是对以往个别地区在营商环境建设方面随意性做法的一种纠正，更加凸显了通过深化改革，建设统一的市场化、法治化、国际化营商环境的客观必要性。

东北地区如何通过深化改革，加快建设市场化、法治化、国际化营商环境？从市场化角度，就是要持续不断地推进市场化改革，培育壮大市场机制，促进市场机制在资源配置中发挥决定性作用，同时要界定好社会主义市场经济条件下政府与市场的关系，加快政府职能转变，深入推进行政管理体制改革，提高政府对市场主体的服务意识和服务效率，在鼓励市场主体充分竞争的前提下，维护市场竞争的公平性。从法治化角度，对东北地区来说，法治化建设是当前营商环境建设中一块短板。要着力解决当前东北地区营商环境缺乏法治保障的问题，克服政府在服务市场主体过程中的随意性、不稳定性、缺乏诚信，甚至忽视或侵犯市场主体合法权益的倾向，加大法治化营商环境建设力度。在立法层面，进一步完善适应社会主义市场经济体制的商事法律法规体系。在执法层面，增强政府部门依法行政意识。在司法层面，加强司法机关队伍建设，提高司法人员素质，推进各司法机关公正公平司法。在遵法层面，积极引导企业和个人遵法守法，共同维护法治化市场经济秩序。从国际化角度，打通国内循环和国际循环的体制界限，积极稳步扩大规则、规制、管理、标准等制度性开放，主动对接国际高标准经贸规则，打造面向东北亚区域对外开放新前沿，建设高水平开放型经济新体制。

在谈到营商环境建设问题时，我还想举一个具体例子。2024 年 9 月，我率队到大连长兴岛恒力重工集团有限公司（简称恒力集团）调研，见到一位熟人，他原来在中国船舶重工集团有限公司上海总部工作，目前在恒力造船（大连）有限公司担任领导职务。我随口问他：从上海到大连长兴岛有什么感想，有什么得失？他说，把长兴岛打造成为一个世界级的造船基地不仅是政府的梦想，也是他作为造船人的梦想，为了实现这一梦想，即使不拿报酬，他也要为之奋斗。这句话既使我感动，也让我很受启发。其实在东北振兴过程中，许多事情政府自己是做不了的，比如产业结构调整，打造现代产业体系，必须靠企业来做。但是政府可以创造一个有吸引力的营商环境，采取一些政策措施，吸引企业来完成政府目标。十几年前，我们为推进产业结构调整，引进了恒力集团到长兴岛投资，恒力集团共投入资金 2000 亿元，目前长兴岛世界级石化基地建设已见雏形，同时恒力集团又收购了韩国 STX 造船，再过三五年，长兴岛又会崛起一个世界级的造船基地。在此过程中，政府做了什么？我们就是打造了一个良好的营商环境，却用企业的力量做成了大事，完成了政府的工作目标，做出了政府人员想做而做不到的事情。这个投入产出关系是显而易见的，我们何乐而不为？我想用这个例子说明，如果政府部门弯下腰来创造良好的营商环境，尽心尽力做好对企业的服务工作，企业一定会创造更多的社会财富，为地方经济发展做出更大贡献。

　　建设高水平营商环境是东北振兴实现新突破的重要保证，也是东北地区与全国各地区同步实现中国式现代化的重要保证。营商环境的好坏是一个地区核心竞争力的重要标志。营商环境只有更好，没有最好，当前全国各省市都在积极开展营商环境建设，以取得更大的竞争能力。东北地区要想迎头赶上，与全国同步实现第二个百年奋斗目标，必须在全面深化改革上下功夫，建设与其他地区同等水平甚至更高水平的市场化、法治化、国际化营商环境。

2025 年 2 月

前　言

东北地区拥有悠久的历史和广阔的地域，在中华人民共和国成立初期，东北地区凭借其丰富的重工业资源和发展基础，成为国家工业发展的重要基地。在 1950 年至 1952 年初，苏联向中国提供了 42 个援建项目，其中 30 个位于东北。在"一五"计划期间，全国共安排了 156 个重点建设项目，东北地区占据了 58 项，占全国总投资的 34.6%。经过多年的发展，东北地区成为国家的"工业摇篮"。东北地区曾是我国最强大、技术最先进的工业基地之一，为国家的现代化建设提供了大量的物资设备和人才支持，对共和国的工业化进程作出了重大贡献，因此被誉为"共和国长子"。

随着改革开放的不断深入，在经济体制社会转型过程中，计划经济体制下积累的深层次结构性、机制性矛盾，使东北工业基地受到非常大的冲击，导致大量的企业职工下岗，大批企业关停或被迫停产，东北发展滞缓问题愈加突出。

2003 年 10 月，中共中央、国务院印发《关于实施东北地区等老工业基地振兴战略的若干意见》。党的十八大以来，以习近平同志为核心的党中央高瞻远瞩、审时度势，指导实施新一轮东北振兴战略。党的十九大报告提出，深化改革加快东北等老工业基地振兴。党的二十大报告中提出，推动东北全面振兴取得新突破。新一轮振兴，突出东北地区作为重要的能源原材料基地、军事工业基地和商品粮生产基地，对于维护国家国防安全、粮食安全、生态安全、能源安全、产业安全战略地位的重要作用。

近年来，东北地区低生育水平、人口流失、人口老龄化等问题持续加剧，引起广泛关注。东北地区人口年龄结构变化导致"用工荒""人口老化"等问题。这些人口因素与经济需求的不匹配，形成恶性循环，既影响产业结构和就业结构协调发展，也是制约东北地区经济发展与振兴的障碍。面对东北地区更加复杂的人口形势，在经济新常态和新一轮东北振兴战略背景下，深入分析人口发展带来的诸多问题不仅是促进东北地区经济社会健康发展的关键所在，也是实现东北全面振兴和可持续发展的根本要求。

党的二十届三中全会审议通过的《中共中央关于进一步全面深化改革 推进中国式现代化的决定》明确提出，以应对老龄化、少子化为重点完善人口发展战略，健全覆盖全人群、全生命周期的人口服务体系，促进人口高质量发展。完善人口发展战略的宏观目标，就是以更高的人口整体素质、适度生育水平和人口规模、素质优良、总量充裕、结构优化、分布合理的现代化人力资源为内涵的人口高质量发展。我国人口发展呈现少子化、老龄化、区域人口增减分化的趋势性特征，我们必须全面认识、正确看待我国人口发展新形势。要以系统观念统筹谋划人口问题，以改革创新推动人口高质量发展，把人口高质量发展同人民高品质生活紧密结合起来，促进人的全面发展和全体人民共同富裕。

本书尝试探析劳动力供给为支撑和推动东北全面振兴，平衡其在数量、质量、结构以及人员对接渠道有效供应，促进东北人口与经济的健康协调发展做出的努力。但仍然存在着在劳动力供给风险判断、多元化路径应对等方面的不足，理论支撑较弱，更缺乏比较成熟的分析。可以说，仍有很多新的问题需要研究和破解，这为我们留下了继续深入研究的空间，欢迎广大读者批评指正。

辽宁省政协提案委员会副主任
辽宁社会科学院（原）院长　李万军

2024 年 12 月

目 录

第一章
导 论

东北地区，涵盖辽宁、吉林、黑龙江三省及内蒙古自治区的东部五盟市（呼伦贝尔市、兴安盟、通辽市、赤峰市和锡林郭勒盟，简称蒙东地区），是一片历史悠久、地大物博、景色宜人且资源丰富的地区。作为中国的一个主要地理区域，它位于国家经济格局的第二层级，拥有丰富的土地、森林和矿产资源，是我国重要的工业和农业生产基地。该地区总面积145万平方公里，人口约1.2亿。新中国成立以来，东北地区是最早形成的、在区域布局和产业结构方面较为完整的大经济区之一，同时也是我国最早建立且规模最大的重工业基地。

新中国成立之初，国家便在东北地区重点部署了一大批制造业重工业和资源开采加工企业，形成了一批对国民经济至关重要的战略产业和核心企业集群。特别是在"一五"计划期间，苏联援助的156个重点项目中有150项得以实施，其中东北三省独占了58项，占比达到38.7%。围绕这58个关键项目，又相继建设了众多大中型配套项目，从而确立了东北地区作为新中国重工业基地的地位。在随后的"二五"计划期间，国家投资的重心依旧集中在东北地区。经过两个五年计划的持续建设，东北地区已初步建设成为国家关键的机械装备和能源原材料工业基地。据数据显示，在改革开放之前，东北地区的工业总产值占全国总产值的比例始终维持在17%以上。然而，改革开放后，尽管东北老工业基地的建设仍在继续，但由于体制、机制和结构上的矛盾，东北地区与沿海发达地区之间的差距不断拉大。

为解决这一问题，党中央、国务院于 21 世纪初期启动实施东北地区等老工业基地振兴战略。党的十八大以来，以习近平同志为核心的党中央高瞻远瞩、审时度势，作出了实施新一轮东北地区等老工业基地振兴的战略部署，取得了举世瞩目的成就。党的十九大对新一轮东北振兴工作提出了新的要求，明确提出深化改革加快东北等老工业基地振兴。党的二十大报告中提出推动东北全面振兴取得新突破，对东北振兴工作提出了新的要求。

东北地区当前面临诸多人口问题，包括人口增长停滞、结构失衡、老龄化加速和人口外流等。至 2020 年，辽宁省、吉林省和黑龙江省的人口流失情况加剧，东北三省常住人口累计减少 42.73 万人，劳动人口累计减少 110.19 万人。2020 年以来，东北三省总人口规模持续下降，人口惯性的影响逐渐消失。长期低生育水平和人口流失问题导致东北三省劳动力人口出现断崖式减少，劳动力供给问题比全国其他地区更为严重，对东北全面振兴战略的实施效果构成严重威胁与挑战。

为了遏制人口问题带来的发展劣势，提高全要素劳动生产率，深化市场化要素配置改革，加速东北经济全面振兴，有必要准确把握东北劳动力变动趋势，研究解决劳动力长期稳定和相对平衡问题。在高质量发展和加快东北振兴战略部署的背景下，对东北劳动力变动趋势和与高质量发展需要相匹配的劳动力供给、高质量就业优先策略进行系统研究，具有必要性、紧迫性和十分重要的现实意义。

第一节　振兴历程：发展脉络的见证

东北振兴战略的发展经历了三个显著的阶段。起初，在国家改革开放政策的引导下，东北开始尝试经济复兴的道路。这一阶段的特点是试验性和探索性的政策实践，为后续战略的实施打下了基础。随后，随着改革开放的深化，东北振兴战略逐渐成型，政策支持增强，产业结构调整和优化成为关键，目标是通过经济结构的转型升级促进地区经济的全面复苏。目前，东北振兴战略进入了新的发展阶段，面对更加复杂和多变的环境，劳动力市场改革、产业结构进一步优化和区域协同发展成了新的战略核心。这一发展历程不仅展现了东北振兴战略的演变，也为研究中国区域经济振兴提供了重要的实证参考。

一、20 世纪八九十年代以企业技术改造为重点的大型老工业基地改造

20 世纪八九十年代，顺应国家发展大势，东北地区改革开放有条不紊地进行。主要任务集中在加快企业技术改造、调整产业结构、国有企业制度改革以及农业产业化发展等。科学技术是第一生产力，东北地区现代工业发展需要科学技术支撑。改革开放以来，东北地区企业技术和设备落后严重阻碍工业发展，急需引进先进技术，更新企业设备，促进东北地区产品结构和产业结构优化升级。1984 年，国家经贸委设立了老工业基地调整改造基金，并确定上海、天津、武汉、重庆、沈阳、哈尔滨等 6 个老工业城市为老工业基地重点改造城市。从"七五"计划以后党中央对东北地区等老工业基地的技术改造问题格外重视。

一是积极引进国外先进技术，更新企业设备。在国家"七五"计划中，提出了加快现有企业技术改造的步伐，特别是对上海、天津、沈阳、大连等老工业城市和老工业基地的重点改造。计划中强调了积极利用外资，引进先进适用技术和关键设备的重要性。随后，东北老工业城市以技术开发为核心，积极发展中外合资企业、合作企业和外商独资企业，加速引进中国急需的先进技术。1986 年 10 月，国家对全国 14 个港口城市进一步开放，特别指出大连作为东北三省的主要港口城市，应充分发挥东北老工业基地的作用，同时考虑到引进和利用邻国技术和资金的需求，以及利用地理优势发展对外贸易的需要。国家允许大连市在某些具体政策上更加开放。大连作为老工业

基础雄厚的城市，被要求加快引进先进技术，对现有企业进行技术改造和扩建，同时兴建新项目，积极开发新兴产业，逐步建立以生产出口商品为主的基地。

在"七五"期间，国家筹集了200亿元（当时价）巨资，重点改造东北的鞍钢、一汽等52个骨干企业。例如，在哈尔滨，由锅炉厂、汽轮机厂、电机厂组成的"动力之乡"相继引进了美国、联邦德国的技术，用于老设备的更新改造。鞍钢投资近50亿元进行系统的更新改造，包括建立电子计算机控制中心在内的五项工程，这些工程完成后，转炉的炼钢能力比1986年提高四分之一左右。这表明，在20世纪80年代中后期，国家对东北地区的工业科技政策主要集中在改善工业生产的基础条件，特别是引进先进技术和更新产业设备，以改变工业企业的落后面貌，这也是东北地区工业发展急需完善的客观条件。

二是培养自己的科研力量，优化产业结构。1991年，国务院批准了21个高新技术产业开发区，其中包括沈阳、长春、大连、哈尔滨等地。随后，东北地区的大中城市陆续开发和建设了十多个国家级经济技术开发区和高技术产业园区，重点发展知识密集型高新技术产业，如电子信息、先进制造技术、精细化工、生物制药、环保产业等，为东北地区高新技术产业发展创造了不同特点的产业基地和良好的环境条件。通过这些高新技术产业开发区，东北地区开始培养自己的科技力量，发展新兴产业，这对于调整工业产业结构和产品结构，推动传统产业改造，优化产品质量，提高劳动生产率，具有重要意义。

改革开放以来，国家为进一步推进东北地区经济发展，先后投入几千亿元的技术改造投资。在"八五"期间，国家对上海、天津、武汉、重庆、沈阳、哈尔滨等6个老工业基地重点改造城市提供专项贷款202亿元。同时在"八五"计划中强调，技术改造的投资重点用于节约能源、原材料，提高产品质量，增加新品种，扩大出口创汇和替代进口产品，以及保证企业安全生产等方面；重点抓好一批骨干企业的改造和上海、天津、沈阳、武汉、重庆、哈尔滨等老工业城市改造。通过国家的资金和政策扶持，东北地区的工业生产技术有所改进，整体发展状况有所好转。"九五"时期，国家持续加大对东北地区的投资，以辽宁为例，从"九五"计划开始到 1999 年，国家对辽宁省的技术改造投资增加到 975 亿元，比"八五"时期增长 131.3%。

此外，国家支持东北发展第三产业。自 20 世纪 90 年代以后，我国第三产业迅速发展，东北地区的产业结构排序由二、一、三过渡到二、三、一，第三产业的发展吸纳了大量劳动力，使得一、二产业富余劳动力加速转移，企业劳动生产率大幅提升，国企改革向前迈进一步。通过国家的"五年发展规划"可以看出，这一时期国家对东北地区的资金投入非常大，希望东北地区通过培养自己的科研力量，来推动工业产品质量提升，工业产业结构优化升级。

这一时期，国家通过"五年发展规划"、专项发展政策以及充足的资金，将引进先进技术、企业设备更新、培养科技力量、优化产业结构作为东北地区科技发展的攻关点。总体来看，此时东北地区的科技改造尚处于起步阶段，通过这些改革政策和配套资金的支持，取得了一定成效，老工业城市焕发出蓬勃生机。这一时期的老工业基地调整改造还不是一个区域战略，它的任务主要体现在国有企业布局调整和企业技术改造上，政策聚焦在企业布局调整、产品结构调整、企业技术改造、稳定职工队伍等方面，区域上虽然对东北地区沈阳、大连、哈尔滨等城市予以倾斜支持，但同时也兼顾东中西部的典型老工业基地。

二、21 世纪初期启动实施东北地区等老工业基地振兴战略

"九五"期间，在继续以大型老工业城市为重点推进调整改造的同时，东北老工业基地的振兴发展问题愈来愈受到党中央、国务院的重视。1995年，国务院召开会议，专门研究辽宁老工业基地调整改造问题，决定将辽宁作为"九五"时期老工业基地调整改造试点。同时，国家对黑龙江、吉林等东北地区老工业城市的投入也不断加大。"九五"计划提出，"积极支

持和促进东北等地的老工业基地改造和结构调整"，"充分发挥其基础雄厚、人才聚集的优势，结合国有经济布局调整，优化产业结构、企业组织结构和地区布局，形成新的优势产业和企业，有条件的地区要成为新的装备制造基地。积极稳妥地关闭资源枯竭的矿山，因地制宜地促进以资源开采为主的城市和大矿区发展接续产业和替代产业，研究探索矿山开发的新模式"。

2002 年 11 月，党的十六大报告明确提出支持东北地区等老工业基地加快调整和改造。2003 年 10 月，《中共中央 国务院关于实施东北地区等老工业基地振兴战略的若干意见》印发，标志着东北地区等老工业基地振兴战略正式启动实施，明确提出支持东北地区等老工业基地加快调整改造，是党中央从全局着眼作出的又一次重大战略决策，各部门各地方要像当年建设沿海经济特区、开发浦东新区和实施西部大开发战略那样，齐心协力，扎实推进，确保这一战略的顺利实施。这标志着我国的老工业基地振兴政策从过去的企业和产业调整改造，正式成为以东北地区为重点的区域战略。

在国务院振兴东北地区等老工业基地领导小组办公室的努力下，国家出台了一系列相关政策，包括国企改革、社会保障、基础设施建设等东北发展的方方面面，这些政策主要是解决老工业基地历史遗留问题、产业结构优化问题、资源环境与可持续发展问题以及就业和社会保障问题等，根本目的在于振兴东北经济。

东北振兴战略启动后，国家在资金和政策上对东北地区作出很大倾斜，要求东北地区坚持自力更生、少上新项目、少铺新摊子，在改组改造现有企业上下大功夫，注重整合现有资源。东北三省全面贯彻落实党中央、国务院这一战略部署，紧密结合现实情况，先后出台了本地区老工业基地振兴规划和工作意见，实施了一系列地方配套政策，进一步延伸和扩展了中央政策的功能，为老工业基地振兴营造了良好的政策环境。

三、党的十八大以来实施新一轮东北振兴战略

经济发展进入新常态后，在周期性和结构性因素的影响下，东北地区经济下行压力持续增大，部分行业和企业生产经营困难，民生问题日益突出。党的十八大以来，习近平总书记多次到东北地区调研，召开专题会议，就东北振兴工作发表系列重要讲话，作出系列重要批示指示，作出了新的重大部署。党中央、国务院在东北地区经济发展每况愈下的特殊时期提出新一轮东北振兴战略，这是对上一轮东北振兴战略的革新和完善。在国家全面深化改革的背景下，东北人民必须紧紧抓住机会，彻底实现全面、全方位振兴。新一轮东北振兴战略就是要解决东北地区对经济发展新常态的不适应问题，解决东北地区面临的深层次体制性、机制性、结构性问题，促进东北老工业基地提升发展活力、内生动力和整体竞争力，为长远发展奠定良好的基础。2016 年 2 月，《中共中央　国务院关于全面振兴东北地区等老工业基地的若干意见》发布，明确提出当前和今后一个时期是推进老工业基地全面振兴的关键时期，指出全面振兴东北地区等老工业基地事关我国区域协调发展战略的实现，事关我国新型工业化、信息化、城镇化、农业现代化的协调发展，事关我国周边和东北亚地区的安全稳定，意义重大，影响深远，要求适应把握引领经济发展新常态，贯彻落实发展新理念，加快实现东北地区等老工业基地全面振兴。这标志着新一轮东北振兴战略正式启动实施。

2017 年 10 月召开的党的十九大深刻分析了国际国内形势变化，中国特色社会主义新时期，我国社会主要矛盾发生变化，确立习近平新时代中国特色社会主义思想的指导地位，提出了新时代坚持和发展中国特色社会主义的基本方略，明确了决胜全面建成小康社会、开启全面建设社会主义现代化国家新征程的目标。党的十九大明确提出深化改革加快东北等老工业基地振兴，同时在深化供给侧结构性改革、加快培育发展新动能、支持传统产业优化升级、培育若干世界先进制造业集群、加强创新体系建设、实施乡村振兴战略、推进新型城镇化、深化国有企业改革、扩大对外开放等领域也提出了

与东北振兴紧密相关的新要求，新一轮东北振兴战略的实施进入了新阶段。

（一）政策提出的背景

由于受到东北地区长期固有的体制性、结构性矛盾影响，加上随着我国经济发展进入新常态，"三期叠加"所造成的共性影响，2014 年以来，东北地区经济下行压力持续增大。2015 年黑、吉、辽三省的地区生产总值增速分别为 5.7%、6.5%、3.0%，2016 年三省增速分别为 6.1%、6.9%、–2.5%，工业、进出口、财政等方面的指标增速也低于全国平均水平。这一情况主要由三个问题导致：一是产业结构上，还是以传统产业为主导，资源型、重化工型的传统产业、产品结构与市场经济的发展变化不相适应，服务业、新兴产业发展滞缓；二是体制机制上，思想观念较保守，市场化程度较低，国有企业改革不到位导致民营经济发展受限，经济增长过度依赖投资，而消费、出口所发挥的作用不够明显；三是社会民生上，东北三省居民收入整体偏低，就业压力较大，社会保障有待完善。究其根本，还是长期形成的体制性、机制性、结构性问题作怪。

为了从根本上解决东北面临的深层次矛盾和问题，缓解经济发展下行压力，促进东北在经济发展新常态下维持平稳运行，实现全国区域协调发展，党的十八大以来，习近平总书记多次到东北实地调研，召开专题会议，就东北振兴发表系列重要讲话，作出系列重要指示，对新时期东北振兴工作作出新的战略部署。2015 年 7 月，习近平总书记在长春召开座谈会时强调，振兴东北老工业基地已到了滚石上山、爬坡过坎的关键阶段，国家要加大支持力度，东北地区要增强内生发展活力和动力，精准发力，扎实工作，加快老工业基地振兴发展。2016 年 2 月，《中共中央　国务院关于全面振兴东北地区等老工业基地的若干意见》印发，明确提出当前东北地区面临的形势、振兴的意义以及发展的总体思路和目标，对东北地区当前和今后一个时期的振兴工作提出"四个着力"的明确要求，即着力完善体制机制，着力推进结构调整，着力鼓励创新创业，着力保障和改善民生。这是新一轮东北振兴战略正式启动实施的标志，更标志着东北振兴进入全方位振兴的新阶段。

（二）新一轮东北振兴战略实施的主要政策

党的十八大以来，中共中央、国务院、国家发展改革委先后印发《发展改革委关于印发全国老工业基地调整改造规划（2013—2022 年）的通知》《国务院关于近期支持东北振兴若干重大政策举措的意见》《中共中央　国务院关于全面振兴东北地区等老工业基地的若干意见》《国务院关于深入推进实施新一轮东北振兴战略加快推动东北地区经济企稳向好若干重要举措的意见》《推进东北地区等老工业基地振兴三年滚动实施方案》《东北振兴"十三五"规划》，等等，党中央出台的这些文件对新一轮东北振兴提出了多项政策措施。尤其是 2016 年新一轮东北振兴战略正式启动以后，国家相关部门从各个方面对东北振兴工作提出要求，这些政策举措主要涉及四个方面，即出台政策、建设工程、打造平台、完善机制。2016 年，《中共中央　国务院关于全面振兴东北地区等老工业基地的若干意见》对外发布，进一步明确了新时期推动东北振兴的新目标、新要求、新任务、新举措，标志着东北振兴进入了全面振兴新阶段。2018 年，习近平总书记在东北三省考察并主持召开深入推进东北振兴座谈会。

党的十九大明确提出我国经济已由高速增长阶段转向高质量发展阶段。高质量发展是新时代经济发展的根本要求，也是东北振兴的根本要求。为了深入落实党的十九大战略部署，2019 年，《中共中央　国务院关于支持东北地区深化改革创新推动高质量发展的意见》印发，对东北地区深化改革、创新推动高质量发展作出重要部署，为加快东北全面振兴全方位振兴提供了根本遵循和行动指南。2021 年 2 月，国家发展改革委印发《关于建立东北振兴省部联席落实推进工作机制的通知》；2021 年 9 月，国家发展改革委印发《辽宁沿海经济带高质量发展规划》，要求更好发挥辽宁沿海经济带在东北全面振兴中的示范引领作用。2021 年 9 月，《东北全面振兴"十四五"实施方案》获国务院批复，提出要以形成优势互补、高质量发展的区域经济布局为着眼点，突破体制机制障碍、激发市场主体活力、调整优化产业结构、加强政策保障、优化营商环境，推进一批关系东北振兴全局的重大工程、重大改革措施，确保该方案的各项目标任务如期完成。

东北振兴的每个阶段都凝聚着无数的努力与智慧。这一发展脉络不仅是东北地区经济振兴的见证，也为其他地区提供了宝贵的经验与启示。未来，东北地区的全面振兴需要继续在产业结构优化、劳动力市场改革和区域协同发展等方面进行深入探索和实践，以推动经济社会的可持续发展。东北振兴的历程，是我国改革开放伟大实践的一个缩影，也是中国特色社会主义发展道路上的重要篇章。

第二节 政策综述：振兴的工具箱

自改革开放以来，东北振兴一直是国家区域发展战略的核心构成部分。这些政策共同构成了一个多元化且功能互补的"工具箱"，旨在通过一系列综合性策略，促进东北地区的经济复苏与持续增长。从早期的产业结构调整，到后来的创新驱动和人力资源开发，再到当前的区域协同发展和开放型经济体系建设，这些政策不断适应和引领了东北地区的发展需求。

2003 年 10 月，《中共中央　国务院关于实施东北地区等老工业基地振兴战略的若干意见》印发，指出，将老工业基地调整改造、发展成为技术先进、结构合理、功能完善、特色明显、机制灵活、竞争力强的新兴产业基地，使之逐步成为中国经济新的重要增长区域。2003 年 12 月，国务院决定成立振兴东北地区等老工业基地领导小组。2004 年，国务院振兴东北地区等老工业基地领导小组办公室（以下简称振兴东北办）正式成立，全面负责东北地区等老工业基地调整改造和振兴工作。据不完全统计，在此期间，在国务院振兴东北办的积极推动下，国家先后制定实施了一系列支持东北振兴的政策（见表 1-2-1），涉及基础设施、国债投资、财税、金融、国有企业改革、社会保障、科技人才、沉陷区治理等方面。

表1-2-1 东北振兴出台文件举例

序号	时间	文件名
1	2003.01	《关于实施东北地区等老工业基地振兴战略的若干意见》
2	2004.02	《关于加快东北地区中央企业调整改造的指导意见》
3	2004.04	《关于免征农业税改革试点有关问题的通知》
4	2004.05	《吉林省完善城镇社会保障体系试点的实验方案》
5	2004.05	《黑龙江省完善城镇社会保障体系试点的实施方案》
6	2004.08	《贯彻落实中央关于振兴东北地区等老工业基地战略进一步加强东北地区人才队伍建设的实施意见》
7	2004.11	《发改委批复18项振兴东北高技术产业化项目》
8	2004.12	《关于进一步落实东北地区扩大增值税抵扣范围政策的紧急通知》
9	2005.01	《国务院办公厅第二批中央企业分离办社会职能工作有关问题的通知》
10	2005.01	《关于做好第二批央企分离办社会职能工作的通知》
11	2005.02	《2005年东北地区扩大增值税抵扣范围的有关通知》
12	2005.03	《东北地区电力工业中长期发展规划（2004—2010年）》
13	2005.06	《东北地区老工业基地土地和矿产资源若干政策措施》
14	2005.06	《关于东北老工业基地进一步扩大对外开放的实施意见》
15	2005.08	《税务总局明确东北老工业基地企业所得税优惠范围》
16	2005.11	《东北地区厂办大集体改革试点工作的指导意见》
17	2006.09	《辽宁省外商投资优势产业目录》
18	2006.12	《财政部、国家税务总局有关豁免东北老工业基地企业历史欠税有关问题的通知》
19	2007.08	《东北地区振兴规划》
20	2007.12	《国务院关于促进资源型城市可持续发展的若干建议》
21	2008.03	《国务院关于印发2004年振兴东北地区等老工业基地工作要点的通知》
22	2008.03	《国务院办公厅关于促进东北老工业基地进一步扩大对外开放的实施意见》
23	2009.06	《发改委下达东北资源型城市首批专项计划投资》
24	2009.09	《国务院关于进一步实施东北地区等老工业基地振兴战略的若干意见》
25	2009	《东北地区旅游业发展规划》
26	2009	《中华人民共和国东北地区与俄罗斯联邦远东及东西伯利亚地区合作规划纲要（2009—2018年）》
27	2010.11	《关于加快东北地区农业发展方式转变建设现代农业的意见》
28	2010.12	《国务院办公厅转发发展改革委农业农村部关于加快转变东北地区农业发展方式建设现代农业指导意见的通知》
29	2011.05	《关于促进东北地区职业教育改革创新的指导意见》

续表

序号	时间	文件名
30	2011.09	《国家发展改革委关于印发沈阳经济区新型工业化综合配套改革试验总体方案的通知》
31	2012.08	《国家发展改革委 中国科学院关于印发中科院科技服务东北老工业基地振兴行动计划（2012—2015年）》
32	2012.01	《国务院关于辽宁省海洋功能区划的批复》
33	2012.12	《国务院关于东北振兴"十二五"规划的批复》
34	2013.03	《全国老工业基地调整改造规划（2013—2022）》
35	2013.06	《国务院关于黑龙江省"两大平原"现代农业综合配套改革试验总体方案的批复》
36	2014.01	《吉林省人民政府办公厅关于建立吉林老工业基地振兴重大项目推进机制的通知》
37	2014.01	《辽宁省人民政府办公厅关于落实东北振兴"十二五"规划任务分工的通知》
38	2014.08	《国务院关于近期支持东北振兴若干重大政策举措的意见》
39	2015.03	《推动出台全面振兴东北老工业基地政策文件》
40	2015.12	《关于全面振兴东北地区等老工业基地的若干意见》
41	2015.12	《国务院关于同意设立哈尔滨新区的批复》
42	2016.02	《国务院关于同意设立长春新区的批复》
43	2016.02	《国务院关于哈长城市群发展规划的批复》
44	2016.03	《东北振兴"十三五"规划》
45	2016.04	《东北全面振兴的关键之举》
46	2016.05	《中共中央 国务院关于全面振兴东北老工业基地的若干意见》
47	2016.05	《全面落实新一轮东北振兴的新定位与新目标》
48	2016.06	《推进新一轮东北振兴要处理好若干重大关系》
49	2016.08	《推进东北地区等老工业基地振兴三年滚动实施方案（2016—2018）》
50	2016.11	《国务院关于深入推进实施新一轮东北振兴战略加快推动东北地区经济企稳向好若干重要意见的举措》
51	2016.11	《国务院关于东北振兴"十三五"规划的批复》
52	2017.03	《国务院办公厅关于印发东北地区与东部地区部分省市对口合作工作方案的通知》
53	2017.12	《国务院关于全面振兴东北地区等老工业基地的若干意见》
54	2018.01	《关于做好金融服务支持新一轮吉林振兴发展的指导意见》

续表

序号	时间	文件名
55	2019.06	《黑龙江省人民政府关于印发黑龙江省工业强省建设规划（2019—2025年）的通知》
56	2019.07	《东北振兴将迎新一轮政策红利》
57	2020.05	《国务院要求进一步落实金融支持实体经济的政策措施》
58	2021.02	《吉林省人民政府办公厅关于印发加快构建吉林产业发展新格局实施方案的通知》
59	2021.03	《吉林省国民经济和社会发展第十四个五年规划和2035年远景目标纲要》
60	2021.09	《关于东北全面振兴"十四五"实施方案的批复》

十多年来，在各方面的共同努力下，东北振兴取得了重要的阶段性成果。从总体指标看，东北三省经济综合实力明显增强。从改革开放进程看，增值税转型、农业税减免等在东北地区先行先试，与周边国家和地区合作深入推进，沿海沿边全方位开放格局初步形成。从产业发展看，自主创新能力明显提升，部分重大装备研制走在全国前列，骨干企业的技术装备水平、生产制造能力、产品质量和创新能力显著提高。辽宁的高档数控机床、新型船舶，吉林的轨道客车、商用卫星，黑龙江的燃气轮机、工业机器人等居全国领先水平，有的达到世界先进水平，粮食综合生产能力显著提高。从民生保障看，社会保障体系逐步健全，资源枯竭城市经济转型得到有力的政策支持，棚户区、城区老工业区、独立工矿区、采煤沉陷区改造全面实施。实践证明，党中央、国务院关于实施东北地区等老工业基地振兴战略的重大决策是完全正确的，东北老工业基地实现全面振兴的前景是十分广阔的。

第三节　劳动力支撑的挑战：振兴的动力

基于现代经济增长理论以及区域发展经济学的视野，东北振兴更要考虑劳动力支撑的影响。尤其是注重劳动力数量和质量这一最为关键的生产要素。经济发展到了知识经济时代，人力资源的开发比什么资源都重要。东北需要将经济资源开发的重点转到劳动力支撑上来。劳动力支撑是现代经济增长的重要动力和源泉，区域经济学更是认为，人力资源是一个区域经济增长与否的关键，人力资源是区域经济资源中最主要的资源。

一、劳动力供给不足对东北经济创新带来的挑战

习近平总书记曾指出，东北地区产业结构还存在"一柱擎天"和"二人转"问题："一柱擎天"是能源工业比重过大、结构单一，"二人转"是"原字号""初字号"产品居多。近年来，尽管东北地区经济总量不断增加，但受内在的结构性矛盾制约，经济发展的速度、质量同全国水平相比呈现出下滑的趋势，排名依旧位于落后梯度中。一是产业结构性矛盾仍突出。产业结构单一、重化工业比重大是东北地区经济发展的突出问题。产业结构偏重、民营经济偏弱、创新人才偏少，严重限制了东北地区新旧动能的转换。目前拉动东北经济依旧主要依靠传统制造业、农业等低附加值的产业，仍是传统低加工的生产模式，科技水平较低，创新力不足，传统产业的劳动生产率、利润率都较低，缺乏持续发展的动力，难以起到支柱性产业的经济领头作用。东北地区的新兴产业发展滞后，创新氛围不浓厚，无论是企业数、从业人员平均人数还是营业收入，均位于全国倒数，与全国平均水平有较大差距，竞争力比较弱，未能发挥有效动力作用，转方式、调结构的任务繁重紧迫。二是产权结构性矛盾仍突出。东北地区经济的所有制结构和地位不平衡，国有行业、国有资本仍占据绝对主导地位，民营经济虽然呈现整体增长、比重不断提高的趋势，但仍居于从属和被支配的地位，这种不平衡限制了东北地区的潜在经济增长率。在 2020 年的中国民营企业五百强中，浙江有 96 户，接近 1/5；黑龙江有 1 户，吉林有 2 户，辽宁有 8 户，东北三省合计有 11 户，仅相当于浙江一个省的 1/9。国有资本和非国有资本之间的地位严重失衡所产生的"挤出效应"，限制了非国有资本参与经济发展的活跃

性和积极性，降低了区域间、产业间、企业间的联动性。在国企体制机制中还存在"三能""三不能"问题：企业员工能进不能出、干部能上不能下、收入能增不能减，使得要素配置效率降低，劳动、技术等生产要素的内在动力不足。

区域经济驱动力和创新驱动力受到劳动力人口增长的影响，这是因为发明与创新可被归类为无排他性的公共物品。不管科学技术被创新于何处，它们都将陆续在全世界范围内得到广泛地运用。随着劳动力老化的进一步演化，经济社会随之发生着深刻而复杂的巨大变化，年轻又富有积极性和活力的青壮年在逐渐减少，劳动力的供给也出现了不足，为了改善和弥补这一老龄化现状，增加更多的人力资本已经成为必然选择。根据生命周期理论可知，人的认知能力随着年龄的增长在不断下降，且其中的归纳推理能力和空间定向分析能力在 25 岁左右出现峰值，然后随着年龄的增长不断下降。但是由于社会的不断发展，父母的思想观念在转变，他们会更加注重孩子的教育，人力资本质量不断提高，从而促进创新。

劳动力支撑经历从知识技能投入到知识技能使用再到自身被逐渐淘汰的过程；健康状况及体力由强到弱的过程。由此人力资本在整个生命周期中经历了由少到多，在某个年龄段达到峰值之后，然后逐渐下降直至枯竭殆尽。虽然有学者认为年轻人是创新的主力军，年轻人的思想活跃程度高于老年人，创新属于年轻人的游戏，但是这并不能直接影响整个社会创新的稳定性。因为一定程度的劳动力老化可以通过"倒逼机制"来弥补这一现状，促进创新，从而促使经济朝着更高质量，更高水平前进。因此，如何通过"倒逼机制"来弥补这一现状，促进创新，从而促使经济朝着更高质量、更高水平前进对于东北振兴具有意义。

二、劳动力老化对东北振兴协调发展的挑战

劳动力老化通过改变人口年龄结构，影响经济的稳定及可持续发展，而可持续发展的基础在于人口、经济和环境的协调发展。不协调的具体表现如

下：首先，根据生命周期理论，不同年龄阶段人群在消费与储蓄方面往往存在较大差异，对于消费的影响，随着人口年龄结构的变化，老龄人口提前从生产者变为消费者，老龄社会消费需求增加，尤其对老年产业需求的增加，从而拉动经济增长；对于储蓄的影响，有研究表明老龄人口的储蓄动机要高于年轻人，即老龄社会的储蓄率呈上升趋势。其次，城市与农村的老龄群体收入存在差异，城市老龄人口大多为各单位退休员工，晚年收入不仅包括养老金，还包括退休金等，而农村老龄人口只有养老金，这在一定程度上加大了城市与农村的贫富差距，但是从消费水平来看，城市老龄群体的消费比例高于农村人口，在一定程度上缩小了贫富差距。整体来看，劳动力老化对协调发展的影响倾向不明显。

根据上述分析，人口年龄结构的变化在一定程度上会改变消费结构、投资结构、产业结构、劳动力结构等，这在经济社会反应时间内有可能出现失衡现象。劳动力老化直接或间接地影响到城镇化率、城乡居民可支配收入比等。

三、劳动力老化对东北振兴活力的挑战

劳动人口是经济发展的关键要素。2010—2020年，东北地区人口总量继续减少，人口占比继续降低，人口流出数量和规模大，呈现不断扩大的趋势。当前东北地区人口结构失衡问题明显，具体表现为：劳动适龄人口不断流出，新生人口占比持续下降，老龄化程度不断加深，导致劳动力资源不足、人口老龄化等问题日益突出，对振兴发展构成严峻挑战。改革开放以来，随着东北地区经济发展水平逐渐落后于东部地区，本地人口数量呈现衰减趋势。2020年第七次全国人口普查公报显示，东北地区人口为9860多万，占全国比重约为7%，与2010年第六次人口普查数据相比下降近2个百分点，其中黑龙江省常住人口减少646.39万人，降幅达到16.87%。

通过对全国各个地级行政区近十年人口变化进行梳理和调查，全国共有149个城市人口下降，其中东北地区有33个，占比为22.15%。整个东北地

区只有沈阳、大连、长春三个副省级城市人口增加，其他城市均为人口数量减少城市；黑龙江省全部地市均为人口减少的市，辽宁省人口增加的市仅有2个、人口减少的市有12个，吉林省人口增加的市仅有1个、人口减少的市有8个。东北地区高校数量较多，但毕业生留存率低，不仅受寒冷气候等自然环境影响，也由于人才扶持、福利政策尚不到位，经济发展逐渐受制于劳动力资源要素。此外，老龄化程度逐渐加深是东北地区代表性人口特征之一，据2020年第七次人口普查数据，辽宁省60岁及以上人口比重为26%，黑龙江省和吉林省均为23%，远高于全国平均水平的14%。东北地区人口流失、老龄化程度加深使得经济社会发展中的市场规模缩减、人力资源紧缺，导致经济活力、消费动力、创新能力都趋于弱化，严重制约全面振兴全方位振兴。

从劳动力引力来说，东北地区多数资源型城市在区域城市分工体系中处于边缘化地位，在吸引要素方面被区域中心城市产生一种"排挤"效应，对规模收缩产生正向作用。东北地区无论是城市群还是都市圈都未能发挥有效的集聚性作用，区域中心城市不能有效发挥增长极的扩散效应，对周边城市的带动作用较差，各个城市间仍存在产业趋同化，协作水平较低，城市间的发展差异化也十分明显。究其原因，一方面是经济发展进入新常态，"三期叠加"所造成的共性影响，另一方面是东北地区自身特有的体制性、机制性和结构性问题，主要表现在：体制机制方面，思想观念不够解放，市场化程度不高，国有企业活力仍然不足，民营经济发展不充分，科技与经济发展融合不够，增长过度依靠投资拉动；产业结构方面，主导产业大多还是传统产业，偏资源型、传统型、重化工型的产业结构和产品结构不适应市场变化，新兴产业发展偏慢，服务业发展滞后，经济发展的惯性和路径依赖太强；社会民生方面，职工收入偏低，就业压力增大，养老保险缺口扩大，棚户区、城区老工业区、独立工矿区改造和采煤沉陷区治理亟待深入。

可以说，虽然东北振兴取得了很大进展，但总体上仍是阶段性的，发展不平衡不充分的一些问题尚未解决。21世纪初期以来的东北振兴，聚焦国企改革和企业技术改造，使东北地区以重工业为主导的骨干企业竞争力大为提升，这与我国工业化和城镇化大发展的背景相适应，使得产品供不应求，促进了东北地区经济增长。近年来，随着我国经济发展进入新常态以及对外开放水平进一步提升，传统产业的市场需求发生深刻变化，东北地区冶金、石化、煤炭、油气、建材等行业面临较大过剩压力，同时发达国家和国内沿海发达地区装备制造等产业的竞争力不断增强，东北地区偏资源型、偏传统型、偏重化工型的产业结构越来越不适应市场的需要，再加上国企活力仍然不足，负担仍然较重，冗员仍然较多，民营经济发展滞后，产业结构不够合理，产业链条较短等因素相互叠加，使得有效供给能力下降，经济增长旧动力减弱和新动力不足的结构性矛盾凸显。结构性问题又反过来激化东北地区行政管理体制不活、国有企业活力不足等深层次体制性、机制性问题，导致体制性、结构性问题互相交织，长期性、短期性问题互相叠加，历史性、现实性问题相互碰撞，使得东北地区当前发展的矛盾更加复杂。这些体制机制和结构问题影响了企业和市场，企业生产经营困难和市场需求不足影响了经济增速，经济增速放缓逐步传导民生，形成了一个相互影响和传导的链条。这些问题的核心归根结底是体制机制问题，是经济结构、产业结构问题，是如何充分发挥市场的决定性作用和更好发挥政府作用的问题。解决这些问题归根结底要靠深化改革，加快解决体制机制矛盾，促进经济结构、产业结构全面转型升级和新旧增长动能转换。

第四节　新时代需求：劳动力的新使命

在新时代的背景下，中国东北地区的振兴战略面临着前所未有的机遇与挑战。随着《中华人民共和国国民经济和社会发展第十四个五年规划和2035年远景目标纲要》的提出，东北振兴的战略地位愈发凸显，这不仅关系到区域经济的均衡发展，也是实现全面建设社会主义现代化国家的重要一环。在这一过程中，劳动力作为推动经济增长的关键要素，被赋予了新的历史使命。

东北振兴不仅仅是经济上的复苏，更重要的是社会多方面高质量协调发展，所以必须运用更加系统科学的方法分析、解决问题，从多因素、多角度、多层次着手研究东北地区的社会经济发展，从系统观念出发优化社会经济治理方式，统筹兼顾、把握重点，整体谋划。在新的经济形势下，劳动力市场正在发生深刻变革，随着东北劳动力供给增速下降，劳动力规模也开始缩小；随着人工成本不断上升，过去长期依赖的劳动力比较优势逐渐减弱。同时伴随经济结构调整和产业转型升级，劳动力供求结构性矛盾更加突出，招工难、用工荒和技工短缺的局面没有得到有效缓解，高校毕业生人数不断创新高，农民工等群体就业质量有待提高，城镇就业压力依然存在。长期看，随着老龄化进程的加快和生育率的走低，东北适龄劳动人口将继续减少，劳动力供给规模持续下降。同时，不同年龄人口的劳动参与率也将继续下降。在劳动年龄人口总量减少和总抚养比上升的情况下，通过人力资本投资加快培育人口质量红利是现实目标。面对经济社会发展、技术、人口和就业等一系列变化，有必要研究劳动力供求趋势，深入分析劳动力供给与东北振兴的关系，并提出适应东北振兴新形势的对策建议，这对东北全面振兴具有重要意义。

新一轮东北振兴，涉及发展理念、发展方式的根本转变，是一项全面系统的工程，落实好新一轮东北振兴的新任务，核心是以全面深化改革为引领，推动东北地区经济全面回稳向好，加快老工业基地振兴和资源型地区经济转型发展步伐。东北振兴战略是党中央对东北发展作出的顶层设计，它与东部率先发展战略、中部崛起战略、西部大开发战略齐平，共同组成我国区域发展战略，它是党中央在统筹考虑我国社会主义现代化建设基础上做出的科学决策。系统观念是马克思主义基本原理的重要组成部分，强调系统是由相互作用、相互依赖的若干因素结合而成，具有特定功能；强调要从事物的全局与总体上、从各要素的联系与结合上研究其运动与发展，找出规律，建立秩序，实现系统的整体优化。现如今，国家进入新发展时期，新一轮东北振兴迈入第二阶段，需要面对和解决的问题越来越多样、复杂。

新时代对劳动力的新需求体现在多个方面。首先，随着产业结构升级和经济模式的转型，东北地区的劳动力市场正从传统的重工业向高技术、高附加值产业转变，这对劳动力的技能和素质提出了更高的要求。其次，新时代背景下的劳动力需求更加注重创新能力和适应能力，这不仅包括技术技能的更新，还包括对新兴市场趋势的快速响应能力。最后，随着区域一体化和全球化进程的加速，东北振兴中的劳动力也需要具备国际视野和跨文化交流能力。

因此，深入探讨新时代东北振兴中劳动力的新使命，不仅有助于理解当前区域发展的复杂性，也对制定有效的区域政策和劳动力市场策略具有重要意义。本书将通过对相关理论和实证研究的分析，探讨在新时代背景下，如何优化东北地区的劳动力资源配置，提升劳动力素质，以促进东北地区的全面振兴。

第二章
理论基石：找寻科学支撑

在探讨东北振兴中劳动力变动的复杂性和挑战性时，理论框架的构建显得尤为关键。本章旨在为东北振兴中劳动力变动找寻一套系统的理论基石，以期在多维度视角下深化对该问题的理解。经济增长与劳动力、产业结构与劳动力就业、人口与劳动力就业，以及劳动力市场与就业理论，这四个方面构成了本章的核心议题。

第一节 经济增长与劳动力：共生共荣的奥秘

经济增长与劳动力之间的关系是经济发展的核心议题之一。在这一节中，我们将深入探讨这两者之间的共生共荣关系。经济增长不仅是劳动力需求增长的直接结果，也是劳动力素质提升和结构优化的动力源泉。同时，高质量的劳动力资源是推动经济增长的关键要素，尤其是在知识经济和技术创新的驱动下。本节以奥肯定律、菲利普斯失业模型等理论分析经济增长与劳动力之间的互动机制，探讨如何通过优化劳动力资源配置，实现经济增长与劳动力发展的共生共荣。我们将重点关注劳动力市场的动态变化，以及劳动力素质提升对经济增长的贡献，为东北振兴提供理论支撑和实践指导。这不仅有助于深化我们对东北振兴问题的理解，也为相关政策的制定和实施提供了理论依据和实践指导。

一、奥肯定律

实现充分就业背景下的经济增长是全球各国在发展进程中的共同追求。在此情境下，潜在产出量，即一个经济体在充分就业状态下能够生产的最大产出量，成为衡量经济发展水平的关键指标。然而，在实际经济活动中，实际产出往往与潜在产出存在偏差。美国经济学家阿瑟·奥肯在20世纪60年代提出了著名的"奥肯定律"，该定律基于实际产出与潜在产出之间的偏离程度，揭示了失业率与实际产出增长率之间的经验统计关系。

根据生产函数的理论，产出的变化主要受生产要素投入和生产率变化的影响，其中生产要素投入包括资本和劳动。在短期视角下，生产率和资本存量变化较小，因此产出的变化主要由劳动投入决定。劳动投入的状况反映了经济的运行状态。奥肯通过失业率来衡量资源的闲置程度，并据此评估资源闲置对潜在产出量的影响，以及实际产出量与潜在产出量之间的差距。

奥肯定律主要有两种表达形式：

第一种形式关注实际失业率偏离自然失业率的百分点与实际增长率对潜在增长率的偏离程度之间的关系。奥肯通过对美国1947年至1960年间的季度数据进行回归分析，发现实际失业率每超过自然失业率1%，实际国内生产总值将减少约3%。英国经济学家坎贝尔·麦克康耐尔和斯坦利·布鲁伊的研究也支持了这一观点，指出周期性失业会导致实际生产总值的损失，实际失业率每超过自然失业率1个百分点，大约会导致2%的生产总值缺口。

第二种形式则探讨了失业率变动与经济增长率变动之间的关系。奥肯根据美国1960年至1988年的数据发现，产出增长率至少需要达到3%才能阻止失业率的上升；产出增长率每超过正常增长率1%，失业率将下降

0.4%，反之亦然。萨缪尔森在 1994 年的研究中进一步指出，国内生产总值增长比潜在国内生产总值增长每快 2%，失业率将下降 1 个百分点；国内生产总值增长比潜在国内生产总值增长每慢 2%，失业率将上升 1 个百分点。

奥肯定律揭示了产出增长率与失业率之间的动态关系：高产出增长率通常伴随着失业率的降低，而低产出增长率则与失业率的上升相关。反过来，失业率的过度上升会抑制产出率，因此保持失业率在自然失业率水平是维持经济快速增长的关键。

尽管奥肯定律未考虑影响产出增长的其他因素，如经济结构、科技进步等，但它对于研究就业与经济增长之间的关系仍具有重要参考价值。奥肯定律认为，高经济增长率能够促进就业，降低失业率，而高失业率则会减缓经济发展速度。因此，实现充分就业是保证经济增长目标实现的必要条件。

二、菲利普斯失业模型

奥肯定律认为经济增长能够自然带动就业增加，而菲利普斯曲线进一步将经济运行中的工资率和通货膨胀率两项因素与失业联系起来。传统的菲利普斯曲线认为货币工资率的变动与失业率之间存在着比较稳定的反向关系，之后萨缪尔森和索洛[1] 又进一步将货币工资率替换为通货膨胀率，他们认为通货膨胀和失业之间存在替代关系。在此基础上，弗里德曼和菲尔普斯将预期因素引入菲利普斯曲线，发展成为附加预期的菲利普斯曲线。

（一）工资变动率—失业率模型

1958 年，菲利普斯利用英国近 100 年间的统计资料，讨论了货币工资变动率和失业率之间的关系，提出了货币工资变动率—失业率模型。该模型认

---

① 萨缪尔森，索洛 . 关于反通货膨胀政策的分析 [J] . 美国经济评论，1960，50（05）：177-194.

为，当失业率较低时，货币工资增长率较高；反之，当失业率较高时，货币工资增长率较低，甚至是负数。见图 2-1-1。

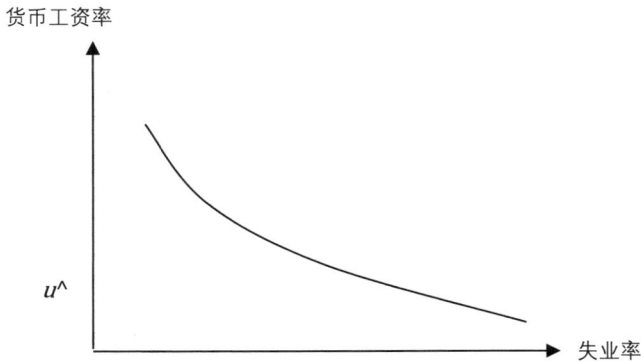

图 2-1-1　原始菲利普斯曲线

用公式表示为：

$$w = -\beta\,(u - u\hat{}\,)\quad \beta>0 \qquad\qquad (2.1.1)^{①}$$

式中，w 代表工资变动率，β 代表系数，u 代表实际失业率，$u\hat{}$ 代表自然失业率。通过公式能够看出，当实际失业率大于自然失业率时，货币工资变动率小于零，即工资变动呈下降趋势。当实际失业率小于自然失业率的时候，货币工资变动率大于零，即工资变动呈上升趋势。当实际失业率等于自然失业率的时候，货币工资变动率为零，即工资不会发生变动。

菲利普斯工资变动率—失业率曲线的形成如图 2-1-2，O 点为劳动力供给与需求的均衡点，此时的均衡工资水平为 W_o。当工资水平为 W_F 时，劳动力的供给小于需求，从而使工资水平产生向上移动的压力，直到达到 W_o 水平；与此相反，当工资水平为 W_U 时，劳动力供给大于需求，使工资水平向下移动，直到 W_o 水平。当供给小于需求时，实际失业率低于自然失业率，工资变动率增大并且大于零；当供给大于需求时，实际失业率高

① 李雪飞.基于理性预期的菲利普斯曲线的实证研究［D］.对外经济贸易大学，2006.

于自然失业率，工资水平向下移动，工资变动率小于零，且绝对值是增大的。

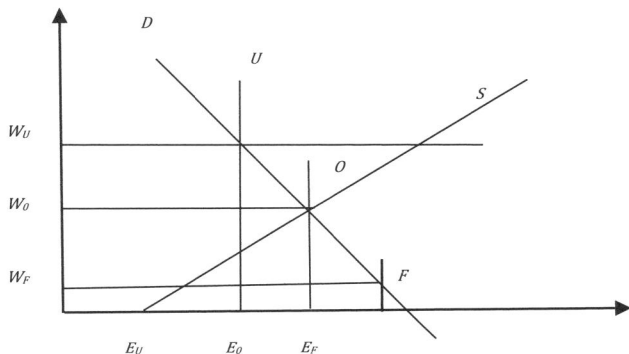

图 2-1-2　劳动力供求及工资率曲线 [①]

（二）通货膨胀率—失业率模型

1960 年，萨缪尔森和索洛对原始的菲利普斯曲线进行了扩展，提出了通货膨胀率—失业率模型。萨缪尔森和索洛认为，商品价格由商品的成本和利润组成，在短期内商品的利润不会改变，所以商品的价格主要取决于成本，又因为在短期内商品成本的固定资本投资不会增减，因此物价的变动主要由成本中的工资推动，根据成本推动通货膨胀理论，工资变动率也可以用通货膨胀率来代替。基于上述思想，萨缪尔森和索洛用物价上涨率替代工资变化率得出失业率—通货膨胀率曲线。该曲线表明失业率与通货膨胀率之间存在着负的相关关系。当失业率下降时，通货膨胀率上升，反之，当失业率上升时，通货膨胀率下降。当实际失业率大于自然失业率时，通货膨胀率小于零。当实际失业率小于自然失业率的时候，通货膨胀率大于零。当实际失业率等于自然失业率的时候，通货膨胀率为零。见图 2-1-3。

---

① 罗贵发 . 通货膨胀与失业之间关系研究 ［D］. 中共中央党校，2006.

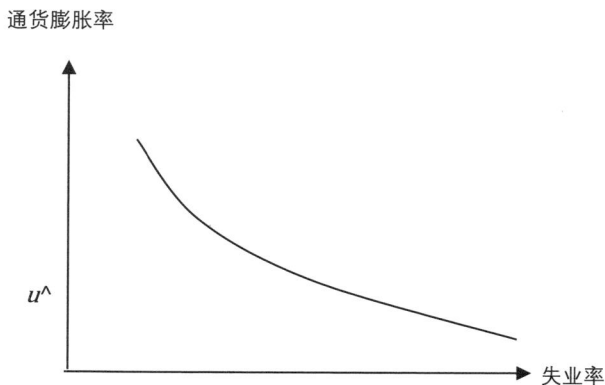

图 2-1-3　通货膨胀率—失业率曲线

　　萨缪尔森和索洛的通货膨胀率—失业率模型认为，失业率与通货膨胀率存在负相关关系，失业率越低，通货膨胀率就越高，反之，通货膨胀率越高，失业率越低。正是这种负相关的关系，说明要降低失业率就必须以不断提高的通货膨胀率为代价。同时，失业率—通货膨胀率曲线与横轴的交点为自然失业率，这说明在通货膨胀率为零时也存在着一定的失业率。根据萨缪尔森和索洛的通货膨胀率—失业率模型，在现实的经济运行过程中，就存在着通货膨胀率与失业率取舍的问题。政府可以保持低失业率和高通货膨胀率，或者高失业率和低通货膨胀率，低失业率与低通货膨胀率不可兼得。在经济快速增长的同时，控制通货膨胀率，将现实经济增长率对潜在经济增长率的偏离程度保持在一个合理的范围内是经济发展的必然要求。

（三）附加预期的菲利普斯曲线

　　通货膨胀率与失业率之间的关系，通过通货膨胀率—失业率模型得以阐述，该模型表明两者之间存在相互替代的关系。然而，在 20 世纪 60 年代和 70 年代，西方国家出现了高通货膨胀率与高失业率并存的"滞胀"现象，这一现象无法通过传统的通货膨胀率—失业率模型来解释，从而引发了对凯恩斯主义菲利普斯曲线的重新审视。

　　在 20 世纪 60 年代末，米尔顿·弗里德曼指出，原始的菲利普斯曲线未能区分名义工资和实际工资。名义工资是指工人出卖劳动力所得到的货币数量，而实际工资则是工人用货币工资实际购买到的商品和服务的数量。弗里德曼认为，工人更关注实际工资而非名义工资，因此通货膨胀率的上升不一定能刺激就业增长。

弗里德曼还指出，原始的菲利普斯曲线未考虑通货膨胀预期对经济行为的影响。在做出就业决策时，劳动者和企业会基于对未来通货膨胀的共同预期来确定工资，因此只有当通货膨胀率超出预期时，才可能刺激就业增长。这意味着，长期而言，通货膨胀率与失业率之间的替代关系并不存在。尽管如此，弗里德曼对短期菲利普斯曲线的有效性表示认可。他认为，在短期内，如果人们对价格水平变化的预期滞后于名义工资的变化，那么经济可能会暂时回归到原始菲利普斯曲线的描述，但均衡点会随着名义工资的变化而变化。在这种情况下，短期的菲利普斯曲线仍然是成立的。见图2-1-4。

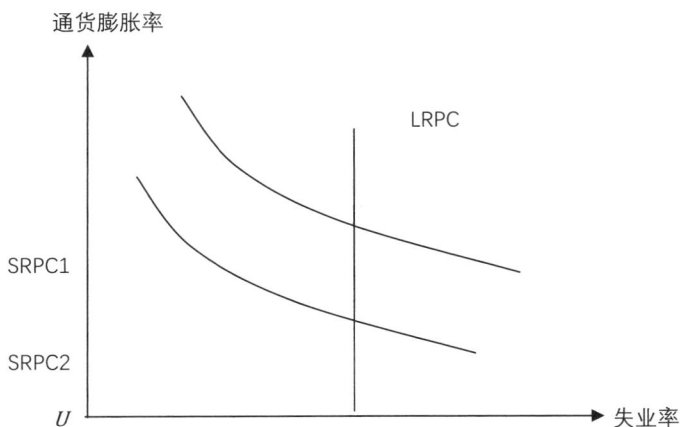

图2-1-4 附加预期的菲利普斯曲线 [1]

弗里德曼进一步指出，如果要用通货膨胀率来降低失业率，那么只有当

---

[1] 周清杰、白先华．失业与通货膨胀的跨期替代——评2006年诺奖得主埃德蒙·费尔普斯的学术贡献［J］．北京工商大学学报（社会科学版），2007，（01）：110.

通货膨胀率加速上升时，失业率才可能降至自然失业率以下。这一观点被称为"附加预期的菲利普斯曲线"。弗里德曼认为，长期的菲利普斯曲线是一条垂直于横轴的直线，通货膨胀率和失业率之间在长期并不存在权衡替代关系。通货膨胀率不仅与失业率有关，而且还取决于预期通货膨胀率。如果劳动供给者不知道价格水平相对于货币工资率已经上升了，从而劳动供给者知道这一点时要多一些，那将会出现就业水平膨胀的假均衡，即短期的菲利普斯曲线。

在米尔顿·弗里德曼对菲利普斯曲线理论进行修正之后，该理论经历了快速的发展，包括引入理性预期模型、两期模型、交错价格调整模型、预期综合修正、信息黏性和工资刚性模型，以及阿克洛夫等人提出的近似理性模型等。这些模型的提出使得菲利普斯曲线理论得到了进一步的丰富和深化。

菲利普斯曲线理论主要分析了与失业相关的经济因素。最初的菲利普斯曲线表明，工资增长率与失业率之间存在相互替代的关系。当实际失业率高于自然失业率时，工资增长率会大于零。因此，在经济运行中，可以通过提高工资增长率来实现就业水平的提高，确保在高经济增长速度下实现充分就业。

进一步地，菲利普斯曲线理论还指出通货膨胀率与失业率之间也存在一定的替代性。政府可以根据社会发展的目标在通货膨胀率和失业率之间进行权衡。如果保持较高的通货膨胀率，可能会实现较低的失业率；而降低通货膨胀率则可能以牺牲就业率为代价。因此，在不同的经济发展阶段，政府应根据不同的目标制定相应的政策，以平衡经济发展与失业之间的关系，在保证经济增长的同时保持较高的就业率。

三、就业弹性理论

从经济学视角分析，经济增长与就业量之间存在显著的相关性：经济增长率对就业量有决定性影响，同时，就业量的变化也会反过来影响经济增长率。就业弹性理论描述了就业增长对经济增长变化的敏感程度，它是一个衡量经济发展对就业带动能力的指标。弹性，也称为弹性系数，是指一个变量的变化导致另一个变量相对变化的比例，用于衡量一个变量对另一个变量的敏感度或反应性。如果两个经济变量之间的函数关系为 $y=f(x)$，那么当 x 的变化量为 Δ_x 时，y 的变化量为 Δ_y，$(\Delta_y/y)/(\Delta_x/x)$ 表示 y 对 x 的相对变化率。当 Δ_x 趋近于 0 时，$(\Delta_y/y)/(\Delta_x/x)$ 的极限被称为 y 在 x 点的弹性，记作 ε_{yx}。

在经济学中，就业弹性被定义为经济增长每变化 1 个百分点所引起的就业数量变化的百分比，它在一定程度上反映了经济增长对就业的吸纳能力。就业弹性用 ε_{yx} 表示经济变化量对就业的弹性。ε_{yx} 的数值大小表明了经济增长对就业的影响程度，可以分为三种情况：

当 $\varepsilon_{yx}>0$ 时，经济增长与就业呈正相关。如果 $\varepsilon_{yx}>1$，说明经济增长对就业具有强弹性，经济增长能有效促进就业增长；如果 $\varepsilon_{yx}=1$，经济增长对就业增长具有单位弹性，即经济每增长 1%，就业也增长 1%；如果 $\varepsilon_{yx}<1$，经济增长对就业增长具有弱弹性，经济增长对就业的促进作用有限。

当 $\varepsilon_{yx}=0$ 时，经济增长对就业没有影响。这意味着经济增长与就业增长之间无相关性，无论经济如何增长，就业水平保持不变。在这种情况下，政府若要促进就业，需要采取其他措施。

当 $\varepsilon_{yx}<0$ 时，经济增长与就业呈负相关。这种情况较为复杂，可能表现为"挤出"效应，即经济增长但就业减少，或者"吸入"效应，即经济负增长但就业增加。

就业弹性系数是衡量经济发展对就业推动程度的重要指标。当经济增长对就业具有强弹性时，解决劳动力市场中的就业问题可以通过推动经济增长来实现。当经济增长对就业具有弱弹性时，解决就业问题需要依靠其他政策措施。因此，就业弹性系数对于解决就业问题具有重要的指导意义。

四、内生增长与失业关系理论

技术进步是推动经济增长的关键力量。在探讨经济增长与就业关系时，技术进步对就业的影响成了一个不可避免的话题。技术进步究竟是节约了劳动力投入，从而导致大量失业，还是增加了社会财富，扩大了需求，从而创造了更多的就业机会？这一问题的争论至今仍未有明确答案。

阿格汗和霍伊特的观点是，技术进步并非在所有工作和行业中同时提升生产力，由此引发的生产力提升可能会导致失业增加。然而，技术进步在淘汰某些岗位的同时，也会创造出新的岗位，生产力的提升实际上导致了劳动力的重新分配。阿格汗和霍伊特假设，存在第 t 期建立的企业，这些企业自身无法实现技术更新，并且与其他企业生产的商品没有关联性。这些企业在最初建立时，必要的投入因素为土地，并由此建立了企业的净收益函数。

随着经济以 g 的速度增长，土地价格也会相应增长。土地成本的不断增加导致企业获得的剩余收益越来越少。

随着经济增长速度的加快，即 g 值增大，企业的成本膨胀也加速，导致企业生命周期缩短。当企业倒闭时，大量失业工人涌入劳动力市场。为了抵御成本上升的压力，企业可能会减少岗位空缺，降低人力资本投入，这导致劳动力市场上的空缺岗位减少，失业人员再次就业的机会减少，等待时间延长，从而对就业市场产生负面影响。

这些结论是基于企业无法进行技术更新以及企业间产品无关联性的假设。然而，如果企业能够实现技术更新，并且企业间产品存在互补性，情况将有所不同。在投入不变的情况下，企业收益随技术参数的增加而增加。这种技术更新带来的收益将激励更多企业进入市场，从而创造更多就业岗位。

此外，当企业间产品呈现互补性时，提升一种产品的生产力会带动另一种产品的生产扩张，进而扩大经济发展规模，在劳动力市场中创造更多就业机会，提升就业水平。

综上所述，经济发展一方面会加速企业生命周期，增加企业倒闭的速度，提高失业频率，对就业产生负面影响；另一方面，它也促使企业获得技术更新收益，鼓励新企业进入市场，从而在很大程度上推动就业增长。根据内生增长与失业理论，经济发展过程中应提高企业的技术更新能力，使企业能更多地从技术进步中获益，而不是被技术进步和经济发展所淘汰。同时，应继续完善以市场为主导的机制，通过市场实现产业间、产品间的良性互动，扩大经济发展规模，为实现充分就业奠定坚实基础。

第二节　产业结构与劳动力就业：变化中的协同

产业结构的调整与劳动力就业结构的变化是东北振兴过程中的两个关键因素。产业结构的优化不仅影响着劳动力就业的规模和结构，也决定了劳动力市场的需求和供给。同时，劳动力就业结构的变化又反过来影响着产业结构的调整和优化。

一、配第—克拉克定理

英国经济学家威廉·配第和新西兰奥塔哥大学教授阿尔弗雷德·费希尔将整个经济体系划分为三个产业部门：第一产业涉及初级产品生产，第二产业涵盖制造业，第三产业则指服务业。劳动力的分布在这些产业部门之间形成了劳动力市场。

配第—克拉克定理探讨了经济发展过程中，就业人口在三个产业部门中的分布结构变化。17世纪，威廉·配第观察到，随着经济的持续增长，产业重心逐渐从实物生产转向服务性生产。他于1691年指出，工业的利润通常高于农业，商业的利润则通常高于工业。因此，劳动力将从农业转向工业，再从工业转向商业。克拉克基于费希尔的三次产业分类法，通过计量和比较不同收入水平下就业人口在三个产业部门中的分布结构变化，验证了配第的观点，并提出了这一定理。克拉克认为他的发现只是印证了配第在1691年提出的观点而已，故后人把克拉克的发现称为配第—克拉克定理。

配第—克拉克定理提出，随着经济的增长和人均国民收入的提升，第一产业的国民收入和劳动力占比将逐渐减少；第二产业的国民收入和劳动力占比将上升，随着经济的进一步发展，第三产业的国民收入和劳动力占比也将开始增长。

克拉克进一步阐释了这一理论。他指出，三个产业之间的效率差异是产业结构变化的一个原因。在第一产业和第二产业之间，技术进步存在显著差异。农业的生产周期较长，技术进步较为缓慢，因此对农业的投资存在局限性，容易导致报酬递减。而工业技术进步较快，投资回报率较高，处于报酬递增阶段；随着工业投资的增加，产量提升、单位成本下降，从而推动工业的进一步发展。第三产业覆盖范围广泛，形式灵活，资本投入产出率高，因此具有更大的发展潜力。

从劳动力需求的角度来看，农业劳动生产率虽有提升，但通常没有制造业那么迅速。生产率提升与需求下降相结合，导致农业劳动力比例持续下降。第二产业虽然短期内能够吸纳大量劳动力，但提升得随着资本替代劳动力的趋势加剧，长期来看，劳动力数量会呈现下降趋势。服务业效率同样得到显著提升，但由于社会经济对服务业的需求增长速度超过生产率提升速度，服务业中劳动力比例相应快速上升。

克拉克还提出了需求因素的影响。随着人均收入的增加，农产品需求下降，制造品需求先上升后下降，最终二者被服务业需求取代。如果将服务业限定在对消费者的服务，其边际需求可能不高。但如果将服务业扩展到为企业提供的服务，服务业的相对需求将会上升。

综上所述，配第—克拉克定理认为，由于边际收益差异，产业结构将从第一产业向第三产业转变，三次产业吸纳劳动力的数量逐次递增，导致劳动力从第一产业向第三产业流动，形成新的劳动力就业结构。

配第—克拉克定理揭示了劳动力在不同产业间流动的趋势，这对于合理分配劳动力资源、优化产业结构、促进就业具有重要意义。首先，该定理指出，随着经济发展，第一产业中的劳动力人数将减少。当前，随着农业科技的不断投入，农业中的剩余劳动力规模不断扩大。为了实现劳动力资源的优化配置，必须引导这些剩余劳动力向第二产业和第三产业转移。其次，该定理认为，随着经济的发展，第二产业的劳动力就业人数将增加。工业的科技投入回报率远高于农业，尽管存在边际劳动产出率递减的问题，但只要边际劳动产出率高于劳动力的工资，生产规模就有扩大的趋势。因此，在工业发展中坚持科技投入和提高劳动产出率，不仅有利于经济发展，也有利于增加劳动力就业。最后，根据配第—克拉克定理，第三产业的劳动力就业人数将逐渐增加。第三产业就业形式灵活，对市场反应迅速，是经济发展的重要组成部分。政府可以通过就业培训，帮助劳动力满足第三产业的就业要求，从而促进劳动力在第三产业中的就业。

二、库兹涅茨法则

美国经济学家库兹涅茨同样强调产业结构与就业结构之间的紧密联系，他通过对 57 个国家数据的分析，揭示了产业结构与就业结构之间的相关变化，这一理论被称为库兹涅茨法则。具体来说：

首先，在经济发展初期，农业在经济体系中占据主导地位，农业就业人口也占绝大多数。但随着科技水平和劳动生产率的提升，农业在国民生产总值中的比重将显著下降，从事农业的就业人口也将减少。其次，随着工业化的加速，工业成为国民经济的主体，工业产值在总产值中的比重上升，但工业就业人口数并不会显著增加。最后，劳动生产率的提高为服务业提供了吸纳就业的机遇，服务业就业人口数将逐渐增加，尽管其在国民经济中的比重基本保持不变。

库兹涅茨认为，经济增长主要依靠科技进步和劳动生产率的提高，而产业间的生产率差异会导致产业结构的转变，进而影响就业结构。在经济发展初期，由于劳动生产率较低，劳动力主要集中在农业。随着劳动生产率的提高和工业的快速发展，经济转向第二产业，这要求劳动力数量增加和素质提升。然而，随着劳动生产率的持续提高，第二产业的资本替代率上升，劳动力挤出效应明显，就业人数将保持基本稳定或略有增加。第二产业的发展为第三产业的快速发展提供了机遇，第三产业可以吸收来自农业和工业的转移劳动力。

这种劳动力就业结构随产业结构变动的趋势，伴随着工业化进程而实现，是经济发展的正常趋势。库兹涅茨法则成为国内外学者分析劳动力变动的重要工具，对政府而言，一方面要提高产业层级，优化产业结构，为劳动力合理布局提供基础；另一方面要完善劳动力市场，消除产业间流动障碍，实现劳动力资源的优化配置，有效促进就业。

三、钱纳里—赛尔昆的就业结构转换理论

产业结构理论是理解经济结构演变的关键理论。配第、克拉克和库兹涅茨等经济学家从产业结构升级的必然性出发，探讨了产业结构的演变趋势及其对劳动力就业结构的影响。钱纳里和赛尔昆则将产业结构演变与经济发展过程相结合，通过分析经济发展不同阶段的特点，研究产业结构变化及其对劳动力就业结构的影响，形成了"就业结构转换理论"。

钱纳里和赛尔昆将经济发展分为三个阶段：准工业化阶段、工业化实现阶段和后工业化阶段。在每个阶段，都存在相应的产业结构，而产业结构的转变也反映了经济的发展。在产业结构转变过程中，就业结构也会相应变化。在准工业化阶段，初级产品生产占主导，劳动力快速增长，资本积累缓慢。当条件成熟时，产业结构向工业化实现阶段过渡，制造业份额增加，劳动力由农业向制造业转移。工业化的发展不仅带来行业间劳动力的调整，也加速了城市化进程，劳动力由农村向城市转移。

钱纳里和赛尔昆的研究表明，在发达国家，农业产出和劳动力向工业的转换是同步的。然而，在发展中国家，产业结构转换往往先于就业结构转换。这主要是由于发展中国家的农业生产效率低下，工业发展带来的高生产率收益与科技投入对劳动力的挤出效应导致工业部门产值增长大于就业增长，使得产业结构转变先于就业结构转变。此外，发展中国家的"剪刀差"

政策也导致了产业结构与就业结构的不一致。

钱纳里—赛尔昆的就业结构转换理论强调，在不同经济发展阶段，产业结构具有不同的特征，劳动力作为产业发展的关键因素，会随着产业结构的变化而发生转移。该理论强调产业结构与经济发展阶段的一致性，认为产业结构变化应与工业化进程相匹配，以保证经济高速健康发展。同时，产业结构变化应带动就业结构的变化，因此，我国应提高劳动生产率，保证农业发展，适当提高农产品价格，确保产业结构与就业结构的一致性。

四、贝弗里奇曲线

贝弗里奇曲线是一种描述劳动力市场中失业与职位空缺之间关系的工具，最初用于分析结构性失业问题。通常，失业可分为摩擦性失业和结构性失业。摩擦性失业是市场经济发展的正常现象，源于劳动力流动等因素。而结构性失业则源于劳动力供给与需求之间的不匹配，可能是由于劳动力人口构成与需求状况不一致，或经济结构升级导致的供给与需求结构矛盾。

贝弗里奇通过构建贝弗里奇曲线来界定和描述结构性失业问题，揭示了失业劳动力市场与有职位空缺的劳动力市场之间的关系，以及与劳动力市场总量之间的关系。贝弗里奇假设经济中存在不同层次的劳动力市场：一类是存在失业的劳动力市场，另一类是存在职位空缺的劳动力市场。劳动者由于技能、教育或性别等因素，在这两类市场中难以转移，失业和职位空缺持续存在。贝弗里奇还指出，失业劳动力市场与职位空缺劳动力市场之间存在联系：失业率越高，放弃当前工作寻找更好岗位的可能性越小，职位空缺减少；反之，职位空缺越大，失业者再就业机会越多，失业率下降。

贝弗里奇曲线表明，职位空缺率与失业率呈负相关关系。当劳动力市场职位空缺率高时，劳动者就业机会增加，失业率下降；职位空缺率低时，失业人数增加。贝弗里奇曲线是分析劳动力市场失业类型的重要工具。当职位空缺率大于失业率时，表明存在结构性或摩擦性失业，需进行劳动力市场结构性调整。当职位空缺率等于失业率，可能是因为岗位与劳动力不匹配或信息机制不健全，需加强就业培训和市场信息建设。当职位空缺率小于失业率，可能是因为经济需求不足，需扩大经济规模创造更多就业岗位。

贝弗里奇曲线是分析劳动力市场中失业类型的重要工具。当劳动力市场中的岗位空缺率大于失业率的时候，说明劳动力市场中由于产业结构与劳动力结构不匹配等因素造成结构性或者摩擦性失业，需要对劳动力市场进行结构性调整以达到充分就业的目标；当劳动力市场中的岗位空缺率等于失业率的时候，一方面可能是因为岗位与劳动力不匹配，另一方面可能是因为劳动力市场中的信息机制不健全，所以应当加强就业培训使市场中的失业人员达到岗位空缺的标准，并且完善劳动力市场的信息建设，形成良好的双向选择机制；当劳动力市场中的岗位空缺率小于失业率的时候，说明经济发展出现需求不足的状况，需要不断扩大经济规模，创造更多的就业岗位来满足就业需求。

五、刘易斯二元经济结构模型

刘易斯二元经济结构模型是针对发展中国家劳动力要素市场特征提出的，特别是农村剩余劳动力的大量存在。随着经济结构的完善和技术水平的提升，农村剩余劳动力规模持续增加，合理利用这部分劳动力资源是推动经济发展的重要途径。刘易斯认为，经济发展依赖于现代工业的持续扩张，而工业扩张则依赖于农业提供大量廉价劳动力。城乡劳动力的迁移既是劳动力的平衡机制，也是工业部门发展的动力机制。

刘易斯将发展中国家的经济发展分为两个阶段：第一阶段，资本稀缺，劳动力充足，农业部门存在大量边际产量为零的剩余劳动力，工业部门能以现行工资获得无限劳动力供给。第二阶段，当农业部门剩余劳动力全部转移到工业部门后，劳动力成为稀缺资源，工资取决于劳动力供求关系。

刘易斯模型的几个关键假设包括：

（1）国家经济分为两个部门：劳动生产率较低的传统农业部门和劳动生产率较高的现代工业部门。这两部门的效率差异导致劳动力流动。

（2）农业部门的边际劳动生产率为零。由于资本投入不足、技术更新缓慢和土地资源有限，农业部门的边际劳动生产率逐渐降低至零。

（3）城市工业部门充分就业。在现行工资水平下，城市不存在失业，工业劳动力不会与农村转移的劳动力竞争。

（4）劳动边际生产率等于工资水平是实现利润最大化的必要条件。在农业部门，由于资本投入低和土地资源有限，工资水平逐渐降低。相反，工业部门工资水平上升，两部门工资差距扩大，吸引农村剩余劳动力流向工业部门。

（5）当农村剩余劳动力全部转移到工业部门后，劳动力变得稀缺，工资水平根据劳动力供求曲线变化。这时，劳动力不再是无限供给，而是受供求关系影响，工资水平随之变动。

刘易斯认为，劳动边际生产率等于工资水平是实现利润最大化的必要条件。在传统的农业部门中，由于资本投入率低，土地资源有限，劳动边际生产率逐渐降低，因此所产生的工资水平也会逐渐降低。而工业部门则与此相反，在工业部门工资水平不断上升的情况下，两部门之间的工资差距越拉越大，农村中的剩余劳动力开始追寻高工资水平的工业部门就业岗位，劳动力开始出现城乡之间的转移，因为农村的劳动边际生产率接近于零，所以城市中的工业部门按照现行的工资水平可以无限地吸收农村剩余劳动力，而不会提高工资水平。当农村中的剩余劳动力全部转移到工业部门之后，劳动力资源也出现了稀缺，这时劳动力不会是无限供给，而是根据劳动力供求曲线发生变化，劳动力需求和供给的变化均会带来工资水平的变动。

刘易斯二元经济结构模型认为，工业部门与农业部门之间的边际劳动生产率是农村剩余劳动力向工业部门转移的根本原因，只要存在边际劳动生产率差异，劳动力的转移就会持续下去。当农村剩余劳动力全部转移到工业部门之后，工业部门就得以提高工资率来满足对劳动力的需求。刘易斯基于对发展中国家经验的总结，将经济增长与劳动力转移过程紧密联系起来，提出了城乡劳动力迁移理论。具体来说，首先，刘易斯认为城乡工资水平差异是农村剩余劳动力向城市转移的主要驱动力。因此，在经济增长的背景下，维持城乡工资水平的稳定增长，可以有效促进农村剩余劳动力的转移。其次，农村经济建设对于劳动力转移同样至关重要。大力发展乡镇企业，加强农村自身的城市化建设，也是将农村剩余劳动力向工业部门转移的重要途径。

第三节　人口与劳动力就业：变迁中的和谐

在东北振兴的过程中，人口变迁对劳动力就业的影响是一个不可忽视的重要因素。本节将深入探讨人口变迁与劳动力就业之间的协调关系，特别是在年龄结构和性别结构等方面。依据人口变迁与劳动力就业之间的相关理论，我们将关注如何有效利用人口红利，促进劳动力市场的优化和区域经济的增长。通过教育和职业培训等手段，提升劳动力的技能和素质，从而提高劳动生产率和创新能力，为经济增长提供持续的动力。我们还将探讨人力资本在东北振兴中的重要作用。人口结构的变迁不仅影响着劳动力市场的规模和结构，也决定了劳动力供给的质量和效率。同时，劳动力就业的和谐发展又反过来影响着人口结构的优化和稳定。

一、年龄结构—生命周期模型

根据托达罗模型，农村劳动力向城市转移的决策是一次性的终生决策，而伴随着这种决策的往往是一个农村家庭的整体迁移。年龄结构—生命周期模型就是以家庭为研究单位，以迁移获得的收益和必须支付的成本之间的平衡为研究内容。

年龄结构—生命周期的基本形态为：

$$\sum_{t=0}^{m}[Y(t)-C(t)]e^{-rt} + \sum_{T=m+1}^{n}[Y(T)-C(T)]e^{-rT} + S_0 \geqslant C_d$$

（2.3.1）[①]

年龄结构—生命周期模型的研究范围为劳动力家庭决定的时点到退休这一时点，并且存在一定的假设条件：（1）假设通过参加养老保险、医疗保险等转移支付的方式，农村劳动力达到退休年龄以后的生活能够获得保障，因而他们不需要为达到退休年龄后的生活而储蓄。模型中的 0 点为决定迁移的时刻，而 n 为劳动力退休的时刻。0—n 这一期间对应劳动力在有劳动能力期间的生存状态。（2）假设在 0—n 这一期间，商品以不变价格计量。

在年龄结构—生命周期模型中，农村非熟练劳动力在进入城市之后，工作状态并不一定是连续的，可能会出现在多个企业工作以及在转换企业之间存在失业期的情况。在年龄结构—生命周期模型的左边，t 代表农村劳动力家庭在不同企业工作的期间，t 的取值范围为（0，m），因而 $m+1$ 是农民工家庭在 0 年决策时预期能连续在企业工作的年限。T 代表了农村劳动力家庭在城市中的失业期间，T 的取值范围为（$m+1$，n），（0，n）就构成了劳动力能够获得收入的整个区间。$Y(t)$ 和 $C(t)$ 分别代表了在 t 时期内以不变价格计算下的劳动力家庭的收入和消费支出，$Y(t)$—$C(t)$ 表示劳动力家庭的收支差额。$Y(T)$ 和 $C(T)$ 分别表示在 T 期内以不变价格计算下的劳动力家庭可能获得的非劳动收入和支出。公式用 S_0 表示劳动力家庭在进行迁移决策时所拥有的储蓄，r 为贴现率。在年龄结构—生命周期模型的右边的 C_d 为农村劳动力家庭在城市定居所必需的购买住房支出的贴现值。

在农村劳动力家庭进行迁移决策的时候，他们预期自己会在一个或者多个企业中连续工作 0—m 年，在这一期间可以获得劳动收入或其他的收入转移，在去除了必要的消费支出后会形成一定的积累额。同时他们会预期到自己会存在 n—（$m+1$）年的失业期，在失业期间他们只能够获得代际转移等

---

① 罗贵发. 通货膨胀与失业之间关系研究［D］. 中共中央党校，2006.

方面的少量收入，在减去失业期中的消费支出后，同样会形成一定的积累额。将劳动期与失业期的积累额折现再加上原有的储蓄，就形成了农村劳动力家庭整个生命周期内的积累值，也就是迁移城市的全部资本，而迁移进城市所必须支付的成本就是住房支出，只有当农村劳动力家庭预期他们的整个生命期积累额贴现值大于或者等于住房支出的贴现值时，这种迁移决策才会形成。

年龄结构—生命周期模型认为，农民工家庭迁移至城市是一次性的、长期的决定。这一决策的合理性取决于工作期间积累和消费差额的现值是否大于或等于定居城市所需的必要成本的现值。一旦迁移至城市，农民工家庭需要保持较长的工作年限，以满足城市生活的需求。农村劳动力向城市迁移不仅有助于推动城市化进程，还能缓解城市劳动力短缺的问题。然而，这一迁移过程往往伴随着较高的成本。如果不能有效克服这些阻挡农村劳动力迁移的障碍，将对劳动力的合理流动造成不利影响。年龄结构—生命周期模型为评估农村劳动力迁移至城市的必要条件提供了一个有效的工具，并为政府实施调节措施提供了测定的标准。

二、哈里斯—托达罗模型

刘易斯模型主要从宏观角度探讨了二元经济结构下农业剩余劳动力通过工业化向城市迁移的问题。该模型假设城市不存在失业，任何愿意进入城市工作的人都能在现代工业部门找到工作。因此，劳动力从农村向城市的迁移决策主要取决于城乡实际收入差异。只要城市工业部门的工资高于农民的一般收入水平，农业剩余劳动力就会愿意迁移到城市寻求新职业，并能够实现全部就业。然而，这种假设与现实存在较大差异。在许多发展中国家，尽管农业的边际劳动生产率为正，城市中也存在严重的失业和贫困问题，但从农村向城市迁移的人口仍然持续增长。许多农业劳动力即使无法在城市找到工作，也长期滞留在城市，成为城市的一大问题，这与刘易斯和拉尼斯—费景汉模型的充分就业假设存在背离。

托达罗模型从发展中国家农村人口向城市迁移和城市失业同步增长这一现象出发，提出了乡城劳动力迁移与城市失业模型（H—T 模型）。这一模型特别关注并研究了发展中国家的城市失业和就业不足问题，试图根据城乡收入差异和城市工作的可获得性来解释城市失业与劳动力城乡流动同时增长的现象。

托达罗模型从微观和宏观两个角度分析了劳动力的城乡流动。从微观角度看，由于城市中存在失业，农村劳动者在决定是否迁移至城市工业部门工作时，不仅需要考虑城乡实际收入差异，还要考虑城市就业的概率。当城市失业率较高时，农村劳动者需要在获得高收入和面临失业风险之间做出权衡。即使城乡实际收入差异很大，农业劳动者也不会简单地选择迁移到城市，他们会根据调整后的城乡预期收入差距做出迁移决策，而不是实际收入差距。

从宏观角度分析，城乡预期收入差异的扩大是发展中国家劳动力迁移规模增加的主要原因。在一个具有二元经济特点的发展中国家工业化过程中，城市劳动力少，农业劳动力多，城乡实际收入差距较大，由于工业部门创造的就业机会不断增加，越来越多的农村劳动力迁入城市。但当城市劳动力供过于求时，城市就业概率会下降，从而预期收入差距下降，劳动力迁移规模也随之下降，最终当城市劳动供给增长率等于劳动需求增长率时，在城市达到一个动态均衡的失业率。托达罗模型表述了城市预期工资和农村平均收入之间的失业均衡。

哈里斯—托达罗模型考虑了一个经济体中仅有的两个部门：农村的农业部门和城市的制造业部门。农业收入水平等于预期城市收入是潜在迁移者不考虑工作地理位置的必要条件。农村劳动力可能选择从事低收入的非正规部门工作。这不仅解释了城市失业存在的原因，也解释了尽管存在高失业，城乡人口流动仍然持续且具有个人经济合理性的原因。

哈里斯—托达罗模型的基本观点包括：

（1）促进人口迁移的基本力量是相对收益和成本的理性经济考虑，该考虑主要基于经济因素，也包括心理因素。

（2）迁移决策依赖于"预期的"而不是"现实的"城市与农村的实际工资差额，这里的预期差额由城市与农村的实际工资差额和在城市部门成功就业的可能性共同决定。

（3）城市工作的可能性与城市失业率呈反向关系。

（4）超过城市就业机会增长率的人口迁移率不仅是可能的，而且是合理的，甚至可能扩大城市与农村预期收入的差额，因此，城市失业率高是发展中国家城乡经济比例失衡不可避免的结果。

（5）农村劳动力不断迁移到城市可能导致经济和社会问题，如城市就业压力增大和社会不稳定，以及农村劳动力不足。哈里斯—托达罗模型对于分析劳动力城乡流动和解决由此产生的问题具有重要意义。该模型不强调劳动力转移对经济发展的正面作用，而是更关注如何限制人口从农村向城市流动的规模和速度，以缓解日益严重的城市失业问题。

托达罗提出的一些政策主张包括：

（1）在工业扩张的同时，大力发展农村经济以解决失业问题。政府应改变重工业、轻农业的发展战略，增加农业投入，推动科技发展，对农村进行综合开发，提高农民就业机会和收入水平。

（2）适当控制城市工资率的提高或增加农民的收入，缩小城乡收入差异。政府应通过提高农民收入和改善农村生活条件来缩小城乡收入差距。

尽管哈里斯—托达罗模型的一些假设（如发展中国家农村不存在剩余劳动力）与实际情况不符，但它为解决劳动力城乡流动问题提供了一些有意义的思路和途径。国内学者章铮等人也基于哈里斯—托达罗模型对我国农村劳动力向城市的流动进行了研究，为制定相关劳动力政策提供了理论支持。

三、适度劳动力人口理论

劳动力是推动经济发展的关键要素，而经济发展对劳动力数量的需求催生了适度劳动力人口的概念。适度劳动力人口指的是在长期经济发展中，与劳动生产率、资本利润率、劳动力收入水平、居民福利、就业水平、退休年龄、技术知识、福利总和等方面的最优目标相匹配的劳动力数量。这一概念反映了不同经济发展阶段对劳动力供给的合理需求。

适度劳动力人口的确定基于就业水平、福利总和等方面的主观目标，具有一定的主观性。然而，尽管国家的发展目标可能变化，其资源水平、经济发展结构等客观因素在短期内相对稳定，这些因素同样在经济发展过程中对劳动力需求产生决定性影响。

适度劳动力人口容量是指在特定的资源、环境、经济和社会条件下，一个国家或地区最适宜的劳动力人口承载能力。经济发展需要以自然资源的可持续利用为前提，同时避免过度破坏环境。在资源、环境条件的约束下，结合适宜的劳动生产率和劳动报酬率以及社会发展水平，可以确定一个国家或地区的适度劳动力人口容量。劳动力供给不足会导致资源利用不充分、劳动力短缺、经济发展放缓等问题；而供给过剩则会产生失业，给资源和环境带来压力，影响经济可持续发展。

适度劳动力人口容量虽具有客观性，但并非固定不变。在资源、环境和社会因素短期内不变的情况下，经济发展是适度劳动力人口容量的决定因素。经济发展可以通过提高资源利用效率、推动技术进步、改变经济结构、减少环境破坏等方式，影响适度劳动力人口容量。

适度劳动力人口理论认为，由于资源、环境、劳动生产率和社会条件的限制，经济发展过程中存在对劳动力人口的适度要求，即适度劳动力人口容量。随着经济的发展，这些限制因素发生变化，适度劳动力人口容量也会相应调整。

适度劳动力人口理论对我国经济发展方式的转变和就业提升具有重要意义。首先，该理论倡导可持续的经济发展策略，主张提高资源利用效率，对低位产品进行深度开发，有助于我国转变经济发展方式和扩大劳动力需求。其次，该理论强调经济发展与环境保护并重，有助于实现经济可持续发展，减少环境对劳动力需求的负面影响。最后，该理论认为劳动力素质提升可以扩大适度劳动力人口容量，为经济发展方式转变提供劳动力支持，这对我国新时期经济发展与就业提升具有理论借鉴价值。

四、人口红利理论

劳动力就业水平不仅受到经济发展创造的就业岗位（即劳动力需求）的影响，还取决于劳动力的供给状况。在一定的经济发展水平下，不同的人口结构对劳动力就业产生不同的影响。通常，少年人口在健康和教育上的投资需求较大，壮年人口为经济发展提供劳动力和储蓄，而老年人口则需要医疗保健和退休收入。当一个国家不同年龄特征的人口群体相对规模发生变化时，这些经济行为的相对发生频率和劳动力供给规模也会相应变化，从而对国家的经济增长和劳动力就业产生重要影响。当人口年龄结构处于最富生产性的阶段时，充足的劳动力供给和高储蓄率成为经济增长的额外动力，这被称为人口红利。

人口结构的变化通常经历三个阶段：

（1）"高出生、高死亡、低增长"阶段：高出生率和高死亡率导致人口增长缓慢。

（2）"高出生、低死亡、高增长"阶段：高出生率在低死亡率的共同作用下，导致人口快速增长。

（3）"低出生、低死亡、低增长"阶段：由于出生率的下降和死亡率的持续低水平，人口增长放缓，逐步进入老龄化阶段。

在这些阶段中，当少儿人口比例上升，随后转变为劳动力适龄人口，就会形成较低的人口抚养比阶段。而随着低死亡率的持续和人口结构逐渐老龄化，老年人口比例上升，总的人口抚养比就不断增加。

当人口结构进入低抚养比阶段时，人口机会窗口开启，这一阶段劳动年龄人口比例上升，劳动力供给增加，人口总体负担减轻，为经济发展提供了丰富的劳动力资源。根据生命周期理论，人们在一生中倾向于将收入与消费平均分配，在劳动年龄阶段，收入通常高于消费，人们会为老年期储蓄，以满足老年期的消费需求。当劳动年龄人口比例较高时，社会总储蓄增加，高储蓄水平下的资本供给对经济发展产生显著推动作用。这种情况下，人口红利得以实现。

然而，人口机会窗口的开启并不意味着人口红利会自动产生。实现人口年龄结构优势向人口红利的转变需要满足一系列条件。首先，尽管有充足的劳动力供给，但并非所有劳动年龄人口都参与经济建设。高劳动参与率是实现人口红利的关键因素，必须将劳动年龄人口融入经济发展体系，以最大化劳动力资源的优势。其次，劳动力的生产效率至关重要，劳动力素质直接影响劳动生产率。即使劳动力数量充足，若素质低下，也会影响经济的高速发展。最后，要形成高储蓄局面，必须关注收入分配，提高劳动者收入水平，促进财富积累，并解决住房、医疗等方面的问题。

目前，我们正处于人口机会窗口期，应充分利用人口结构优势，为经济增长创造有利条件，并为未来的老龄化社会做好准备。首先，促进充分就业，扩大经济发展规模，发展第三产业，为自主创业人员提供政策与资金支持，最大限度实现就业。同时，完善劳动力市场信息建设，引导劳动力需求与供给，建立双向选择机制，消除就业障碍，减少失业人员再就业等待时间。其次，加大人力资本投资，提高劳动力教育水平，完善在职培训制度，加强失业人员再就业培训，提高劳动者素质，为经济发展从劳动力密集型向技术密集型转变奠定基础。最后，建立完善的医疗保险制度，防止疾病等突发因素导致的经济困境，在保持高消费能力的同时实现高储蓄。

五、人力资本理论

人力资本的内涵十分复杂，不同学者从不同角度对其进行了诠释。从静态角度看，人力资本是一个人所拥有的能够进行经济价值活动的能力、知识和技能的集合，这些可以被视为区域的资产。从动态角度看，人力资本的存量会随时间变化，这表现为个体知识、体力和技能的提升，以及人力数量的变化。这种变化既是投资的结果，也受到人力资本配置的影响。

因此，对人力资本的理解不仅要关注其数量和质量特征，还要重视其配置特征。本文从区域角度对人力资本进行定义：人力资本是指特定区域内个人所拥有的知识、技能、健康、道德、信誉和社会关系的总和，这些因素体现了该区域内人力数量和质量的变化。此外，人力资本通过市场和政府的行为实现配置功能，不断优化人力资本结构，包括区域、产业、行业和企业内部的人力资本结构。人力资本的存量和配置是区域人力资本研究的核心内容。

（一）现代人力资本研究的理论回顾

人力资本思想的渊源可以追溯到古典经济学家威廉·配第，但现代人力资本理论兴起的标志则是20世纪50年代舒尔茨（T.W. Schultz）首次提出了人力资本增长理论，明确了"人力资本"的概念。舒尔茨在1960年美国经济学年会上发表的题为《人力资本投资》的演讲，大胆提出和明确阐述了人力资本的概念与性质、人力资本投资内容与途径、人力资本在经济增长中的关键作用等方面的思想和观点[1]。继舒尔茨之后，加里·贝克尔在其代表作《人力资本：特别是关于教育的理论与经验分析（1960）》中对人力资本理论进行了论证和拓展。贝克尔以劳动力要素分析为中心，主要阐述了人力资本的概念、形成及其对经济发展的作用。[2]阿罗（Arrow）于1962年发表了《干中学的经济含义》一文中提出了"干中学"的著名理论。[3]进入20世纪80年代中期，新经济增长理论在美、英等国家兴起。卢卡斯、罗默等人基于以技术内生化为特征的新经济增长理论，把人力资本纳入经济增长模型之中，使人力资本研究更具体、更数量化。1986年，美国经济学家罗默（Roemer）在《政治经济学》杂志上发表《收益递增与经

---

① Arrow, KJ.The economic implications of learning by doing [J].The review of economic studies, 1962,29（3）:155-173.

②［美］加里·S.贝克尔.人力资本：特别是关于教育的理论与经验分析［M］.梁小民，译.北京：北京大学出版社，1987.

③ Arrow, KJ.The economic implications of learning by doing [J].The review of economic studies, 1962,29（3）:155-173.

济增长》论文，他认为知识能够提高投资效益，专业化的人力资本体现为知识的"外溢效应（External Effect）"。1988年，卢卡斯（R.Lucas）在《经济增长的机制》论文中分析了整个经济中人力资本的形成、积累对产出的贡献，提出了著名的人力资本模型。卢卡斯将人力资本作为独立的因素纳入经济增长模型，认为具有"专业化的人力资本（Specific Human Capital）"是经济增长的原始动力。[①]20世纪90年代以来，加尔布雷恩、埃德文森、沙利文等人从知识资本理论的角度来诠释人力资本理论，揭示出人力资本与结构资本的互动关系。

（二）人力资本的经济增长模型

西方学者将人力资本理论纳入资本范畴，从人力资本模型中研究人力资本理论，虽然其存在局限性，如对人力资本的定量测度仍然没有令人满意的结果，但其取得的成就也是不可忽视的。以人力资本为核心的技术内生化经济增长模型强调了对特殊知识和生产某一产品所需专业化人力资本的分析，从而使人力资本的分析更为具体，为人们在实践中正确认识人力资本在经济增长中的作用，以及调整经济增长速度、预测经济增长趋势等提供了新的方法和工具。本书所要研究的主题是三次产业结构的经济增长与人力资本之间的互动关系，实质上也是研究基于人力资本进步效应的经济增长，从这个角度来说，需要从各人力资本模型中找到研究的突破口。

1. 最早的人力资本模型

1956年，索洛在《对经济增长的理论的贡献》一文中建立了一个单纯生产部门的经济增长模型。1965年，乌扎华（H. Uzawa）将教育部门引入了索洛的经济增长模型。乌扎华的模型假定社会配置一定的资源到非生产的教育部门，教育部门对产出的贡献通过其对生产部门技术水平提高的作用而间接实现。

其模型如下：

$$\dot{A} = G(A, L_E) \qquad\qquad （2.3.2）$$

---

① 李玉江. 区域人力资本研究 [M]. 北京：科学出版社，2005.

式中：$\dot{A}$代表技术进步的变化率；A代表现有技术水平；L_E代表教育部门的劳动力。上式表明：技术进步的速度取决于现有技术水平和教育部门的资源配置。乌扎华模型如下式：

$$Y = F(K, AL_P) \qquad\qquad （2.3.3）$$

式中，L_P是生产部门的劳动力配置，表示产出是有形要素和教育部门带来的技术的函数。该模型中加入了教育的因素，因此该模型被称为最早的人力资本增长模型。

2. 阿罗"干中学"模型

1962年，阿罗提出了"干中学"模型，他认为技术上的改善既不是自发产生的，也不是由公共部门提供的公共投入品产生的，而是来自私人部门的生产或投资活动。在阿罗的"干中学"模型中，技术或知识的进展是通过学习的过程获得的，而学习又来自实践经验，即生产或投资活动。该模型中的生产函数可用以下公式表述：

$$Y = AF(K, L) \qquad\qquad （2.3.4）$$

式中，Y为总产出，A为技术因子，K为资本投入，L为劳动投入。

阿罗认为，知识的外部经济性使得总体经济活动表现为收益递增。阿罗的模型虽然将技术内生化，但模型中的技术进步只是人类活动的副产品，是一种无意识行为的结果。此外，模型讨论了收益递增的重要性，但将产出相对资本与知识的弹性限制在1以下，这意味着资本积累所引起的技术改进虽然可以部分抵消资本边际收益的下跌，但无法改变资本边际收益递减的趋势，从长期来看，劳动生产率无法保持持续增长。

3. 罗默的收益递增模型

罗默在1986年发表的《收益递增经济增长模型》一文中提出了罗默模型。他把知识作为变量直接引入模型，同时强调了知识积累的两个特征：第一，专业生产知识的积累随着资本积累增加而增加，伴随生产规模扩大和分工不断细化，工人能在实践中学到更多的专业化知识；第二，知识具有"溢出效应"，随着资本积累增加、生产规模扩大，知识也在不断地流通，每个企业都从别的企业那里获得了知识方面的好处，从而带来整个社会知识总量的增加。在这一思想的指导下，罗默建立了生产函数：

$$F_i = F(K_i, K, X_i) \qquad (2.3.5)$$

其中，F_i 为 i 厂商的产出水平，K_i 为 i 厂商其他各生产要素的向量，X_i 为 i 厂商生产某种产品的专业化知识，表示整个社会知识水平的总和，即：

$$K = \sum_{i=1}^{n} K_i \qquad (2.3.6)$$

4. 卢卡斯的人力资本模型

卢卡斯在 1988 年发表了著名论文《论经济发展的机制》，用人力资本来解释持续经济增长，证明人力资本的增长率与人力资本生产过程的投入产出率、社会平均和私人的人力资本在最终产品生产中的边际产出率正相关，与时间贴现率负相关。他认为，人力资本积累是经济得以持续增长的决定性因素和产业发展的真正源泉，并使之内生化。他把舒尔茨的人力资本理论和索洛的技术决定论的增长模型结合起来并加以发展，形成人力资本积累增长模型：

$$\dot{h}(t) = h(t)\delta\left[1 - \mu(t)\right] \qquad (2.3.7)$$

式中，$\dot{h}(t)$ 为人力资本的增量，$h(t)$ 为人力资本（以劳动者的劳动技能表示），δ 为人力资本的产出弹性，μ 为全部生产时间，$[1 - \mu(t)]$ 表示脱离生产在校学习的时间（设生产时间和在校学习时间之和为 1）。通过公式可以得到，如果 $\mu = 1$，则 $\dot{h}(t) = 0$，即无人力资本积累；如果 $\mu(t) = 0$，则 $h(t)$ 按 δ 的速度增长，人力资本增量 $\dot{h}(t)$ 达到最大值。该模型强调劳动者脱离生产、从正规或非正规学习教育中积累的人力资本对经济增长的推动作用。

第四节　劳动力市场与就业理论：动态中的平衡

劳动力市场与就业理论的动态平衡是东北振兴过程中的核心议题。这种平衡不仅影响劳动力的配置效率，也决定着经济增长的可持续性和社会的稳定性。就业理论的动态性反过来也影响劳动力市场的运行和政策制定。

一、二元制劳动力市场分割理论

二元制劳动力市场分割理论（The Dual Labor Market Theory，简称 DLM Theory）于 20 世纪 60 年代末 70 年代初由 Lester C. Thurow、P. B. Doeringer、M. J. Piore 等人提出。该理论认为，劳动力市场被行业、地理区域，或人口特征（如性别、种族）等分类所分割，形成两个相互隔绝、自成系统的市场：一级劳动力市场和二级劳动力市场。

一级劳动力市场和二级劳动力市场之间存在显著差异。一级市场具有优厚的激励机制，如高收入、良好的工作条件、稳定性、晋升机会和丰富的培训资源。劳动者在此市场不仅能获得较高的经济收入，还能实现更高的价值。相比之下，二级劳动力市场则提供较低的待遇，具有更大的工作流动性，缺乏晋升和培训机会，且缺乏有效的激励机制。教育和培训对提高二级市场劳动者的收益率效果不明显。

20 世纪七八十年代，该理论得到进一步发展，学者们通过实践验证了这一理论。Bosanquet 和 Doeringer（1973）通过比较英国和美国的劳动力市场，验证了两国都存在一级和二级劳动力市场的分割。Psacharopoulos（1981）利用英国入户调查数据，证实了教育年限和工作年限与收入的正相关关系，且一级市场的收益率略高于二级市场。Dickens（1985）通过计算美国一级和二级市场的明瑟收益率，发现两级市场的工资决定机制不同，教育和工作年限在一级市场对收入影响较大，而在二级市场则影响较小。

二元制劳动力市场分割理论将劳动力市场划分为两个部分，一级市场因竞争和激励机制而重视人力资本，其收益率也更高；而二级市场因缺乏竞争和激励，提高教育程度对收益率的提升效果不明显。该理论在不同国家得到了验证，对于劳动力市场建设和劳动力资源优化配置具有重要意义。克服劳动力市场分割带来的障碍，是解决就业问题的关键。

二、工作竞争理论

在劳动力市场中，劳动力可分为就业人员和寻求就业人员两部分。这两部分人群并非固定不变，而是处于不断变化中。为了研究劳动力市场中的就业影响因素和运行机制，索罗和卢卡斯提出了工作竞争理论。工作竞争理论基于教育筛选理论建立，认为劳动者的工资由工作本身决定，而非由就业的劳动者决定。企业在雇佣时无法预见劳动者未来的表现，只能根据岗位需求设定工资。此外，劳动力市场中的工作分为不同层次，层次越高，对劳动者的要求越高，相应的工资也越高。企业雇佣劳动者的标准主要是受教育程度，更高层次的工作要求劳动者具备更高的教育水平。

如图 2-4-1 所示，W_0 和 W_1 代表不同工资水平的工作，直线 G 表示劳动力市场的岗位状况，S 表示工作岗位对劳动者受教育程度的要求。工作竞争理论认为，工作层级越高，工资越高，如 W_1 所示的高层级工作对就业者的受教育程度要求高于 W_0 层级的工作。在 B 点岗位上，就业者需满足 S_2 的要求才能获得机会。A 点岗位上的劳动者想要争取 B 点层次的工作，必须提高受教育程度，实现从 S_1 到 S_2 的过渡。

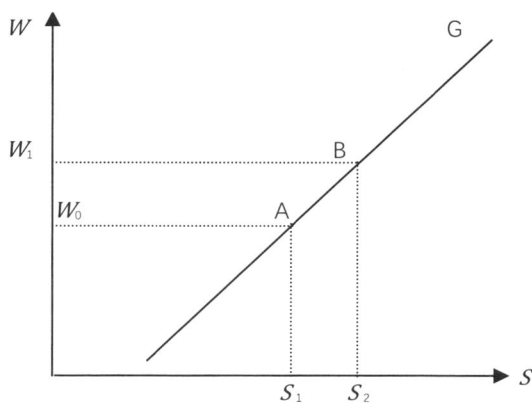

图 2-4-1 工作竞争理论

工作竞争理论指出，就业时劳动力和企业之间存在信息不对称，企业只能根据劳动者的外在条件（如受教育程度）来判断其工作水平。岗位层级越高，对受教育程度的要求也越高。劳动者想要争取更好的职位，必须增加人力资本投资。

受教育程度是区域劳动力素质的主要标志。根据工作竞争理论，持续提高劳动力受教育程度是经济转型期对劳动力发展的要求。劳动力素质的提升必须与经济结构和发展方式的转变同步进行，以实现经济的持续发展。

三、效率工资理论

根据二元制劳动力市场分割理论，劳动力市场被分为一级市场和二级市场。在一级劳动力市场中，工资由议价机制和效率工资决定，并表现出工资刚性。议价机制涉及雇主和工会代表通过谈判确定工资，考虑到培训新员工的成本，议价工资通常高于竞争性市场的工资水平。效率工资则是指雇主在一级劳动力市场中自愿支付高于市场均衡水平的工资，以提高员工的工作效率和稳定性。

传统经济学研究普遍认为劳动力市场中的工资等于劳动力的边际产出率，但这忽略了劳动力努力程度的重要性。效率工资理论认为，生产效率不仅取决于劳动力的投入数量，还取决于劳动力的努力程度。在劳动力投入数量不变的情况下，必须确保工资与劳动力的努力程度相匹配，这样既能促使劳动力在工作中保持高努力程度，提高效率，又能增加劳动力转换工作的成本，保证企业的劳动力稳定性。

效率工资理论认为，一级劳动力市场的高工资水平与高失业并存，是因为工资高于市场均衡水平导致劳动力需求下降。由于一级和二级劳动力市场彼此割裂，劳动力一旦在二级市场就业，就很难回到一级市场。因此，一级市场中的失业劳动力宁愿选择自愿失业，也不愿降级至二级市场。许多经济学家对效率工资理论进行了验证，包括夏皮罗（1984）、斯蒂格里茨（1984）和包尔斯（1985）等提出的怠工模型、劳动力转换模型、逆向选择模型和社会模型。

效率工资理论认为，一级劳动力市场中的工资水平与劳动力的努力程度相匹配，提高工作效率，对经济发展有益。然而，高于市场出清水平的工资率会导致自愿失业，降低劳动力利用率。当前我们正处于人口红利期，若不能有效实现充分就业，就无法将人口结构优势转化为经济发展动力。因此，在肯定效率工资对生产效率促进作用的同时，应扩大生产规模，创造更多就业机会，弥补效率工资带来的失业问题。同时，应加强劳动力市场建设，解决市场分割，促进劳动力合理流动。

四、信号示意模型

根据效率工资理论，一级劳动力市场高于市场出清水平的工资率会导致一部分人无法找到工作。与此相反，二级劳动力市场更接近完全竞争市场，即处于市场出清状态。尽管一级劳动力市场中的失业者如果转至二级劳动力市场就可以找到工作，但他们往往选择继续失业，而非加入二级市场。传统经济学对这一现象的解释是，两个劳动力市场间的工资和工作条件差异较大。然而，信息经济学的观点认为，这种选择还与就业行为的信号作用有关。

企业在雇佣劳动者时面临信息不对称的问题，劳动者对自己的工作能力有更清晰的认识，而雇主则不然。因此，工作经历成为雇主评估劳动者能力的重要依据。在二级劳动力市场中就业的劳动者可能被视为工作能力较差，所以只能获得较低的工资。因此，一级劳动力市场中的失业者担心一旦在二级市场就业，就会被贴上工作能力差的标签，从而在未来难以获得较高工资水平的工作。这种对标签的担忧，使得他们宁愿选择在一级市场中继续失业，也不愿加入二级市场。

当一个人在一级劳动力市场被解雇，如果他们转而进入二级劳动力市场寻找工作，这种工作经历可能会对他们产生负面的信号效应。雇主可能会认为他们的能力较低，从而支付较低的工资。因此，一级劳动力市场中的失业既可以是被迫的，也可以是自愿的：失业本身是非自愿的，但拒绝二级市场的工作则是一种自愿选择。

总之，信号效应模型将一级劳动力市场中的自愿失业归因于信号效应行为。一旦劳动者在二级市场就业，他们可能会被贴上工作能力差的标签，因此，在一级市场中失业的劳动者宁愿继续失业，也不愿进入二级劳动力市场。信号效应模型综合考虑了失业的社会因素，指出社会对劳动者的反馈会影响他们的就业选择，这为分析劳动力市场中的失业原因提供了有益的参考。首先，应在劳动力雇佣过程中实现信息公开化，减少信息不对称，为劳动者建立完整的信息档案；实现信息网络化，以减少工作经历对其的负面影响。其次，应改变劳动力市场割裂的状况，调整就业层级的划分，建立劳动力的合理流动市场运行机制。

第三章
全球视野：人口与经济的互动

在探讨全球经济发展的复杂性时，人口因素始终是一个不可忽视的关键变量。世界人口情况，包括人口规模、结构和动态，与经济发展紧密相连，相互影响。本章旨在深入分析世界人口与经济之间的互动关系，揭示其内在规律和影响机制。首先分析世界人口的基本情况，包括人口规模的增长、年龄结构的变化以及人口分布的特点。接着，我们将探讨这些人口情况如何影响全球经济发展，包括劳动力市场的供需关系、消费模式的变化以及社会结构和政策制定的影响。同时，我们也将分析经济发展如何反过来影响人口情况，包括生育率的变化、人口迁移的趋势以及健康和教育水平的变化。我们期望能够揭示世界人口与经济之间的内在联系，为理解和推动经济发展提供新的视角和思路。这不仅有助于深化我们对经济发展问题的理解，也为东北振兴与劳动力变动相关政策的制定和实施提供了理论依据和实践指导。

第一节　世界人口年龄结构：时间的印记

联合国近日发布《2023 年世界社会报告》（以下简称报告），预计到 21 世纪中叶，全球 65 岁及以上的人口数量将增加一倍以上。报告认为："为了可持续的未来，必须优先考虑老年人的权利和福祉，各国应采取具体措施，在养老金和医疗费用攀升的情况下，为老龄化人口提供支持。"2021 年，全球 65 岁及以上人口为 7.61 亿，到 2050 年，这一数字预计增加到 16 亿。80 岁及以上的人口增长速度更快。2021 年出生的新生儿平均预期寿命有望达到 71 岁，比 1950 年出生的人口平均寿命延长近 25 年。从全球看，欧洲与北美洲老年人口比例最高，西亚、北非和撒哈拉以南非洲老年人口数量预计在未来 30 年增速最快。老龄化即人口年龄结构老龄化，通常用人口年龄结构金字塔表示，"年轻化"与"老龄化"既是绝对的概念也是相对的概念，是人类社会发展到一定程度的必然结果。各国由于社会发展程度的差异，进入老龄化的时间各不相同。

一、世界人口总量及预测

截至 2022 年 11 月中旬，全球人口达到 80 亿。根据联合国《2022 年世界人口展望》报告数据来看，从 1950 年到 2050 年的 100 年中，世界人口增长最快的是 1962 至 1965 年，平均每年增长 2.1%。2030 年，全球人口可能增长到 85 亿左右，并在接下来的 20 年增加 11.8 亿，到 2050 年达到 97 亿。由于生育率下降，人口增长速度减缓了一半以上。2020 年，人口增长率自 1950 年以来首次降至每年 1% 以下，预计在未来几十年将继续放缓。见图 3-1-1。

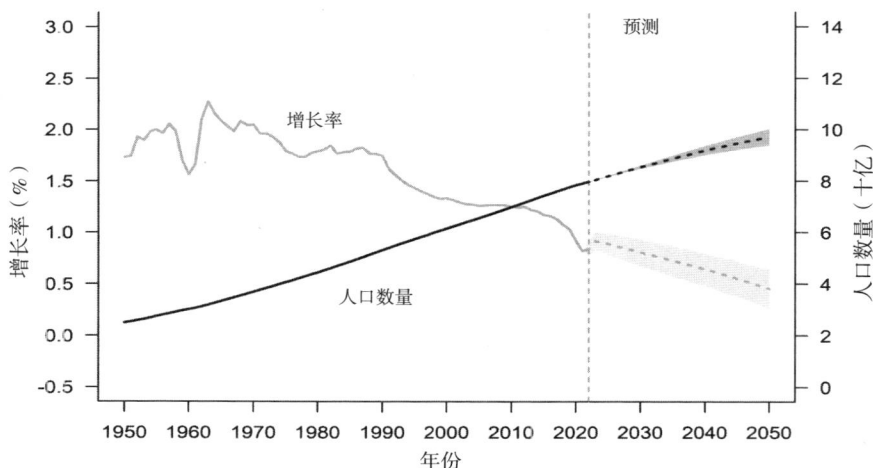

图 3-1-1　世界人口规模和年增长率: 1950—2022 年
（2022—2050 年 95% 预测区间的中期情景）

资料来源: 联合国《世界人口展望》(World Population Prospects 2022)。

从趋势来看，全球人口仍在增长，尽管增长速度有所下降。一些国家和地区的人口继续进一步增长，而另一些国家和区域的人口规模已趋于稳定或开始减少。2022 年，世界上人口最多的两个地区是东亚和东南亚，共有 23 亿人，占全球人口的 29%；其次是中亚和南亚，共有 21 亿人（26%）。中国和印度在这些地区中人口最多，2022 年各超过 14 亿。

二、世界人口金字塔变动

从 1950—2020 年世界人口金字塔变动情况来看，可以看出金字塔底部明显收缩，尤其是 0—4 岁年龄段人口比重，1950 年到 2020 年数据下降幅度达 30% 以上。《2019 年世界人口展望报告》数据也证实了此种变化，全球生育率从 1950 年的 4.8 下降到 2019 年的 2.4，世界人口预期寿命进一步增加，从 1990 年的 64.6 岁上升到 2019 年的 72.4 岁，2018 年全球 65 岁以上人口数首次超过 4 岁以下儿童。可以看出，1970 年，全球人口年龄结构开始转变，逐步进入老龄化阶段。可见，无论是人口预期寿命还是人口出生率，全球人口年龄结构都受到社会发展直接的强烈影响，同时，还表现出社会发展程度越深、现代化进程越快的国家，其人口平均寿命就越长、生育率却越低的特征。见图 3-1-2。

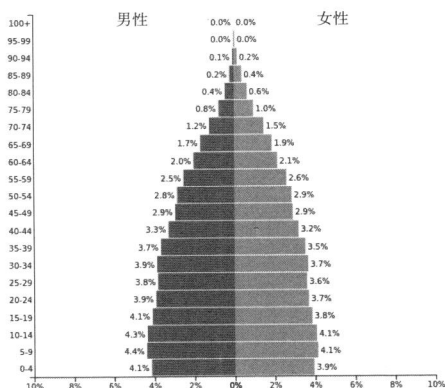

图 3-1-2   2023 年世界人口年龄结构变动概况

数据来源：Population Pyramid.net。

"人口的老龄化是世界人口从高出生率和高死亡率转变到低出生率和低死亡率的必然结果，是人类社会发展到一定程度的必经阶段，是无法规避的。"《2019 年世界人口展望报告》指出，在 2019 年 47 个最不发达的国家和地区中，撒哈拉以南非洲的平均出生率远高于 2.1% 活产婴儿正常水平，生育率达到 4.6，而北非和西亚生育率为 2.9，中亚和南亚生育率为 2.4。撒哈拉以南非洲在 2050 年新增人口将达到全球新增人口的 52%，越贫穷的国家和地区（人均年收入低于 1000 美元）生育欲望就越高。同时，该地区人口死亡率也处于较高水平，而经济较为发达的国家和地区，生育率都在 2.1 的正常水平之下，尤其是欧洲和北美，平均生育率仅为 1.8；东亚和东南亚生育率也在加速下降，由 1990 年的 2.5 下降至 2019 年的 1.8，在全球 224 个国家和地区中，韩国生育率世界最低，仅为 0.92。图 3-1-3 的 1950—2020 年世界人口年龄结构金字塔变动情况，从实际支撑了联合国对于老龄化是社会发展到一定阶段的必然产物的论断。

三、主要国家人口年龄结构变化

20 世纪下半叶是世界人口增长模式的转折点，低生育率、高人均预期寿命成为全球人口演变的主旋律（籍斌等，2020）。进入 21 世纪以后，全球大多数国家的老龄人口比例都在增加，且随着全球医疗水平的提高和生育率的下降，全球老龄化有进一步加快的趋势。人口老龄化已成为一个全球现象，深刻地改变着各国的人口年龄结构和经济社会发展格局。根据联合国《世界人口展望》报告，2018 年世界第一次出现老年人口（≥ 65 岁）数量超过儿童（≤ 5 岁）数量。预计到 2050 年，全球范围内老年人口数量将再增加一倍以上，达到 16 亿左右，将占全球人口的 1/6，超过 15—24 岁的青少年人口总数。

分区域来看，世界各区域的老龄化程度都有不同程度的加深。表 3-1-1 为联合国预测的未来 80 年中各地区老龄人口占比情况，可以看到，世界各区域的老龄人口比重随时间增长将不断上升，预计到 2030 年，除非洲和不

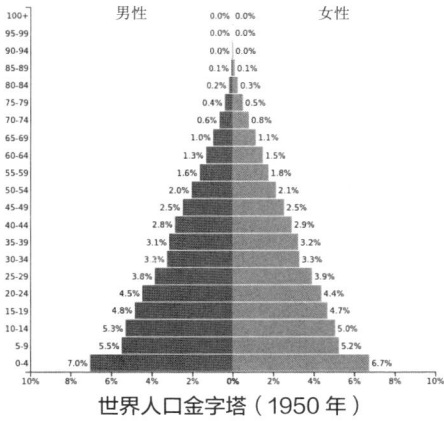

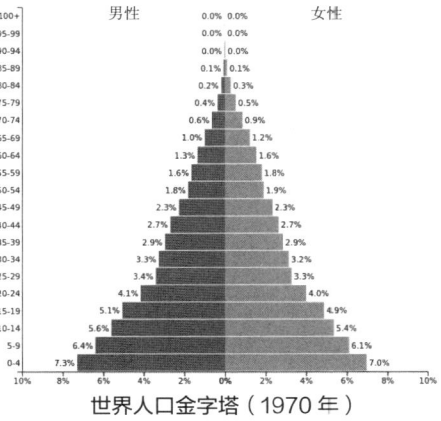

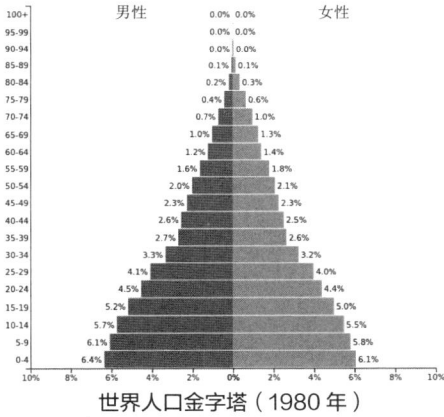

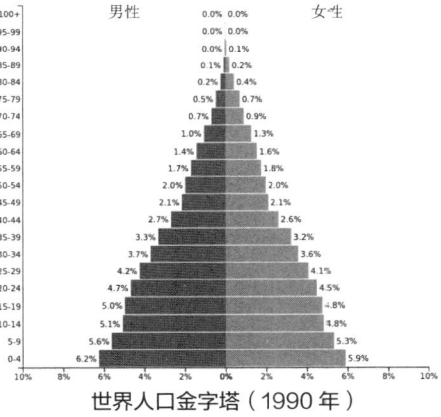

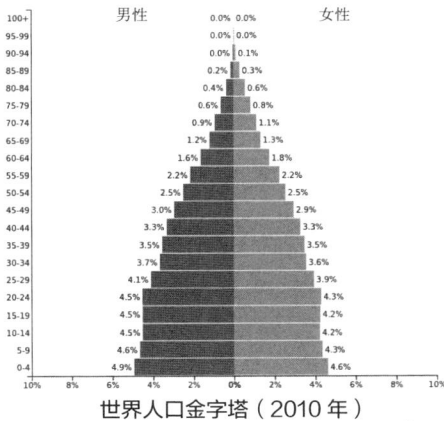

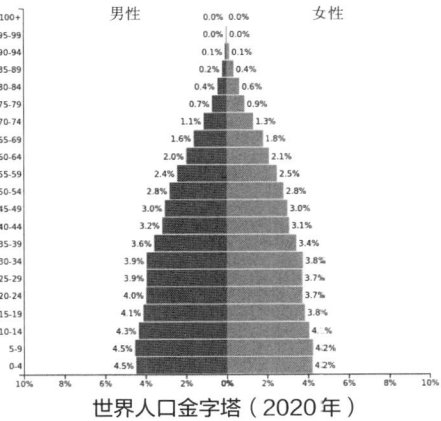

図 3-1-3　1950—2020 年世界人口年龄结构金字塔

数据来源：Population Pyramid.net。

包括澳大利亚、新西兰的大洋洲以外，各大洲都将进入老龄化社会。在各区域的比较中，东亚和欧洲地区是世界老龄化问题最突出的两个区域。老龄化程度前十位的国家中，亚洲的日本位居第一，2019 年日本老龄人口占比达到 27%；而欧洲作为最早陷入老龄化的区域，占领了其余 9 席，其区域内国家意大利、德国、法国和英国的老龄人口占比分别为 23%、21%、20% 和 19%。

表 3-1-1　世界各区域 65 岁及以上人口占总人口比例

（单位：%）

区域	2019 年	2030 年	2050 年	2100 年
世界	9.1	11.7	15.9	22.6
欧洲和北美洲	18	25.3	26.1	29.3
澳大利亚和新西兰	15.9	19.5	22.9	28.6
东亚	11.2	15.8	23.7	30.4
拉丁美洲和加勒比地区	8.7	12	19	31.3
中亚和南亚	6	8	13.1	25.7
北非和西亚	5.7	7.6	12.7	22.4
大洋洲 *	4.2	5.3	7.7	15.4
撒哈拉以南非洲	3	3.3	4.8	13

数据来源：联合国经济与社会事务部（2019）。
注：* 不包括澳大利亚和新西兰。

世界人口老龄化的另一趋势是老年人口结构向高龄化发展。据联合国统计，2019 年全球范围内高龄人口（≥ 80 岁）从 1990 年的 5400 万翻倍增长至 1.43 亿，预计到 2050 年，这一数量将再增加两倍，增至 4.26 亿。1990—2019 年期间，除欧洲和北美洲外，世界其他地区高龄人口为原来的两倍之多。在 2019 年至 2050 年期间，预计东亚、北非和西亚高龄人口的百分比增幅最大。得益于医疗卫生条件的改善，全球范围内预期寿命增长。据联合国估计，2015—2020 年间，一个 65 岁以上的老人平均还有 17 年的寿命；而到 2045—2050 年，这一数字预计将增加到 19 年。从 2015— 2020 年的估计区间到 2045—2050 年的估计期间，预计所有区域的 65 岁预期寿命都会增加。

在现代经济增长阶段，人口的出生率和死亡率都处于低位，经济增长的动力主要来自科技创新和人力资本的投入。2018 年，美国的人均实际国内生产总值最高；教育水平和科技创新水平在世界上具有绝对优势，经济增长的动力主要来自创新。2018 年，中国的人均收入水平在样本国家中仍然处于最低水平。中国的基础较差，1950 年才开始后马尔萨斯阶段，1978 年才进入到现代经济增长阶段。但是从人均收入的经济增长幅度来看，中国的人均收入增长幅度在主要国家中增幅最大，达到 1540%。而如果分阶段来看，中国从改革开放到 2018 年，人均收入的增长幅度更大，达到 651%，远高于后马尔萨斯阶段的 118%；年均增长幅度同样如此，中国现代经济增长阶段的年均增长率为 5.17%，高于后马尔萨斯阶段的 2.83%。

西方资本主义国家由于现代化进程较快，提前进入了老龄化阶段，但这并不说明只有西方资本主义社会才能进入老龄化阶段，发展中国家撒哈拉以南区域现代化程度低的国家永远不会进入老龄化阶段。国际代表性机构，如联合国、国际货币基金组织、世界银行，一直将人口老龄化作为全球社会发展与社会经济发展的共有问题，并以人口老龄化本身作为分析未来发展趋势的研究出发点，从来没有将此问题作为一个区域或一国单一的经济问题。由此可以看出，仅从经济发展水平角度探讨老龄化问题，不仅不能客观地从"因"出发分析老龄化问题本身，更可能在解决老龄化问题的"果"上南辕北辙。

四、全球经济发展与人口发展的分析

世界货币基金组织数据显示：2019 年，全球国内生产总值总量为 87.55 万亿美元（见表 3-1-2），其中，美国国内生产总值为 21.37 万亿美元，人口数为 3.31 亿；欧洲国内生产总值为 21.68 万亿美元（包含欧盟 28 个成员国），人口数为7.47亿；日本国内生产总值为5.08万亿美元，人口数为1.26亿。欧美日2019年国内生产总值总计为48.13万亿美元，人口共计为12.04亿人，占世界人口数量的15.6%。根据联合国统计数据，截至2019年12月末，世界人口总数为77.13亿人，创造了世界54.88%的经济总量；占中国85.39%的人口创造了中国3.36倍的国内生产总值总量，体现出当前社会经济存量和发展与人口数量的极低相关性。

表3-1-2 1960—2019年世界国内生产总值总量

（单位：万亿美元）

1960年	1970年	1980年	1990年	2000年	2010年	2019年	2022年
1.37	2.96	11.37	23.54	33.98	66.14	87.55	74

数据来源：世界货币基金组织历年"World Economic Outlook"及"Annual Report"数据汇总。

人都会选择更加有利于自身生存与发展的社会环境，社会环境以及社会发展进程会影响到个人与社会人口变动的方向。马斯洛的人类需求层次分层理论第一次将人的行为从理论上的假设研究带到了现实中，具有实际价值。不同时期的不同社会进程往往决定了人的行为，这就是不同时期不同社会进程下人口关系的最大的共性。例如，在生产力水平低下的农业社会，人的行为最大的目标来自生理需求与安全需求，也就是生存需求。在温饱需求没有满足的情况下，基本不可能或只能分出很少的资源去追求更高层次的需求。

社会中的人会结合自身具有的条件与社会环境，努力找到对个人最为有利的结合点，这就是在不同社会进程中，人口出生率高低变动趋势中蕴含的最大的内部规律，甚至在特定的时间里，社会的生产方式（社会的进程）会对人口变动起到决定性的作用。随着人类社会生产力的无限提高，人的需求层次也将无限提高。最终，随着底部的四层需求得到充分满足，人的需求将会自然地过渡到努力实现个人自我价值，即理想抱负需求的最高阶段，每个人都将努力通过自身尽可能地为社会创造更多和更大的价值，以充分实现人生社会意义。

　　老龄化虽然是人类社会发展的必经阶段，但人的寿命终究有限，这决定了老龄化阶段必有终结时期。老龄化时期，社会的人口将会出现一定的负增长，从宏观层面对于缓解自然环境压力以及提高人口单位素质更好，符合未来社会发展需要，是有一定积极意义的。而社会也将在第三时期进行悄然转型，由以生产扩大化为目标逐渐转移为以服务人类为目标，正式进入服务型社会，社会经济结构也将以第三产业即服务业为主，一、二产业将退居为促进服务业发展的重要支撑。此时期，无论是物质基础还是精神需要，以及生活的更加稳定将重新回到对于新生人口的需求，出生率逐渐恢复，自然增长率将触底反弹。但是由于社会发展的多元化，人对于传统婚姻所创造的效用有更多的替代方式，对于新生人口的看法将更趋于理性，人口自然增长率的恢复将极为有限，整个社会的人口自然增长率将与社会需求紧密贴合。

第二节　经合组织成员国家人口动态：经济增长的分析

一、经合组织成员国家人口变动情况

　　经济合作与发展组织（OCED，以下简称经合组织）成员国是当今世界经济最发达的国家和地区，其经济增长、发展方式转变在适应人口变动、资源环境约束等方面取得了成功经验，也存在一些教训，值得后发国家和地区借鉴。20世纪60年代以来，经合组织成员国家的人口变动格局具有鲜明的特点：
　　（1）主要成员国的人口率先进入了低出生率、低死亡率和低自然增长率的后人口转变阶段，多数成员国的总和生育率低于更替水平，人口增长主要依赖国际人口迁移；（2）人口素质全面提高，人均预期寿命不断延长；（3）人口年龄结构明显改变，劳动力占总人口数量的比重不断下降，人口老龄化程度不断加深，成为全球人口老龄化程度最高的国家和地区。

与此同时，经合组织成员国家的经济格局也发生了变化。一是继 20 世纪 60 年代的经济高增长之后，70 年代经合组织各成员国普遍进入滞胀期，90 年代后期各国经济开始回升。但各国的经济增长表现出明显差异，一些国家和地区经济增长依然比较强劲，而另一些国家和地区则陷入长期的低迷。二是经合组织成员国家在 1960—1980 年全要素生产率（TFP）的增长处于高位，其后缓慢回落。全要素生产率对经合组织成员国家的经济增长起主导作用，使其经济发展方式实现了以高科技产业和广义服务业为经济主导产业的转变。综合人口和经济发展的轨迹，多数经合组织国家人口低速增长和老龄化没有导致经济增长停滞。经合组织 2018 年 7 月发布的《2060 年世界经济展望》报告指出，人口变化对经合组织成员国家的经济发展有重要的作用，要重视技术进步对提升劳动效率等方面的溢出效应，同时重视人口老龄化对经济发展产生的潜在负向影响。由此可以看出，在不同人口发展阶段，经济发展的动力源泉有所不同，因此，经济的发展方式应该与不同时期的人口变动相适应。

二、经合组织成员国家人口变动对经济增长的影响

在经合组织成员国家的经济增长和发展方式转变中，以人口规模及增长、教育和健康水平为表征的人口集聚、迁移增加及人口质量提升、年龄结构的转型及老龄化等均发挥了显著作用。

从人口总量及其变动来看，虽然总人口增长率对经济增长（国内生产总值）和经济发展质量提升（全要素生产水平的提高）有负向影响，但人口迁移率（人口的机械增长）对经济增长和经济发展质量提升、经济发展方式转变有显著促进作用，这充分表明经合组织成员国家在低生育率下人口老龄化和人口增长放缓使自身劳动力供给出现不足，而在现有经济发展方式下需要有一定的国际移民满足经济增长对劳动力的需求。这也表明，人口规模的增

长对经济增长的影响在不同条件下方向会发生转换。换言之，人口负增长或低速增长并不能促进经济增长，在人口自然增长率非常低甚至负增长的情况下，经济增长需要人口（劳动力）迁移增加以保持一定的人口规模和优化年龄结构。

从人口结构转型来看，劳动年龄人口比重增加对经济增长和发展质量（全要素生产率）的提高产生了显著正向影响，老年人口比重的增加引发并推动了服务业产值在国内生产总值中比重的增加，促进经济结构升级优化。因而在经合组织成员国家，低生育率下劳动力比重下降和人口老龄化反而会促使经济发展方式发生转变，促进经济发展质量的提升。

从人口质量和人力资本来看，教育素质的提高和人均寿命的增加会对经济增长、经济结构优化和发展质量提升产生显著的正向影响。教育素质提升提高了人力资本，为经合组织成员国家的经济增长和经济发展方式转变提供了内生动力；寿命延长下的健康人力资本提升则提高了消费层级，促进经济结构的优化升级。

从人口的城镇化和人口聚集来看，人口密度和城镇化水平的提高，对包括经济增长、经济结构和发展质量在内的经济发展方式转变均有显著的积极作用。因此，适度的人口聚集和城市化以及城市分工带动的人口流动是经济发展方式转变的重要推动力。

从人口发展各个方面的综合情况来看，人口发展的各个方面对经济增长和发展及其方式转变分别产生不同的作用，如果进一步将各个因素综合起来纳入模型检验，结果显示，人口发展的各个方面相互联络相互作用形成合力对经济增长、经济结构优化和发展质量提升等方式转变产生积极的综合性影响。即使控制了个体效应和时间效应，人口发展的综合性作用依然显著，特别是反映经济发展质量和方式转变的全要素生产率的提升，与时间趋势所代表的时变因素共同形成正向的推进作用。因此，在人口与经济、人口转变与经济发展方式转变的关系中，人口单一因素的作用将随时间的推移发生变化，而人口各因素综合起来则会成为经济发展方式转变的内生稳定推动力。

随着人口规模和数量的减少，人口老龄化和高龄化趋势日益明显，这势必会加剧劳动供需之间的矛盾，使原有依赖劳动密集型产业的和粗放型的经济增长方式不再适应现阶段的经济发展模式。在这个关键时刻，能否实现经济发展方式的转变关系着中国未来的经济能否沿着增长轨道持续发展。

三、研究启示

因此，通过研究经合组织成员国家的人口和经济之间的关系，我们得到以下几个方面的启示。

第一，人口结构与经济增长存在关联。经合组织成员国家普遍面临人口老龄化的挑战，这影响了劳动力市场的供给、消费模式以及社会福利的可持续性。人口过快增长和较大的人口规模将会给经济增长带来压力和阻力。虽然人口的增加有助于增加劳动力生产要素的投入，进而继续实现外延式的粗放型经济增长方式，但这与我们转变经济发展方式的初衷背道而驰。从经合组织成员国家的实证结果可以看出，随着社会经济水平的发展，总人口增长率的变动趋于稳定，经济发展将不再依靠总人口数量的增加，甚至总人口增长还会带来负向影响。因此，需要依靠生产率提高和技术创新带动以寻求经济发展方式的转变。同时，还需要进一步放开生育限制，使生育率能够维持适度水平，防止人口大幅度减少，使人口规模保持适当的稳定状态，为实现经济发展方式的转变创造良好的人口环境。

第二，劳动力市场政策的重要性。经合组织成员国家通常采取灵活的劳动力市场政策，如提高女性和老年人口的劳动参与率，以及通过教育和培训提升人力资本。这些政策有助于缓解劳动力市场的压力，促进经济增长。同时为应对人口老龄化，提升居民消费层级、促进产业结构升级优化。随着生育水平的降低和人口老龄化趋势的发展，人口年龄结构的转型变化对消费、经济结构等产生了深远影响。从经合组织成员国家的发展结果来看，老年人口比重的增加，刺激了人口消费，扩大了内需，能够带动经济结构优化升级。目前，中国处于由传统消费模式和"未富先老"状态向现代消费模式和

"即富即老"状态的转变过程中，需要抓住机遇，在居民健康需求、文化需求和康养旅游需求等方面促进消费层级提升，从而促进产业结构和经济结构的升级优化，为人口负增长下的经济发展注入新动力。

第三，创新和科技发展，提高人口质量。面对人口结构变化，经合组织成员国家强调以科技创新作为推动经济增长的新动力。教育和健康作为人力资本要素的重要组成部分，对经济增长、经济结构的调整和经济发展质量的提升有重要影响。中国的人口数量众多，但人口素质普遍偏低，充足的人力资源将变成制约经济发展方式转变的负担。如果人口质量提高，那么充足的人力资源则会转化成人力资本，成为促进经济发展的新动力。因此，需要加强对教育和健康的投入，以提高人力资本的积累和发展水平，这样既可以推动经济发展，又可以提高人民生活水平。

第四，移民政策的影响。许多经合组织成员国家通过合理的移民政策来补充劳动力市场，特别是对技术工人的吸引，促进了人口的合理流动和集聚。在低生育率、低死亡率和低人口增长率的发展阶段，人口的迁移和流动有利于促进人力资本的集聚，从而实现资源的优化配置，促进经济发展。中国区域间的经济发展水平存在很大差异，因此需要利用城市群和城镇化建设，促进人口在区域间的合理流动，防止人口过度集聚，以保证经济的均衡发展。

第五，综合措施与经济增长的平衡。经合组织成员国家在提供全面的社会保障和维持经济增长之间寻求平衡。面对未来中国人口低速增长甚至负增长的问题，需要在未来经济发展中充分发挥人口规模大有利于分工细化的优势，完善社会保障，加大教育和健康投资以提升人力资本，促进人口迁移流动，顺利实现人力资本聚集和高质量城市化发展，综合实现经济发展方式的顺利转变，以应对人口老龄化和人口负增长所形成的对经济发展的负面影响。

综上所述，通过对经合组织成员国家人口变动对经济发展方式转变的研究可以发现，在不同的人口变动阶段，经济发展的原动力是不一样的。

因此，经济的发展方式也应该与不同时期的人口变动相适应。当经济发展中的人口条件发生改变时，必须根据人口变动对经济发展的作用机制和途径，寻找新的经济增长动力和源泉，实现经济发展方式的转变。中国要想实现经济发展方式的转变，既要借鉴经合组织成员国家的发展经验，又要结合中国自身的特点，充分发挥人口回旋的优势，并建立和完善与之相适应的经济发展政策体系。

第三节　劳动力供给策略：全球行动

在全球化背景下，劳动力供给策略已成为各国政府面临的重要议题。本节将探讨欧洲和东亚国家为应对人口老龄化和劳动力市场紧缩所采取的劳动力供给策略，包括鼓励生育政策和鼓励移民政策。

一、鼓励生育政策

在全球范围内，低生育率已成为许多国家和地区面临的一个重要挑战，特别是在欧洲和东亚地区。这一问题不仅加剧了人口老龄化的趋势，也对劳动力市场和经济增长产生了深远影响。本节将重点探讨欧洲和东亚国家为应对低生育率和人口老龄化所采取的鼓励生育政策，以及这些政策对于劳动力供给策略的影响和意义。

（一）鼓励结婚相关政策

相较于欧洲、北美等地区，东亚社会中结婚和生育是更为紧密相连的，因此东亚国家（如日本、韩国等）将鼓励青年人结婚作为提升生育率的重要举措之一。鼓励结婚的政策主要有三个方面：第一，给予经济激励。日本政府出台政策鼓励代际之间的支持以援助年轻人结婚生子，例如通过"新婚补助计划"给予新婚夫妇最高 60 万日元的经济补贴，并免除父母（及祖父母）

赠与子女（或孙女）结婚生子等一次性资金援助的赠与税[①]。第二，解决住房问题。在韩国，符合条件的新婚夫妇可申请保障性住房。第三，保障青年就业。稳定就业保障了年轻人结婚的前提条件，韩国政府为年轻人提供就业培训机会，并鼓励其创业[②]。

（二）鼓励生育相关政策

鼓励生育和保障养育是解决低人口生育率的两个根本方面。欧、亚地区各国在降低生育成本、提供育儿保障等方面采取了不少针对性措施。

第一，改善产假、育儿假期福利。欧洲、北美和东亚地区典型经济体分别给出了带薪产假及育儿假期的时长。除美国外，各国的母亲带薪产假较为平均，欧洲各国给予了父亲更长的带薪产假。在育儿产假方面，欧洲的德国、法国、丹麦和意大利，北美的加拿大和东亚的日本、韩国均有半年以上的母亲带薪育儿产假，而日本、韩国在父亲带薪育儿产假时长上最为突出，均达到了一年左右。从产假补贴和育儿产假补贴中，可以明显地观察到母亲的产假补贴和育儿补贴都明显高于父亲的；欧洲各国普遍采取较高的生育补贴，德国的生育补贴更是达到了原工资的100%；东亚国家则对父亲给予了较为丰厚的育儿假期补贴。

第二，完善生育医疗保障。在妊娠期间，东亚国家（日本、韩国等）针对怀孕妇女提供一定的产前体检费用。多数欧洲发达经济体将生育医疗保险纳入社会医疗保险项目，相关费用由保险机构承担。除此之外，各国政府也通过立法形式，在妇女生育前后给予必要的技术、信息、知识和物质的支持。

第三，提供儿童补贴服务。一般而言，儿童补助随着一个家庭孩童数量的增加而上升。例如，比利时政府给予四孩以上家庭免税补贴，法国针对三孩以上的家庭设置入学、特种教育等补贴，日本《平成二十二年儿童补贴法》规定了一系列不同年龄儿童所享受的政府补贴。

[①] 张伯玉. 日本实施促进生育政策的得与失［J］. 人民论坛，2022（17）：78—81.

[②] 沈铭辉. 人口老龄化的影响及治理对策——以韩国为例［J］. 人民论坛，2020（32）：91—93.

（三）社会照料相关政策

发展社会照料作为家庭照料的补充也是各国提高生育率的重要措施。随着欧洲人口老龄化进程的不断发展，欧洲国家的公共儿童照料服务范围不断扩大。吕亚军等[①]对家庭照料政策进行梳理发现，1984—1987 年，欧洲幼儿很少接受公共儿童照料服务，其中，德国与英国接受公共照料的 0—2 岁儿童占比仅为 2%。到了 2017 年，德国和英国这一数字均达到了 37% 左右。与此同时，欧洲 3—5 岁接受公共照料服务的比例也上升到了一个全面普及的阶段（多数欧洲国家的比例为 90% 以上），这得益于欧洲国家对社会儿童照料服务的重视。例如，在瑞典，政府承担托儿所的费用，承担比例达到了 80%。在法国，"母亲助手""住家保姆"和"育婴保姆"等社会照料形式已相当普及，而"公立托儿所""企业办托儿所"和"儿童花园"等多种托育机构缓解了父母的养育压力。德国政府设置 15 亿欧元的专门财政资金，为 6 岁以下儿童提供看护服务[②]。欧洲、北美和东亚典型国家儿童照料服务接受程度相关情况见表 3-3-1。

表 3-3-1　欧洲、北美和东亚典型国家儿童照料服务接受程度

（单位：%）

地区	国家	0—2 岁儿童接受公共照料服务的比例		3—5 岁儿童接受公共照料服务的比例	
		2005	2017	2005	2017
欧洲	法国	43.9	56.3	100.0	100.0
	瑞典	—	46.6	—	94.1
	意大利	27.3	29.7	—	93.9
	英国	37.0	37.7	90.2	100.0
	德国	16.8	37.2	87.6	94.6
	比利时	44.5	56.1	100.0	98.4
	芬兰	24.6	31.2	68.1	79.5

① 吕亚军, 刘欢. 家庭政策概念的辨析 [J]. 河西学院学报, 2009,25（06）：5—10.

② 阚唯, 梁颖, 李成福. 国际鼓励生育政策实践对中国的启示 [J]. 西北人口, 39（05）：47—56.

续表

地区	国家	0—2 岁儿童接受公共照料服务的比例		3—5 岁儿童接受公共照料服务的比例	
		2005	2017	2005	2017
北美东亚	美国	—	—	66.3	66.1
	日本	16.2	29.6	—	91.4
	韩国	—	56.3	99.0	95.7

数据来源：经合组织数据库。

（四）促进工作—家庭平衡相关政策

为了缓解育儿给工作带来的不便，各国从三个方面做出了努力：第一，修订和完善立法。在这方面，欧洲发达国家的相关法律法规比较健全。我国先后出台了《中华人民共和国劳动法》《中华人民共和国就业促进法》《生育保险法》等法律保障育龄妇女和儿童的合法权益。第二，推进工作方式改革。日本提倡企业年度带薪休假，并建立"短时正式员工制"、远程办公等制度鼓励人们关注家庭生活。第三，重构育儿成本分担模式。在东亚，日本和韩国的年轻父亲享有和母亲一样的带薪育儿假期，韩国政府在"第三次低生育高龄社会基本计划（2016—2020）"中将提高男性育儿参与率纳入体系改革的规划[①]。

二、鼓励移民政策

在应对全球人口老龄化和劳动力市场紧缩的挑战中，鼓励移民政策已成为许多国家的重要策略之一。本节将重点探讨欧美和（亚洲）国家如何通过制定和实施鼓励移民政策来补充劳动力市场，促进经济增长和社会发展。

（一）美国

在探讨美国的移民政策及其对劳动力市场的影响时，值得注意的是，美

[①] 韩松花，孙浩男．韩国鼓励生育政策体系改革及启示［J］．延边大学学报（社会科学版），2020，53（01）：15—23+139.

国作为一个建立在移民基础上的国家，其移民政策历来对国家的社会构成和经济发展有着深远的影响。特别是在 1990 年，美国通过了历史上最为宽松的移民法案——《1990 年移民改革和移民责任法》，该法案旨在通过鼓励海外移民来补充美国的劳动力市场。尽管自 2018 年以来，美国的移民政策呈现出一定的紧缩趋势，但国际移民在美国人口结构中的显著作用，尤其是在缓解人口老龄化的压力方面，仍然是不容忽视的。

具体而言，从 1990 年到 2019 年，美国年均接纳约 100 万海外移民，这一数字约占到同期美国人口总数的 0.35%。这一持续的移民流入不仅为美国的经济增长提供了必要的劳动力支持，也促进了文化多样性的发展，对美国社会的整体活力和创造力产生了积极影响。

这一历史数据和政策实践为理解移民政策在劳动力市场中的作用提供了宝贵的案例研究，同时也为其他国家制定类似政策提供了重要的参考和启示。通过深入分析美国移民政策的演变及其对劳动力供给的影响，我们可以更好地理解移民在促进经济增长和应对人口结构变化中的关键作用。

（二）加拿大

加拿大在 20 世纪 60 年代首创的"积分制"移民政策，随后被包括澳大利亚、丹麦、日本和英国在内的多个国家采纳。这一制度通过积分评估系统，优先考虑高技能和高端人才，为这些国家带来了大量外国工人，同时避免了国内紧张局势的产生。然而，这种移民模式也存在一定的局限性，即它倾向于吸引高技能工人，而非满足对中低技能工人的需求，这可能导致发展中国家的人才流失。

（三）新加坡和海湾国家

新加坡和海湾国家采用的临时移民项目旨在为发展中国家的贫困人口创造就业机会，同时满足发达国家对劳动力的需求。这些项目通常设置较低的准入门槛，以吸引来自不同国家的工人。然而，参与这些项目的外国工人通常只获得临时身份，几乎没有任何机会获得永久居留权或公民权。这种模式有效地维持了社会凝聚力，并保障了高水平的社会福利。

　　然而，这种模式也存在一些弊端。临时移民的权利得不到充分保障，这些工人往往面临着工作条件差、工资低、缺乏社会保障等问题，甚至缺乏政府监管可能导致移民受到剥削或虐待的情况发生。这些问题不仅可能对移民的个人福祉造成损害，也可能对国家的社会稳定和经济发展产生负面影响。

　　因此，在制定临时移民政策时，需要权衡其对劳动力市场的影响和对移民权利的保护。这些案例研究为我们提供了宝贵的经验，以指导其他国家和地区的移民政策制定。通过比较和分析不同国家的移民政策，我们可以更深入地理解移民在劳动力市场中的作用，以及政策设计对社会和经济的影响。

（四）欧盟

　　随着欧洲内部的人口老龄化加剧，劳动力市场逐渐枯竭，欧洲各国不断放宽技术移民的门槛，寻求外部劳动力以实现经济的"输血"。特别是在2009年，欧盟通过了"蓝卡"计划，这是欧盟与北美等地区争夺高技术人才的显著举措。该计划为"蓝卡"持有者提供在签发国内为期4年的工作和居留权，旨在吸引全球范围内的技术人才。然而，根据目前的出生率和人口老龄化趋势，欧盟对劳动力不足可能阻碍其经济发展的趋势依然表示担忧。

　　由于欧洲传统上对移民政策的限制，东欧、亚洲和非洲国家的高级技工大量流向了美国和加拿大，欧洲在吸引高技能移民方面面临挑战，只能吸引到技术水平相对较低的移民。因此，欧盟政府正在筹划更宽松的移民政策，旨在将欧洲转变为一块吸引国外高技术人才的磁铁。这些政策调整反映了欧洲在全球化背景下的战略转变，希望通过吸引全球人才来维持其经济竞争力和创新能力。

（五）日本

　　长期以来，日本的移民政策因其社会单一民族的特点和强烈的排外倾向而保持保守。尽管自2005年日本设立"促进多文化共生社会研究会"以来，日本开始逐渐接纳外来移民，但其移民政策仍然强调"同化"原则[1]。然而，随着日本人口生育率的持续下降，日本政府被迫开始调整其移民政策。2018年底，日本通过了《出入国管理及难民认定法》，在14个特定行业加大对技能劳动者的接收力度，这一规定改变了以往不允许外国劳动者从事蓝领岗位的情况，为日本接收外国单纯劳动力提供了法律依据[2]。

根据日本总务省发布的2020年人口调查数据，日本15—64岁的劳动年龄人口为75087865人，与5年前相比减少了2266232人，与1995年的峰值相比减少了13.9%。与此同时，日本总人口在五年内减少了948646人，劳动年龄人口减少的速度比总人口减少的速度更快。随着人口老龄化的加剧，日本正逐步接近一个劳动年龄人口少于消费人口的社会。

劳动人口的减少可能导致企业生产力下降和国民生产总值的低迷。为应对这一状况，日本政府和经济界正在考虑通过接收移民来扩充劳动力。政府目前正在讨论是否要大幅度扩大外国人在留资格中"特定技能"项目的范围。如果相关制度得以改变，外国工人及其家人将能够前往日本，未来还可能获得日本永久居留权，这被视为日本大规模吸收移民的重大政策转变。

第四节　发达国家经验：借鉴与启示

在当前的国际竞争格局中，人力资源的竞争已成为各国间战略博弈的核心焦点。美国、英国、日本以及欧盟等经济体通过强化人才培养和吸引国际人才的战略，确保了本国人力资源的充足性和质量，从而显著提升了国家的综合竞争力和国际影响力。这些发达国家的成功经验可以分为两个主要方面：

① 田香兰.日本人口减少及老龄化对综合国力的影响——兼论日本的人口政策及效果［J］.日本学刊，2011（05）：107—121.

② 毕亚娜，邓美薇.日本外国人永久居留机制的经验及启示［J］.未来与发展，2023,47（07）：32—40.

一是重视人力资本的投资与培养，通过优化教育体系和职业培训机制，不断提升人才的技能和素质；二是积极吸引海外优秀人才，通过提供有利的移民政策、工作机会和生活条件，吸引全球顶尖人才为本国服务。

这些策略不仅有助于这些国家在全球化进程中保持领先地位，也为我国东北地区在人力资源供给方面提供了宝贵的经验和启示。通过借鉴这些发达国家的做法，我们可以探索如何通过教育和培训提升本地人才质量，以及如何制定有效吸引和保留人才的政策，从而在日益激烈的国际竞争中占据有利位置。

一、发达国家完善人力资本投入机制的经验和启示

在全球化的深入影响下，构建有效的人力资本投入机制已成为人力资源供给和人才竞争的关键因素。本研究从国际和国内两个维度出发，对发达国家的先进人力资本投入机制进行了全面而系统的比较分析。特别是对英国、美国、瑞士、日本和韩国的人力资本投资策略进行了深入探讨，旨在为人力资源供给方面的优化提供宝贵的参考和启示。通过这些国际案例的比较研究，希望能够为东北地区人力资源发展提供借鉴，促进其在人才竞争中的优势地位。

（一）典型国家的经验

1. 英国的经验

21 世纪，随着全球经济竞争的加剧，各国在人力资源开发战略上呈现了共同的趋势，即重视职业教育的发展，以提升劳动者的职业素质。英国作为世界上重要的工业化市场经济国家之一，其完善的工业体系和市场经济制度，以及发达的教育培训事业，为人才培养提供了坚实基础。英国在职业资格认证方面实行学历文凭证书与职业资格证书并行的制度，两种证书分别由大学和职业证书机构颁发。经过长期发展，英国不仅拥有世界一流的大学和学院，如牛津大学、剑桥大学、伦敦大学，还拥有一批信誉卓越的职业教育机构。

（1）国家职业资格证书体系的完善：英国通过建立和完善国家职业资格证书制度，以职业标准为导向，满足了企业的实际需求，并适应了经济发展的需要；不断完善国家职业资格证书体系，保证投入机制的有效运行。发展建立职业教育和完善国家职业资格证书制度是促进职业教育与培训发展的一项动力机制，英国政府在推行国家职业资格证书制度过程中以职业标准为导向，满足了企业的实际需要；同时，由于教育培训与就业的紧密结合，又适应了经济发展的客观需要。

（2）"三明治课程"的推广：英国实施了"理论—实践—理论"的人才培养模式，通过在校授课和到企业实习交替的方式，培养具有职业素质和综合应用能力的人才。"三明治课程"的实施方式是在两学期之间，通过在校授课和到企业实习相互轮替，实现以职业素质、综合应用能力为主的人才培养目标。在英国，这种培养模式主要有两种形式：第一种形式分为三个阶段，学生中学毕业后，先在企业工作实践一年，接着在学校学习完两年或三年的课程，然后再到企业工作实践一年，即所谓的"1+2+1"和"1+3+1"教育计划；第二种形式是第一、第二、第四学年在学校学习三年理论，第三学年到企业进行为期一年的实践，即所谓的"2+1+1"教育计划。一年的工作经历使学生不仅变得成熟、自信，同时也掌握了工作技能，积累了有用的工作经验。这段经历使学生能够轻松就业，甚至有可能在实习的公司实现最终就业。

（3）职业教育与劳动力结构性调整的结合：英国强调雇主和工业界在职业培训中的主体作用，并注重职业教育与普通教育的相互渗透，以适应知识与技术的快速更新和劳动力市场的变化。长期以来，英国一直坚持雇主和工业界是职业培训主体的做法，即使加强了学校的职业教育职能，仍然没有削弱雇主和企业在职业教育和培训中的作用。英国在这方面的做法值得我们借鉴。事实上，英国的一系列职业教育改革都是在普通中等学校中进行的。这说明，英国的职业教育改革重点是职业教育与普通教育的一体化。

2. 美国的经验

美国强大的经济、政治和文化实力背后是强大的人才实力，这主要得益于多年来美国非常注重对人力资源的开发，在人才投入方面更是具有自己鲜明的特色。美国注重对教育的发展，是世界上教育发展最发达的国家。首先，美国是最早普及初等和中等义务教育的国家；其次，美国高等教育发展水平高；再次，美国劳动年龄人口和从业人员整体文化程度高；最后，美国拥有一支人数多、水平高的科学研究队伍，科学技术成就在全球处于领先地位。

美国取得上述教育方面的人才优势，与其人力资本投入机制的完善和有效性密不可分。其经验主要有以下几方面：第一，高水平的持续教育投入。美国长期保持对教育的较高投入，确保教育质量和发展。第二，注重联邦政府、地方政府和私人教育力量相配合。美国民众普遍认为，联邦、州和私人对兴办教育都责无旁贷。美国独立后流行一句谚语："兴办教育事业是由人民首创、州政府尽责和联邦政府积极关怀的工作"。第三，出台柜关法规制度确保教育投入的地位。美国自20世纪50年代末就把教育视为国家发展的基础和人才培养的关键，出台的法案和报告有《国防教育法》《美国2001年教育战略》《为21世纪而教育美国人》等。第四，积极拓展教育经费投入的渠道。美国教育经费的投入结构呈现多元化的特点，包括政府投入、社会力量投入以及各类慈善组织和私人机构投入等。

3. 瑞士的经验

瑞士在人力资源开发方面特别重视教育的作用。其教育体系采用九年义务教育后的双轨制，一条轨道是学术高中，旨在为学生提供进入大学或专科学校的资格；另一条轨道是通过学徒培训或职业学校进行的职业教育。瑞士传统上重视职业教育，尽管其人均国内生产总值较高，但绝大多数学生在九年义务教育后选择接受职业教育，只有15%的毕业生选择进入学术高中并继续上大学的路径，这一比例与欧洲国家平均30%的大学入学率形成鲜明对比。

瑞士对职业教育的重视也体现在公共教育经费的支出结构上，其职业教育经费与高等教育经费相当。这种重视职业教育的做法使得瑞士不仅长期保持高就业率、低失业率的良好记录，而且其高品质的产品在国际市场上也具有竞争力。在瑞士，政府、企业、行业和职业协会以及工会等都参与职业教育的管理或实施，各自承担责任并密切合作。

4. 日本的经验

在探讨日本人力资源管理的经验时，我们发现日本在人力资源投入和管理方面具有鲜明的特色。尤其是在第二次世界大战后，日本经济迅速从萧条中复苏，实现了高速增长，这与其重视人才投入密不可分。日本的人力资源管理模式是在考虑其国情、文化传统和欧美管理思想的基础上形成的，具有独特性。

（1）终身雇佣制。终身雇佣制是指求职者一经企业正式录用，在达到预定的退休年龄之前，不用担心失业，企业也绝对不会解雇任何一个员工。这样一来，企业可以留住优秀的员工，员工也可以得到固定的保障。终身雇佣制是日本劳动雇佣制度的基础和主要特征，为松下公司所创，后来被日本各大公司纷纷仿效，长期以来作为日本式管理模式的代表，曾受到广泛的称赞。终身雇佣制是日本人才管理中最突出也是最具争议的政策，它有利于增强从业人员对所隶属单位的归属意识，特别是有利于调动职工全力以赴确保企业利益。它有效地解决了工人流动性大的难题，维持了员工对企业的忠诚，为第二次世界大战以后日本的经济腾飞作出了巨大贡献。但这种稳定的政策会随着经济的衰退、利润的下降受到严重挑战。

（2）"通才"培养。日本企业重视培养员工的全面能力，通过多方面知识的培训，提高员工的整体素质。这种通才管理模式有助于发挥员工的创造力和凝聚力，提高企业的整体效能。通过加大政府投入、结合社会投入以及鼓励私人投入，着重"通才"培养。日本企业重视通才，分工较粗。日本经营者认为，过细分工只能增长小团队意识，因此日本员工往往接受多方面知识的培训，特别是在制造业的蓝领阶层，需进行系统的、全方位的公司文化、统计知识、生产体系和质量管理培训。这种培训过程是工人接受"人力资本投资"的过程，也被学者们称为"蓝领工人白领化"。通才管理模式的优点是能够激发全部员工在企业中的创造力和凝聚力，使企业整体发挥更大的作用。

（3）日本企业重视在职培训，认为高素质的员工可以通过培训胜任多种工作。这种培训不仅包括技术技能，还包括软技能和知识。日本企业在员工特殊人力资本上的投资远高于美国，这种重视在职培训的做法提高了生产力和产品质量。员工在培训中，不仅要学习技术方面的"硬技能"，还要学习许多"软知识"和"软技能"。日本大、中、小企业在员工特殊人力资本上的投资，分别是美国相应规模企业的 3.6 倍、4.3 倍和 3.2 倍。由于重视在职培训，工人在漫长的岁月中积累了丰富的与工作十分密切的技术知识，加强了对企业的忠诚，生产力大大提高，这对增进企业内部的凝聚力、提高企业效率、提高产品的质量都起到了积极的作用。

5. 韩国的经验

韩国在人力资源投入和管理方面具有鲜明的特色。尤其是在 20 世纪 60 年代，韩国通过实施公务员制度和对职工教育的重视，实现了经济的迅速增长。韩国在 1963 年实行公务员制度，通过社会选拔，选拔了一批具有高级管理能力的人才担任政府要职，提高了管理水平。同时，韩国还进一步重视和发展职工教育，于 60 年代成立了"生产力发展局"，于 70 年代成立"工业职业培训局"，设立各种培训学院和培训中心，领导各行各业和各社会团体的培训活动。该局制定了职业培训法规，明确规定不论是学校毕业生，还是来自农村的年轻人，在进城工作之前都必须接受半年到一年的职业培训。为了保证职业教育的质量，韩国成立了职业教育咨询委员会，统一规划和管理职业教育。韩国各大企业建立了职工培训基金，选送优秀员工出国学习，加强职工培训，提高了人力资源素质。

（二）启示

从国际人力资源开发的视角来看，发达国家普遍重视全民教育与培训，强调劳动力市场与就业之间的紧密联系，教育投资结构合理，既注重高等教育的质量，也强调技能型和应用型人才的培养，从而确保人力资源结构与经济结构保持平衡，并适应经济发展的需求。这些经验为人力资源供给工作提供了重要的启示，主要包括以下三个方面：

1. 推动教育和培训体系多元化、系统化

增加对教育的投资，保持高等教育的适度增长，同时大力支持职业教育与培训。在职业教育领域，可以鼓励私营部门参与，并建立职业教育产业化的融资机制，促进中等职业教育产业化进程以及教学方式和内容的改革。

2. 调整办学理念

调整办学理念，优化就业结构，确保高级管理人才、高级研究型人才、应用型专业技术人员、高素质技术工人的合理配置。这需要调整高校办学设置和专业设置，注重培养高科技研究人才和实用型人才。

3. 建立规范的劳动力市场

为了优化人力资源队伍结构和提高人员素质，应建立适当的人才流动机制，确保人才能够合理流动。同时，应建立规范的劳动力市场，发挥市场在人力资源配置中的基础性作用，通过市场机制实现人力资源的合理配置，实现企业和个人之间的"双向选择"，达到人才与职位的最佳匹配。

二、积极吸引国外人才的经验和启示

在全球化的时代背景下，人力资本的投资与培养成为各国提升国际竞争力、实现持续发展的关键因素。本章旨在通过深入剖析发达国家在优化人力资本投入机制方面的成功案例，为东北地区在人力资源供给与人才培养方面提供借鉴。首先，聚焦于发达国家在教育体系、职业培训和终身学习方面的先进实践。这些国家通过大量投资，构建了高效且多元化的教育体系，不断优化教育内容和教学方法，从而显著提升人才培养的质量。其次，探讨这些国家在人力资源开发政策、移民政策和创新激励机制等方面的成功经验。通过制定和实施相关政策，这些国家不仅吸引了全球顶尖人才，还激发了创新

和技术发展，提高了劳动生产率，促进了经济增长。这些发达国家的经验为东北地区的人力资源供给工作提供了有益的启示，不仅有助于提升东北地区的人才培养质量，还可以帮助吸引和留住更多优秀人才，为东北地区的经济社会发展提供强有力的支持。

（一）发达国家引进人才的经验

1. 职业移民政策吸引各类海外人才

在全球人力资源紧张和人力资本竞争日益激烈的背景下，职业移民政策成为发达国家争夺全球人才的重要工具。许多国家通过修改移民法规、放宽移民政策，吸引海外的优秀人才。美国政府通过职业移民政策，吸引符合美国需求的高科技人才、高层次人才和紧缺人才，为具有特殊专业技能的人才提供便利，增加一般性职业移民签证的配额。目前，美国的移民法规定，每年通过职业移民途径进入美国的总配额为 14 万个，这些配额根据不同的职业和个人条件划分为五大优先类别，其中前三类职业移民对提升美国的科技、文化、经济竞争实力具有显著的促进作用。

2. 签发居留许可，为海外人才提供便利条件

在吸引海外人才方面，发达国家采取了多种措施，其中包括签发居留许可，为海外人才提供便利条件。

（1）欧盟：2009 年 5 月 25 日，欧盟成员国通过了"蓝卡"计划，旨在吸引外国高技术人才，填补欧盟国家专业人才不足，提升欧洲的国际竞争力。欧盟"蓝卡"是一种工作和居留许可证，持"蓝卡"的移民工资必须高于欧盟平均工资标准，持卡者可在几年后申请整个欧盟地区通用的无限期居留许可。留学生毕业后留在欧盟工作也可申请"蓝卡"。

（2）日本：日本法务省入国管理局 2005 年公布的《第三次出入境管理基本计划》主要措施包括增设居留资格、延长签证期限、对专业技术人才发放特设的"长期出差签证"、推进与国外信息技术领域技术资格和考试成绩相互认证制度、简化居留资格发放手续等。2009 年通过的新居民基本台账法规定，在日逗留超过 3 个月的外国人可申请居民证，并向其发放"在留卡"。

3. 吸引和留住外国留学生，作为本国人才的后备力量

在当前国际教育市场竞争日益激烈的背景下，吸引和留住外国留学生已成为发达国家储备本国人才的重要策略。外国留学生的招收不仅为教育国家带来了可观的收入，还为其提供了丰富的人才资源。例如，从 1985 年到 1995 年，日本、美国、澳大利亚等发达国家接收留学生的年平均增长率均超过 10%，分别达到 15.5%、13.9% 和 11.5%。

法国的留学生人数在近年来有显著增长。2023 年，留学生人数首次突破了 40 万大关，显示出近 15 年来最高的年增长率（8%），而在过去五年中，增长率达到了 21%。这一增长趋势表明，法国正在成为一个越来越具吸引力的留学目的地 。根据德国学术交流中心（DAAD）的数据，2021—2022 年冬季学期，德国高校的国际学生数量大幅增长，达到了 349,438 人，同比增长了 8%。亚洲和太平洋地区是德国国际学生的主要来源地区，占留学生总数的 31%。中国是德国最大的国际学生来源国，占留学生总数的 12% 。

这些国家通过设立奖学金、发放留学签证、放宽招生条件、简化入学手续、降低学费、改进考试制度、允许学生打工等方式，积极吸引外国优秀学生前来留学，并鼓励他们在完成学业后留在当地就业。这种策略不仅有助于提升这些国家的高等教育国际竞争力，也为本国经济发展和科技创新提供了源源不断的人才支持。

4. 以优厚的工作条件和生活待遇聘请外国人才

发达国家凭借优越的经济条件和先进的科研设备，通过高薪聘用等优厚的待遇引进外国人才到本国从事研究工作。美国经济发达，人民的生活水平很高，美国科学家的中等月收入即可达到 15000 美元，美国很多高技术公司除了给予高薪外，还视高技术人才工作的重要程度额外配给股票期权。由于高科技产品附加值看涨，许多公司的股票成倍地涨，每天都有专家、工程师成为百万富翁。美国的企业是国外专家最多的地方，电子行业聘用的外籍科技人才占企业科技人员的 16%，在 59% 的高技术公司里，外籍专家占了 90%，计算机产业领域的博士中 50% 以上是外国人，在硅谷企业工作的高级

工程师中外籍工程师占 1/3 以上。

英国政府通过发布国家科技发展白皮书，制定调整吸引人才策略。对高科技、基础研究和高等教育领域的优秀人才实行倾斜政策，国家拨款大幅度提高他们的工资待遇，其中由英国政府锁定的几百个杰出人才，年薪超过10 万英镑。2024 年 4 月起，英国政府实施了一系列新的移民政策，包含工作签证、家庭签证和十年永居等方面的变化。这些调整旨在控制和更有针对性地管理移民数量。例如，工作签证的最低年薪要求从原来的 26200 英镑提高到 38700 英镑，而对于具有博士学位的申请人，年薪要求相对较低。英国还实施了新的"积分制移民体系"，该体系在四个方面设置了具体的签证类型，包括工作签证、学生签证、访客签证等。申请工作签证的必要条件包括获得一份有"政府认可的担保单位"提供的工作录取，符合工作技能要求、英语能力达到 B1 水平。此外，根据年薪的不同，申请人可以获得不同的积分。

另外，英国政府对人才的定义也更加宽泛和有弹性，涵盖了金融、科技、教育、信息、法律、医学等领域。英国全球人才签证用于吸引文化艺术、学术研究以及数字科技等领域的全球专业人才。这种签证没有语言、资金或投资要求，申请流程简单，费用成本低，不需要雇主担保，适合相关领域的杰出人才申请。英国认为与其花很长时间和大量金钱培养急需的高技术人才，不如购买高技术人才和他们所创造出的成果。因此，英国对这类人才一直以重金雇佣，并花巨资购买其成果。政府还与沃尔森基金会、英国皇家学会合作，每年出资 400 万英镑作为启动资金，高薪聘请 50 名世界顶级科学家，以保持英国在世界研究领域中的领先地位。

这些政策的实施反映了英国政府在吸引和培养国际人才方面的策略调整，旨在通过更加灵活和有针对性的方式，吸引全球优秀人才来英国工作和学习。

5. 发展猎头公司和人才网络，促进全球选才

猎头服务在获取高级人才方面发挥着关键作用。据统计，全球约 70% 的

顶尖和高级人才通过猎头公司实现职业流动。超过90%的跨国公司依赖猎头公司来招募高级人才。在全球人才争夺战中，猎头业迎来了巨大的发展机遇，其业务量每年以约10%的速度增长。例如，北美的猎头行业在1978年至1998年的20年间，总营业额从10亿美元增长到809亿美元。随着互联网的普及，网络已经成为人才求职与招聘的主要手段。与传统媒体相比，国际互联网在人才挖掘方面具有信息量大、操作便捷、经济实用、互动性强、覆盖面广的特点。因此，网络已成为人才争夺中最为便捷、快速且成本效益高的手段，是跨国人才竞争的强大工具。

6. 通过跨国公司直接延揽或合作培养人才

在全球人才争夺战中，大型跨国公司通常能够面向全球招聘高级人才。这些公司的国际化生产和经营活动为它们从世界各地招募人才提供了机会和渠道，使其成为吸引海外高级人才的重要基地。近年来，跨国公司大规模地向海外扩展生产和科研业务，在海外建立生产基地和研发中心，并大力推行人才本土化战略。这种策略提高了人才获取的效率，降低了猎才的成本，并逐渐成为国际人才市场竞争的重要形式。跨国公司争夺人才的主要方式包括：人才本土化、设立科研机构、制定人才培养计划和兼并收购。随着全球化和技术的发展，跨国公司在全球范围内的人才竞争中将持续发挥重要作用，特别是在吸引和培养国际人才方面。这些公司通过全球化的运营和多元化的战略，不断寻求和培养适应国际市场需求的各类人才。

7. 以学术交流和科技合作吸引和利用外国人才

在全球人才争夺战中，发达国家不仅直接引进国外人才，还通过国际学术交流和科技合作来巧妙吸引和利用外国人才。例如，在美国国防部与苏联解体后的圣彼得堡电物理研究院的合作中，美国国防部派官员常驻，双方共同研制大功率军用固体激光器。同样，日本也非常重视国际科技交流，在1959年至1975年间，共邀请714名国外专家和诺贝尔奖得主到日本工作或讲学。发达国家在国际科技合作中成功吸引和利用外国人才的主要是由于其有雄厚的科研资金投入。此外，发达国家凭借优越的生活条件和科研条件，通过民间基金会的高额奖学金等方式，在世界范围内招收访问学者，促使其移民该国。吸引人才是一项复杂的社会系统工程，需要政府、学校、企业、民间机构等多方面的配合，才能取得较好的成效，而发达国家已经形成了由政府、学校、企业、民间机构组成的吸引外国人才的体系。

（二）启示

1. 建立完善的法规体系

发达国家通常以移民法为核心，构建完备的吸引外国人才的法规体系。这些法规体系不仅完备、规范，而且具有较强的可操作性，对移民工作的各个方面进行了详细规定，包括移民工作的理念、制度、机构、职能以及操作程序。法规明确了人员资格的确定条件、审批的认定标准和程序，从临时性工作的管理到移民管理的各个方面，每一个办理程序、每一张表格和申请时所需准备的材料都有明确的规定，并且这些规定都是公开透明的。这些规定不仅有利于实现管理部门的规范化、提高管理者的水平，也有助于公众办理相关手续，同时也是对法律规定中公众知情权的最好体现。

2. 移民部门主导，多部门分工合作

在发达国家，吸引外国人才的工作通常由移民局作为核心负责部门，移民、外交、劳工、安全等多个相关部门参与合作。例如，在美国国土安全部成立之前，该工作主要由移民局、劳工部和国务院负责。在加拿大，则由移民部、人力资源部和皇家骑警共同参与，移民部负责签证发放，而皇家骑警负责入境后的监管，但整个管理体系依然以移民部门为核心。在澳大利亚，涉及外国人才工作的部门包括移民部、社会保障部、劳工部、教育科学培训部等多个政府部门，其中移民部发挥着主导作用。

3. 引进高技术、紧缺人才，限制一般劳务人员

发达国家移民管理的基本目的就是对人才进行甄别，只有急需的专业人员才可以申请移民，国家限制一般性的劳务人员入境。大部分发达国家都对外国人才进行了详细、科学的分类，并建立量化评估体系。通过对人才的科学分类和有效评估，强化了对不同人员资格的审查和管理力度，确保国家只

引进需要的人才。同时通过对不同类别人员实行不同的审批标准，为国家调控人力资源的引进结构、吸引高技术人才提供了有力的手段。如加拿大技术移民甄选标准为 100 分评分机制，从教育、语言、工作经验、年龄、适应能力等方面对申请人打分，达到 75 分的即可申请移民。一般劳务人员要进入发达国家，难度很大。如在澳大利亚，虽然存在雇主提名移民的途径，但申请条件相当苛刻，要通过严格的劳动力市场测试，由权威机构认定该空缺职位确有需要到国外招聘人员，还要在全国性和地区性的报纸上同时刊登招聘广告，无人应聘后才可以提出申请。

4. 政府部门和中介组织、用人单位有效配合

在发达国家，政府部门、中介机构和用人单位在引进外国人才方面表现出明确的分工和高效的协作。以澳大利亚为例，移民部独立负责移民审批工作，实行垂直管理，职责清晰。移民部积极与各行业协会、社会团体和用人单位沟通，及时了解行业新问题和新情况，为政策调整提供依据。中介机构分为两类：一类是政府认定的行业协会，提供专业化服务，每年 3 月向移民部提供外国专业人才的条件和数量，作为制定年度技术移民优先职业、配额和评分标准的主要依据；另一类是职业介绍机构，即猎头公司，它们在技术移民就业介绍方面发挥作用，同时也是移民部了解国内人才供需和外国人才需求的重要渠道。

5. 市场主导人才资源配置，政府进行宏观调控

发达国家通常根据市场需求来确定引进人才的重点领域，对引进的外国人才实行依法管理，并享受与本地居民相同的"国民待遇"，在管理上与本地居民没有任何区别。政府通常不对其提供特殊照顾。例如，在澳大利亚，对外国人才的需求主要由市场决定。政府仅从宏观层面上控制技术移民的数量和优先顺序，并规定申请移民的程序，而这些数量和优先顺序是根据用人单位和行业协会的需求汇总得出的。引进的外国技术人才在澳大利亚不会得到特殊的优惠政策，也没有专门的机构负责管理。所有在澳人员都必须遵守澳大利亚法律，工作和生活待遇，如工资水平，由雇主和雇员协商决定，所有

人员必须按规定纳税。

6.采用数字化身份证管理流动人口

发达国家普遍采用数字化身份证来管理流动人口，身份证记录了个人重要信息。由于发达国家提供的服务已基本实现均等化，因此可以使用单一的身份证来管理人口流动，无须使用户籍、暂住证或居住证等来限制人口流动。除了身份证，美国政府还通过社会保障记录来了解公民信息。所有合法居民都拥有一个社会保障卡，该卡上的号码是唯一的，用于就业、工资发放、保险缴纳、税收缴纳和获取所有社会保障。美国人每次搬迁到新地方，都需要到社会保障机构办理住所变更手续，以确保社会保障部门与个人保持联系。

在当今全球化的背景下，人才竞争成为各国发展的重要驱动力。发达国家在吸引国外人才方面的经验和启示，为我们提供了宝贵的借鉴。我们可以看到，通过建立完善的政策体系，实现多部门协作、市场主导的人才资源配置，数字化身份证管理以及国民待遇原则，发达国家成功吸引了大量外国人才，提升了自身的国际竞争力。在我国，积极吸引国外人才对于实现高质量发展和科技创新同样具有重要意义。因此，我们需要结合东北地区实际情况，制定更加科学、有效的政策措施，以吸引更多外国人才来东北地区发展。同时，我们也要注重人才培养和本地人才的挖掘，构建有利于人才成长和发展的环境，为东北地区经济社会发展提供强大的人才支持。

第四章
中国视角：人口与经济的共舞

　　劳动力资源是支撑经济增长的关键因素，同时也是人口构成的核心部分，其动态变化对我国社会经济发展具有深远影响。在过去的四十年中，我国经历了持续的经济快速增长，这一成就得益于富有生产力的年轻人口结构。该结构提供了充裕的劳动力资源，对经济发展作出了重大贡献，人口红利的积极作用得到了广泛认可。然而，随着我国经济步入新常态，增长速度有所放缓，同时人口也步入低生育率阶段，人口增速减缓，老龄化问题日益严重，劳动力供给的形势也发生了显著变化，引发了一系列影响。一方面，就业市场的压力仍然存在；另一方面，特别是在东南沿海等发达地区，出现了明显的"用工短缺"现象。同时，随着人工智能技术的快速发展、科技进步和生产效率的提升，对劳动力需求的变化也引起了社会各界的广泛关注。劳动力人口的新变化不仅关系到广大人民的利益，更直接关系到我国劳动力市场的健康发展以及经济的高质量增长。

　　2021 年 5 月 11 日，国家统计局公布了第七次全国人口普查（以下简称"七普"）的主要数据，提供了最新的、权威的劳动力人口相关数据，为我们及时全面了解我国劳动力人口的最新动态以及准确判断形势提供了重要的数据支持。[①] 本章将从"七普"数据出发，结合历年的《中国统计年鉴》以及国

---

① 若无特别说明，本书使用的数据均未包括中国香港特别行政区、澳门特别行政区和中国台湾省数据。

际相关数据，通过纵向和横向的对比分析，探讨我国劳动力人口变化的新趋势和特点，为未来劳动力市场的供给侧变化和劳动力市场的健康运行提供支持，并为未来相关政策的制定提供决策参考。

第一节　中国人口变迁：实践与数据

在回顾中国人口变迁的实践与数据时，我们可以从人口数量变动、年龄结构、人口性别比等方面审视中国人口发展的现状。从人口普查数据中，我们可以清晰地看到中国人口数量、结构、分布等方面的变化。本节将对比分析中国人口变迁的特点和趋势，以期为人口政策和发展战略提供有益的启示。

一、人口规模

见表 4-1-1。截至 2023 年末，中国的人口总量达到了 140967 万人，这一数字较上一年末减少了 208 万人，反映出中国人口规模的增长已出现回落趋势。在这一年中，城镇常住人口为 93267 万人，这一数据揭示了人口城市化的加速进程。在人口出生方面，全年共迎来了 902 万名新生儿，出生率为 6.39‰；而死亡人口则达到了 1110 万人，死亡率为 7.87‰。人口的自然增长率为 -1.48‰，表明人口总量开始呈现缓慢下降的趋势。这一趋势给中国的经济社会发展、劳动力市场以及社会保障体系都带来了深远的影响，需要我们高度关注。

表 4-1-1　2023 年年末全国人口数及其构成

（单位：万人，%）

指标	年末数	比重
全国人口	140967	100.0
城镇	93267	66.2

续表

指标	年末数	比重
乡村	47700	33.8
男性	72032	51.1
女性	68935	48.9
0—15 岁（含不满 16 周岁）	24789	17.6
16—59 岁（含不满 60 周岁）	86481	61.3
60 周岁及以上	29697	21.1
65 周岁及以上	21676	15.4

"七普"数据显示，中国的人口结构发生了显著变化。0—14 岁人口为 25338 万人，占总人口的 17.95%，较"六普"时期上升了 1.35 个百分点，反映出生育政策的调整对人口结构的影响。15—59 岁人口为 89438 万人，占总人口的 63.35%，较"六普"时期下降了 6.79 个百分点，这表明中国正面临劳动力人口减少的问题。60 岁及以上的人口为 26402 万人，占总人口的 18.7%，较"六普"时期上升了 5.44 个百分点，其中 65 岁及以上人口为 19064 万人，占总人口的 13.5%，上升了 4.63 个百分点，这进一步凸显了中国人口老龄化的趋势。

从表 4-1-2 中可以看到，中国总人口从 2010 年的 134091 万人增加到 2023 年的 140967 万人，增长幅度较小。同时，总抚养比从 2010 年的 34.2% 上升到 2022 年的 46.6%，其中少儿抚养比从 22.3% 上升到 24.8%，老年抚养比从 11.9% 上升到 21.8%。这些数据表明，随着人口老龄化的加剧，中国面临着抚养比上升的压力，这将对社会保障和劳动力市场产生重要影响。这些人口结构的变化对中国的经济社会发展提出了新的挑战，包括劳动力市场的调整、养老保障体系的完善以及相关政策的支持。

表4-1-2　中国总人口及抚养比（2010—2023年）

（单位：万人，%）

年份	2010	2011	2012	2013	2014	2015	2016	2017	2018	2019	2020	2021	2022	2023
总人口	134091	134735	135404	136072	136782	137462	138271	139008	139538	140005	141212	141260	141175	140967
0—14岁人口	22259	22164	22287	22329	22558	22715	23008	23348	23523	23493	25277	24678	23908	—
15—64岁人口	99938	100283	100403	100582	100469	100361	100260	99829	99357	98914	96871	96526	96289	—
65岁以上人口	11894	12288	12714	13161	13755	14386	15003	15831	16658	17599	19064	20056	20978	21676
总抚养比	34.2	34.4	34.9	35.3	36.2	37.1	37.9	39.2	40.4	41.5	45.9	46.3	46.6	—
少儿抚养比	22.3	22.1	22.2	22.2	22.5	22.6	22.9	23.4	23.7	23.8	26.2	25.6	24.8	—
老年抚养比	11.9	12.3	12.7	13.1	13.7	14.3	15.1	15.9	16.8	17.8	19.7	20.8	21.8	—

数据来源：根据国家统计局官方网站等相关数据汇总。

同时，中国的人口死亡率相对稳定，在6‰到8‰的区间内波动。因此，人口自然增长率的变化趋势与出生率的变化趋势一致。2023年，中国的人口自然增长率仅为−1.48‰，中国人口已经连续两年负增长。这些数据反映了中国人口结构的重大变化，特别是人口老龄化和低生育率的问题。总的来说，中国人口出生率、死亡率和自然增长率的变化趋势揭示了我国人口结构的重大转变，同时也凸显了应对这些挑战的紧迫性。

2014—2023年中国人口出生率、死亡率、自然增长率见图4-1-1。

图 4-1-1 中国人口出生率、死亡率、自然增长率（2014—2023 年）

二、从"七普"数据看劳动力人口规模

"七普"数据显示，2020 年中国的 15—59 岁劳动年龄人口数量为 8.94 亿，占总人口的比例为 63.35%。若采用国际通用的 15—64 岁年龄段来计算，这一年龄段的劳动年龄人口规模则达到 9.68 亿，占总人口的比例为 68.55%。与 2010 年相比，2020 年 15—59 岁劳动年龄人口数量减少了 4530 万，占比下降了 6.79 个百分点；15—64 岁劳动年龄人口数量减少了 3073 万，占比下降了 5.98 个百分点。

在 1999 年，劳动年龄人口规模为 8.52 亿人，占总人口的比重为 67.70%。这一比例在 2000 年略有上升至 70.15%，随后在 2001 年下降至 70.40%。从 2002 年开始，劳动年龄人口规模逐年稳步上升，到 2004 年达到 9.22 亿人，占比为 70.92%。此后，这一趋势持续，至 2013 年达到峰值，劳动年龄人口规模为 10.06 亿人，占比为 73.92%。之后劳动年龄人口规模开始呈现下降趋势。2014 年，这一规模略微下降至 10.05 亿人，占比为 73.45%。此后，劳动年龄人口规模的下降趋势持续，至 2020 年降至 9.68 亿人，占比为 68.55%。"七普"数据显示，2020 年进一步降至 9.68 亿人，劳动年龄人口规模呈现持续缩减的态势。2013—2020 年间，15—64 岁劳动年龄人口规模平均每年减少 542.86 万人。见表 4-1-3。

表 4-1-3　中国 15—64 岁劳动年龄人口规模和比重变动趋势
（1999—2020 年）

年份	劳动年龄人口规模（亿人）	劳动年龄人口比重（%）	年份	劳动年龄人口规模（亿人）	劳动年龄人口比重（%）
1999	8.52	67.70	2010	9.98	74.53
2000	8.89	70.15	2011	10.03	74.43
2001	8.98	70.40	2012	10.04	74.15
2002	9.03	70.30	2013	10.06	73.92
2003	9.10	70.40	2014	10.05	73.45
2004	9.22	70.92	2015	10.04	73.01
2005	9.42	72.04	2016	10.03	72.51
2006	9.51	72.32	2017	9.98	71.82
2007	9.58	72.53	2018	9.94	71.20
2008	9.67	72.80	2019	9.89	70.65
2009	9.75	73.05	2020	9.68	58.55

资料来源：2010 年和 2020 年数据来自"七普"主要数据情况（国家统计局，2021 年），其他年份数据来自国家统计局官方网站。

劳动年龄人口比重的下降早于规模的缩减。我国 15—64 岁劳动年龄人口比重在 2010 年达到 74.53% 的峰值后就开始逐渐下降，到 2019 年降至 70.65%。"七普"数据显示，2020 年劳动年龄人口比重进一步降至 68.55%，首次跌破 70%。2010—2020 年间，15—64 岁劳动年龄人口比重平均每年下降 0.60 个百分点。近年来劳动年龄人口比重下降的幅度在增大，2019 年较 2018 年下降了 0.55 个百分点，2020 年较 2019 年则下降了 2.10 个百分点。

尽管中国的劳动年龄人口比重和规模都在减少，但根据世界银行的数据，截至 2019 年，中国的 15—64 岁劳动年龄人口（9.89 亿人）仍然位居全球第一，领先于排名第二的印度（9.16 亿人）约 7300 万人，是美国（2.14 亿人）的近 5 倍，是日本（0.75 亿人）的 13 倍多，以及德国（0.54 亿人）的 18

倍多。即使在 2020 年，中国劳动年龄人口规模下降至 9.68 亿人，中国的劳动力资源总量在全球范围内仍居首位（见表 4-1-4）。

表 4-1-4　世界 15—64 岁劳动年龄人口规模排名前列的国家

国家	劳动年龄人口规模（亿人）	劳动年龄人口比重（％）
中国	9.68（2020 年）/ 9.89（2019 年）	68.55（2020 年）/ 70.65（2019 年）
印度	9.16	67.00
美国	2.14	65.24
印度尼西亚	1.83	67.73
巴西	1.47	69.74
巴基斯坦	1.31	60.62
孟加拉国	1.10	67.61

资料来源：中国 2020 年数据来自"七普"主要数据情况（国家统计局，2021年），2019 年数据来自《中国统计年鉴 2020》；其他国家数据来自世界银行数据库。注：除中国以外，其他国家均为 2019 年数据。

三、人口年龄结构

人口年龄结构是衡量不同年龄段人口在总体人口中所占比例的一种方式，它受到出生率、死亡率以及人口迁移等多种因素的影响。在"一普"和"二普"时期，中国的人口结构属于年轻型，但由于人口与资源的不匹配问题，中国开始实施计划生育政策，导致新生儿出生率急剧下降，进而引发人口年龄结构的重大转变。根据联合国的标准，一个国家如果 65 岁及以上人口比重超过 7% 或 60 岁及以上人口比重超过 10%，则被认定为老龄化国家。中国在"五普"时期就已经达到了这一标准，成为老龄化国家。到了"六普"时期，老龄化程度进一步加剧，65 岁及以上人口占比达到 8.9%，老龄化指数从"五普"时期的 28.7% 增长到 53.4%。预计到 2030 年，中国将进入超级老龄化社会，老龄化率可能达到 20%。

在全球范围内，中国的人口年龄结构转变是极其复杂的，这一复杂性源于 1949 年新中国成立以来，中国经历了多次重大的社会经济转型。从传统的农业社会向工业社会转变，随后又向信息化社会转型，最终步入以服务业为主导的社会，这些转变是在短短 70 年间连续发生的。在这一过程中，社会对人力资本的需求也经历了从注重数量到注重质量，再到注重创新性和专业素质的转变。这些转变不仅重塑了人口年龄结构，也深刻影响了人们的生育观念，使其与社会发展的需求保持一致。

　　见表 4-1-5，中国各地区的人口年龄构成存在一定差异。例如，北京、上海、天津等东部地区的老年人口比例较高，而贵州、西藏等西部地区的老年人口比例较低。0—14 岁人口比例较高的地区主要集中在西部和中部地区。少儿人口和老年人口比重的上升反映了调整生育政策的积极效果，同时也凸显了"一老一小"问题的紧迫性。为应对这一挑战，需要优化生育政策并完善相关的人口服务体系。老年人口比例的快速增长表明，老龄化已成为中国未来发展的一个基本国情。

表 4-1-5　中国各地区人口年龄构成

（单位：%）

地区	0—14 岁	15—59 岁	60 岁及以上	65 岁及以上
全国	17.95	63.35	18.70	13.50
北京	11.84	68.53	19.63	13.30
天津	13.47	64.87	21.66	14.75
河北	20.22	59.92	19.85	13.92
山西	16.35	64.72	18.92	12.90
内蒙古	14.04	66.17	19.78	13.05
辽宁	11.12	63.16	25.72	17.42
吉林	11.71	65.23	23.06	15.61
黑龙江	10.32	66.46	23.22	15.61
上海	9.80	66.82	23.38	16.28

地区	0—14 岁	15—59 岁	60 岁及以上	65 岁及以上
江苏	15.21	62.95	21.84	16.20
浙江	13.45	67.86	18.70	13.27
安徽	19.24	61.96	18.79	15.01
福建	19.32	64.70	15.98	11.10
江西	21.96	61.17	16.87	11.89
山东	18.78	60.32	20.90	15.13
河南	23.14	58.79	18.08	13.49
湖北	16.31	63.26	20.42	14.59
湖南	19.52	60.60	19.88	14.81
广东	18.85	68.80	12.35	8.58
广西	23.63	59.69	16.69	12.20
海南	19.97	65.38	14.65	10.43
重庆	15.91	62.22	21.87	17.08
四川	16.10	62.19	21.71	16.93
贵州	23.97	60.65	15.38	11.56
云南	19.57	65.52	14.91	10.75
西藏	24.53	66.95	8.52	5.67
陕西	17.33	63.46	19.20	13.32
甘肃	19.40	63.57	17.03	12.58
青海	20.81	67.04	12.14	8.68
宁夏	20.38	66.09	13.52	9.62
新疆	22.46	66.26	11.28	7.76

数据来源：第七次人口普查公布的数据。

人口老龄化虽然会减少劳动力供给、增加家庭养老负担和公共服务压力，但它也孕育着新的机遇，例如促进银发经济的发展、扩大老年产品和服务消费、推动技术进步等。老年人群体构成了中国超大规模消费潜力的一个重要部分。

四、人口性别比

"七普"数据显示，截至 2020 年，中国男性为 72334 万人，较 2019 年增加了 807 万人；女性为 68844 万人，较 2019 年增加了 366 万人。男性较女性多 3490 万人。2020 年中国男性占人口总量的 51.24%，较 2011 年的 51.26% 减少了 0.02 个百分点，较 2019 年的 51.09% 增长了 0.15 个百分点；2020 年女性人口数量占人口总量的 48.76%，较 2011 年的 48.74% 增加了 0.02 个百分点，较 2019 年的 48.91% 减少了 0.15 个百分点。

根据表 4-1-6 的数据，我们可以看到中国各省（自治区、直辖市）的性别构成情况。全国男性人口占比为 51.24%，女性人口占比为 48.76%，性别比为 105.07，意味着男性人口略多于女性人口。中国人口性别结构逐步趋于平衡发展。见图 4-1-2，2020 年中国人口性别比（以女性 =100，男性对女性的数量比例）为 105.07，31 个省（自治区、直辖市）中，人口性别比不超过 100 的有 2 个地区，其余 29 个地区人口性别比均超过 100，其中，在 100—105 区间的有 17 个地区，105—110 区间的有 9 个地区，超过 110 的有 3 个地区。在不同省（自治区、直辖市）之间，性别比存在一定的差异。例如，上海、广东、海南、西藏等地区的性别比高于全国平均水平，而辽宁、吉林、黑龙江等地区的性别比则低于全国平均水平。这种性别比的差异可能与地区经济发展水平、文化传统、人口迁移等因素有关。中国男女性别比失衡是诸多因素共同造成的，如受传统观念的影响、男女社会地位不平等以及社会对女性的保障制度不健全等，而均衡的人口性别结构有利于经济增长，反之则阻碍经济增长。应改善中国人口性别结构，使之均衡、科学发展。

表 4-1-6　中国各省（自治区、直辖市）人口性别构成

（单位：%）

地区	男	女	性别比（女 =100）
全国	51.24	48.76	105.07
北京	51.14	48.86	104.65
天津	51.53	48.47	106.31
河北	50.50	49.50	102.02
山西	50.99	49.01	104.06
内蒙古	51.04	48.96	104.26
辽宁	49.92	50.08	99.70
吉林	49.92	50.08	99.69
黑龙江	50.09	49.91	100.35
上海	51.77	48.23	107.33
江苏	50.78	49.22	103.15
浙江	52.16	47.84	109.04
安徽	50.97	49.03	103.94
福建	51.68	48.32	106.94
江西	51.60	48.40	106.62
山东	50.66	49.34	102.67
河南	50.15	49.85	100.60
湖北	51.42	48.58	105.83
湖南	51.16	48.84	104.77
广东	53.07	46.93	113.08

地区	男	女	性别比（女 =100）
广西	51.70	48.30	107.04
海南	53.02	46.98	112.86
重庆	50.55	49.45	102.21
四川	50.54	49.46	102.19
贵州	51.10	48.90	104.50
云南	51.73	48.27	107.16
西藏	52.45	47.55	110.32
陕西	51.17	48.83	104.79
甘肃	50.76	49.24	103.10
青海	51.21	48.79	104.97
宁夏	50.94	49.06	103.83
新疆	51.66	48.34	106.85

数据来源：第七次人口普查公布的数据。

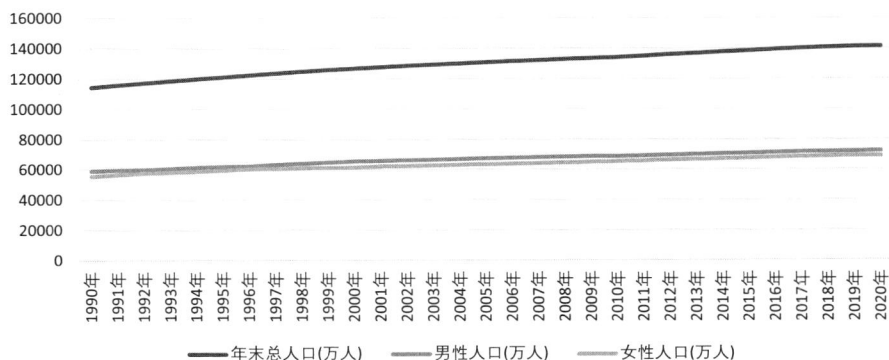

图 4-1-2 中国男女性别比

数据来源：中国统计年鉴（1991—2021 年）。

五、劳动力人口集聚趋势

自 20 世纪 90 年代中后期以来，中国经历了大规模的人口流动，主要是从中西部地区向东南部及沿海地区的人口迁移，其中超过 90% 的流动人口属于劳动力人口。根据"七普"数据，2020 年中国流动人口数量达到 3.76 亿人，这一数字较 2019 年显著增长，并且比过去几年也有明显增加。与 2010 年相比，流动人口数量增加了 1.55 亿人，增长率达到 69.73%。

具体到地区分布，2020 年东部地区人口规模为 5.64 亿人，占全国总人口的 39.93%，较 2010 年上升了 2.15 个百分点。中部地区人口占比为 25.83%，比 2010 年下降了 0.79 个百分点。西部地区人口占比为 27.12%，较 2010 年上升了 0.22 个百分点。东北地区人口占比为 6.98%，较 2010 年下降了 1.20 个百分点。

根据表 4-1-7 的数据，可以看到 2010 年至 2020 年间中国不同地区人口规模和比重的变化趋势。2010 年至 2020 年，东部地区人口规模从 5.06 亿人增长到 5.64 亿人，占总人口比重从 37.78% 上升到 39.93%，这表明东部地区人口增长速度较快，人口占比上升；中部地区人口规模从 3.57 亿人略微增长到 3.65 亿人，占总人口比重从 26.62% 下降到 25.83%，表明中部地区人口增长较慢，人口占比略有下降；西部地区人口规模从 3.60 亿人增长到 3.83 亿人，占总人口比重从 26.90% 上升到 27.12%，这表明西部地区人口增长速度较快，人口占比上升。西部地区人口规模和比重近年来呈现轻微的波动式上升，除了新疆是一个传统的人口迁入区以外，西部其他地区近些年也出现一定的人口回流现象，但总体回流幅度不大。东北地区人口规模从 2010 年的 1.10 亿人下降到 2020 年的 0.99 亿人，占总人口比重从 8.18% 下降到 6.98%，这表明东北地区人口出现负增长，人口占比明显下降。由于流动人口的构成主体是劳动力人口，上述现象在很大程度上也代表了劳动力人口的空间分布情况。

表 4-1-7　中国不同地区人口规模和比重变动趋势（2010—2020 年）

年份	地区人口规模（亿人）				地区人口占总人口比重（%）			
	东部	中部	西部	东北	东部	中部	西部	东北
2010	5.06	3.57	3.60	1.10	37.78	26.62	26.90	8.18
2011	5.11	3.58	3.62	1.10	38.09	26.70	27.02	8.18
2012	5.15	3.59	3.64	1.10	38.18	26.65	27.03	8.14
2013	5.18	3.61	3.66	1.10	38.24	26.63	27.04	8.10
2014	5.22	3.63	3.68	1.10	38.29	26.62	27.04	8.06
2015	5.25	3.65	3.71	1.09	38.31	26.62	27.09	7.99
2016	5.30	3.67	3.74	1.09	38.37	26.60	27.11	7.91
2017	5.34	3.69	3.77	1.09	38.44	26.58	27.15	7.83
2018	5.38	3.71	3.80	1.08	38.49	26.57	27.18	7.76
2019	5.42	3.72	3.82	1.08	38.58	26.53	27.20	7.69
2020	5.64	3.65	3.83	0.99	39.93	25.83	27.12	6.98

资料来源：2010 年和 2020 年数据来自"七普"主要数据情况（国家统计局，2021 年），其他年份数据根据历年中国统计年鉴相关数据计算得到。

六、劳动力人口素质

众所周知，中国从一个历史悠久的农业大国向工业化国家转变只有几十年的时间。人口和劳动力的素质低下在过去很长一段时期内是制约我国社会经济发展的重大障碍。第二次全国人口普查数据显示，1964 年我国的文盲率高达 33.58%，而在改革开放初期，即 1982 年，文盲率已显著下降至 22.81%。同期，每 10 万人中拥有大学（大专及以上）文化程度的人口从 1964 年的 416 人增加到 615 人。尽管如此，当时的人口素质仍然不高。自改革开放以来，中国经济迅猛发展，人口素质也随之显著提升。根据"七普"数据，2020 年我国拥有大学文化程度的人口数量达到 21836 万人。与 2010 年相比，每 10 万人中拥有大学文化程度的人口数量从 8930 人增长至 15467 人，几乎翻了一番。同时，15岁及以上人口的平均受教育年限从9.08年增加到9.91年，文盲率则从4.08%下降至2.67%，接近1982年的十分之一。人口和劳动力的素质大幅提升，为我国今后的经济高质量发展、社会进步、科学技术创新奠定了非常好的条件，也是我国未来发展的潜力所在。

国家统计局数据显示，截至2020年，中国有2738所高校，较去年增加50所，同比增长1.9%。包括：本科院校1270所，较上年增加5所；高职（专科）院校1468所，较上年增加45所。2020年中国接受高等教育在校生总数4138万人，较上年增加181万人，同比增长4.5%。包括：普通本专科在校生3285.29万人，较上年增加253.76万人；研究生313.96万人，较上年增加27.59万人；成人本专科777.29万人，较上年增加108.73万人。中国高等教育毛入学率逐年攀升，2020年，中国高等教育毛入学率达54.40%，较上年增长了2.80%。2022年，中国高等教育的毛入学率为59.6%，比上年提高了1.8个百分点，显示了高等教育普及化水平的进一步提升。2023年，中国高等教育在学总规模进一步增长，达到了4763.19万人，比上一年增加了108.11万人，增长率达到了2.32%。

从人口劳动力的供给需求角度来看，随着老龄化问题的加剧和适龄劳动力人口比重的减少，劳动力成本上升，低端劳动力市场供给和需求发生变化。这一变化将促使我国产业结构逐步从依赖低附加值的劳动力密集型向高附加值的高新技术密集型转变。这种转变将推动社会的发展和经济的进步，逐步实现从初级专业素质的人口劳动力数量要求向中高级专业技能的人口劳动力质量要求的过渡。

第二节　中国经济发展：人均的增长

一、经济总量

2023年，中国的国内生产总值达到1260582亿元，比上一年增长了

5.2%。全国居民消费价格比上年上涨了 0.2%。全国城镇新增就业人数为 1244 万人，城镇调查失业率平均值为 5.2%。社会消费品零售总额达到 471495 亿元，比上一年增长了 7.2%。全国固定资产投资（不含农户）为 503036 亿元，比上一年增长了 3.0%。货物进出口总额为 417568 亿元，比上一年增长了 0.2%。

2004 年，中国的国民总收入为 161415.4 亿元，到 2023 年增长至 1249990.6 亿元。在这期间，中国经历了显著的经济增长，特别是在 2008 年至 2019 年间，国民总收入的增长尤为显著。2008 年，受全球金融危机影响，国民总收入增长放缓，但随后又迅速恢复增长势头。2019 年，中国的国民总收入达到了 983751.2 亿元，这是 2004 年以来的最高点。然而，2020 年受新冠疫情影响，国民总收入略有下降，但随后又恢复增长，显示出中国经济的韧性和潜力。总体来看，中国国民总收入的增长趋势表明了我国经济的持续增长和扩张态势，特别这还是在全球金融危机和新冠疫情等外部冲击下的表现。这些数据反映了中国经济的强劲动力和长期增长潜力。见图 4-2-1。

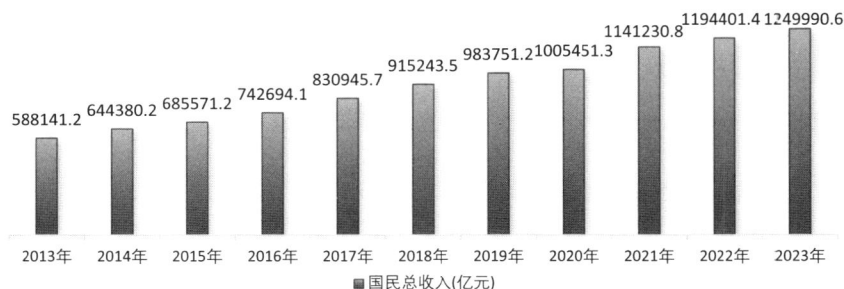

图 4-2-1 中国经济增长基本情况

数据来源：中国统计年鉴（2001—2023 年）。

二、省际人均生产总值

从人均国内生产总值来看，在 2000—2019 年的近 20 年，中国经济稳步增长。在这 20 年间有两个关键时间点需要考虑，一是 2008 年，这一年美国爆发次贷危机，全球经济沦陷，中国也深受其害，但依旧通过积极的政策干预实现了经济正增长；二是 2020 年，病毒感染导致经济被迫停摆，中国经受住了病毒侵袭和国内外局势变动的双重挑战，成为 2020 年中唯一实现经济正增长的国家。我国人均国内生产总值在 2000—2010 年间增长了 287.9%，在 2010—2023 年间增长了 133.7%，增速放缓。

在 31 个省（自治区、直辖市）中，2000 年人均国内生产总值排名前三的分别是上海、北京、天津；2010 年前三是上海、北京、天津；2020 年前三是北京、上海、江苏。江苏经济迅速发展，成为后起之秀，人均国内生产总值超越天津位列第三，同时也可以发现，前三名地区均位于中国东部，见表 4-2-1。以人均国内生产总值作为衡量经济增长的指标，可以直观看出中国经济增长具有区域差异性，表现为东部优于中西部，中部优于西部，各地区发展不均衡。2000 年东部地区的人均国内生产总值是中部地区的 2.4 倍，2010 年该倍数缩小为 1.9 倍，2020 年继续缩小为 1.7 倍；2000 年东部地区的人均国内生产总值是西部地区的 2.8 倍，2010 年该倍数缩小为 2.3 倍，2020 年继续缩小为 1.8 倍；2000 年中部地区的人均国内生产总值是西部地区的 1.15 倍，2010 年保持 1.15 倍，2020 年该倍数缩小为 1.05 倍。由此可以发现，区域经济发展不平衡的现状正在逐步改善，中部、西部地区与东部地区间的差距在逐渐缩小。

表 4-2-1　各省（自治区、直辖市）人均国内生产总值

（单位：元／人）

地区	2015 年	2020 年	2021 年	2022 年
全国	49922	71828	81370	85310
北京市	113692	164158	187526	189988
天津市	75868	101068	113660	117925
河北省	35994	48302	54181	56481
山西省	33593	51051	65625	73506
内蒙古自治区	52972	71640	88137	97433
辽宁省	46482	58629	64992	68422

续表

地区	2015 年	2020 年	2021 年	2022 年
吉林省	38128	50561	55148	54279
黑龙江省	32759	42432	47199	50873
上海市	109186	156803	175420	180536
江苏省	85871	121333	138255	143466
浙江省	73276	100738	113839	119022
安徽省	39692	62411	69676	72888
福建省	67649	105106	118750	123618
江西省	37436	57065	66020	69019
山东省	56205	71825	81510	86143
河南省	38338	54691	58587	58942
湖北省	52021	73687	86551	90358
湖南省	43155	62537	68913	71917
广东省	64516	88521	98561	102217
广西壮族自治区	30890	44237	50137	51936
海南省	39704	55438	63991	67314
重庆市	52480	78294	87450	88953
四川省	37150	58009	64610	67610
贵州省	28547	46355	50476	51921
云南省	32117	52047	57717	60868
西藏自治区	31847	52280	56831	58908
陕西省	46654	65867	76171	83030
甘肃省	25946	35848	40976	44646
青海省	34883	50845	57036	60946
宁夏回族自治区	37876	55021	63461	70263
新疆维吾尔自治区	39520	53606	62991	69717

数据来源：国家统计局统计数据库。

三、人均可支配收入

根据表 4-2-2 的数据，我们可以看到 2015 年至 2023 年中国居民人均可支配收入及其组成部分的变化情况。居民人均可支配收入从 2015 年的 21966元增长到 2023 年的 39218 元，显示出中国居民收入水平的稳步提升。同时，居民人均可支配收入的中位数也呈现增长趋势，从 2015 年的 19281 元增长到2023 年的 33036 元，这一趋势反映了收入分配的相对均衡性。在收入构成的细分中，工资性收入、经营净收入、财产净收入和转移净收入均有所增长。从 2015 年至 2023 年工资性收入从 12459 元增长到 22053 元，经营净收入从3956 元增长到 6542 元，财产净收入从 1740 元增长到 3362 元，转移净收入从3812 元增长到 7261 元。这些数据表明，中国居民的收入来源多样化，且各类收入均实现了增长。从增长速度来看，居民人均可支配收入的年均增长率为6.1%，而工资性收入的年均增长率为 7.1%，显示出工资性收入在居民收入增长中的主导作用。经营净收入和转移净收入的年均增长率分别为 6% 和 5.4%，而财产净收入的年均增长率为 4.2%，表明其他收入来源的增长速度相对较慢。

表 4-2-2　中国居民人均可支配收入

指标	2015 年	2020 年	2023 年
居民人均可支配收入（元）	21966	32189	39218
居民人均可支配收入比上年增长（%）	7.4	2.1	6.1
居民人均可支配收入中位数（元）	19281	27540	33036
居民人均可支配收入中位数比上年增长（%）	9.7	3.8	5.3
居民人均可支配工资性收入（元）	12459	17917	22053
居民人均可支配工资性收入比上年增长（%）	9.1	4.3	7.1
居民人均可支配经营净收入（元）	3956	5307	6542
居民人均可支配经营净收入比上年增长（%）	6	1.1	6
居民人均可支配财产净收入（元）	1740	2791	3362
居民人均可支配财产净收入比上年增长（%）	9.6	6.6	4.2

续表

指标	2015 年	2020 年	2023 年
居民人均可支配转移净收入（元）	3812	6173	7261
居民人均可支配转移净收入比上年增长（%）	11.2	8.7	5.4

数据来源：国家统计局统计数据库。

　　根据国家统计局数据，2022 年前三季度，全国居民人均可支配收入 27650 元，比上年同期名义增长 5.3%，扣除价格因素，实际增长 3.2%。分城乡看，城镇居民人均可支配收入 37482 元，名义增长 4.3%，扣除价格因素，实际增长 2.3%；农村居民人均可支配收入 14600 元，名义增长 6.4%，扣除价格因素，实际增长 4.3%。

　　总体而言，我国经济基本向好，长期发展势头强劲，但当前面临的经济和就业压力较为明显，这对居民收入和消费产生了一定影响，居民就业和消费信心有待进一步提振。因此，在政策层面上，有必要拓宽就业渠道，保障新职业群体的劳动权益，鼓励灵活就业，为居民提供更多收入来源的选择。此外，应进一步优化和完善收入分配体系，提升初次分配、再分配和三次分配的协调性，提高劳动者报酬在初次分配中的比重，有效增加城乡居民的财产净收入和经营净收入。对于中小微企业、个体工商户和自主创业群体，需要进一步优化营商环境，在税收政策上给予更多支持。同时，应切实保障受疫情影响就业困难的农村居民的基本收入，促进农村电商的发展，拓宽农民增收的渠道。通过这些措施，可以促进就业，稳定居民收入，增强消费信心，推动经济持续健康发展。

第三节　人口变动的经济挑战：人口红利

　　在探讨我国经济发展新常态下的挑战时，人口年龄结构的老化速度加快成了一个不可忽视的重要因素。这一人口结构的变化不仅对经济增长产生了深远影响，也对我国的劳动力市场、社会保障体系以及经济发展模式提出了新的挑战。

一、人口老龄化与"未富先老"

我国正面临着人口老龄化的高峰，这一现象在我国的发展历程中显得尤为突出，表现为"未富先老"的状况。与发达国家相比，我国的老龄化进程显著加速，其高峰期提前到来。在其他国家，如美国和日本，人口结构和经济结构的转变是同步的，即经济水平达到一定程度后，人口结构才开始老龄化。这时，国家拥有足够的经济实力和社会资源来应对老龄化带来的社会和经济发展风险。然而，我国的情况不同，经济发展尚未达到发达国家的水平，社会财富积累也不够充分，但老龄化的高峰期已经到来，这对我国的经济社会发展构成了严峻挑战。此外，计划生育政策的实施使得我国在短短30年内就完成了人口结构的快速转变。例如，英国从5%的65岁以上老年人口占比增加到7%，用了近80年的时间，日本用了近50年，瑞典则用了40年。这种快速的人口结构转变给我国的社会保障体系、劳动力市场和经济发展模式都带来了巨大的压力和挑战。

统计数据表明，我国人口结构从非老龄结构转变为老龄结构仅用了18年，这一速度远远超过了一般发达国家的进程，凸显了我国"未富先老"的特点。随着老龄化问题的日益严重，我国经济社会发展面临着巨大的挑战，对医疗保障体系、养老服务以及公共服务供给提出了更高的要求。在全球老龄化趋势不可逆转的背景下，如何建立更完善的社会保障体系和社会公共服务供给体系，消除公众对养老的担忧，宣传健康老年的概念，已成为我国政府和社会亟待解决的问题。我国的老龄化程度在不同地区存在显著差异。由于经济发展水平、地理环境、历史条件和资源禀赋的差异，我国东部、中部和西部地区的老龄化程度存在明显的区域差异。政府一直高度关注区域发展不平衡问题，经济结构和人口结构的影响是相互的，因此，经济发展水平的差异也导致了老龄化程度的差异。

二、人口红利将逐渐消失

在中国经济发展的历程中，人口红利发挥了关键的推动作用，对经济增长贡献显著。自 20 世纪 60 年代中期起，中国便开始享受人口红利，其对经济增长的贡献达到了四分之一左右。若将未来 15 年左右的人口红利也纳入考量，那么人口转变对中国长期经济增长的贡献将接近三分之一。人口红利是指一个国家或地区在劳动力比例较高、少年抚养比和老年抚养比较低的发展阶段，由于劳动力资源丰富、成本较低，有利于经济增长的现象。人口红利源于人口年龄结构中的劳动年龄人口占比大、抚养比较低的特点。在其他条件相同的情况下，这种人口年龄结构更有利于经济增长。然而，根据中国的人口结构数据以及近年来出现的"民工荒"现象，我们可以看出，中国经济增长的人口红利正在逐渐消失。劳动力供大于求的现象正在逆转，这一转折点被经济学家们称为"刘易斯拐点"。

蔡昉认为，"民工荒"或劳动力短缺并非暂时现象，而是"刘易斯拐点"到来的标志，劳动力供给长期大于需求的格局将发生改变。[①] 随着中国人口年龄结构底部收缩，中层和上层的人口年龄结构相对加宽，尤其是上层老龄化的比重持续加速扩展，适龄劳动人口比重相对缩小。这种趋势自 2011 年起逐步形成，并导致劳动力单位成本的持续上升。对于低附加值的劳动力密集型产业而言，单位劳动力成本的上升将导致其综合成本上升，从而可能导致产业规模的收缩或向劳动力成本较低的国家转移。

---

① 蔡昉. 中国人口与劳动问题报告 NO.8——刘易斯转折点及其政策挑战［M］. 北京：社会科学文献出版社，2007：147-161.

第五章

东北三省：新的人口与劳动力形势

在探讨东北三省新的人口与劳动力形势时，我们可以首先从历史的角度审视东北地区的人口发展轨迹。东北地区作为中国重要的工业基地，曾经拥有庞大的人口规模和丰富的劳动力资源。然而，随着中国经济发展重心的转移和产业结构的调整，东北地区的人口和劳动力形势发生了显著变化。东北三省人口状况的变动情况，既影响到人口与经济社会协调发展，也关系到人民福祉以及共同富裕的顺利实现。东北地区人口红利的变化会影响东北经济的振兴。首先，我们将回顾东北地区人口数量的变化，从过去的快速增长到近年来的逐渐减少。其次，我们将分析东北地区劳动力结构的变化，包括劳动力数量、素质和分布等方面的变化。最后，我们将探讨东北地区人口和劳动力形势的变化给当地经济社会发展带来的影响，以及如何应对这些变化。通过分析东北三省新的人口与劳动力形势，我们可以更好地理解东北地区人口发展的历史脉络，为未来的政策制定和社会经济发展提供参考。

第一节 东北人口现状：这里的人口

一、人口发展现状

（一）人口发展阶段分析

20 世纪 70 年代计划生育政策的实施使东北三省的人口增长速度逐步放缓，完成了人口再生产类型的转变，由"高、低、高"传统人口再生产类型转变成"低、低、低"现代人口再生产类型。在东北三省中，辽宁、吉林和黑龙江的总人口变化趋势与全国总体趋势相似，但各省的具体情况有所不同。辽宁和吉林的总人口增长速度在 1960 年至 1980 年间增长较为显著，而黑龙江在 1970 年至 1980 年间增长较快。然而，从 2000 年开始，东北三省的总人口增长速度普遍放缓，部分省份甚至出现了人口减少的情况。辽宁省总人口从 1949 年的 1830.5 万人增加到 2019 年的 4359 万人，净增人口为 2528.5 万人；吉林省总人口从 1949 年的 1008.5 万人增加到 2019 年的 2704 万人，净增人口为 1695.5 万人；黑龙江省总人口从 1949 年的 1011.9 万人增加到 2019 年的 3773 万人，净增人口为 2761.1 万人。三个省份的年均增长率分别为 1.25%、1.42%、1.44%。见图 5-1-1、表 5-1-1。

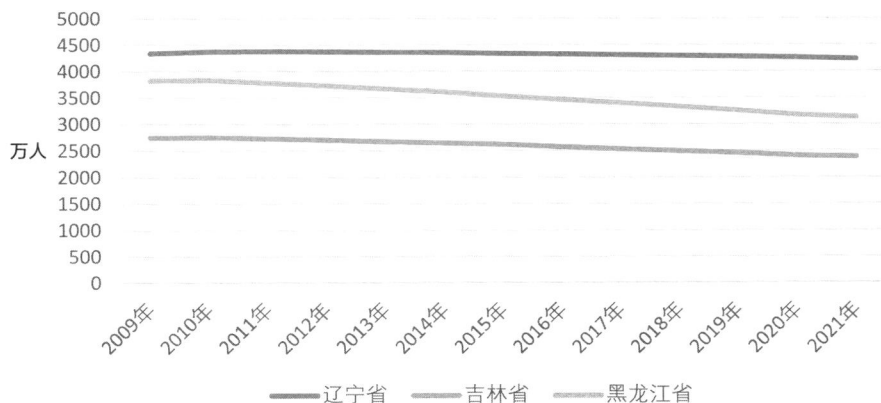

图 5-1-1 全国与东北三省期末总人口变化情况

表 5-1-1　全国与东北三省期末总人口变化情况

（单位：万人）

年份	全国		辽宁		吉林		黑龙江	
	总人口	增长人数	总人口	增长人数	总人口	增长人数	总人口	增长人数
1950—1959	67207	13040	2501.8	671.3	1313	304.5	1682	670.1
1960—1969	80671	13464	3045	543.2	1808.2	495.2	2440.8	758.8
1970—1979	97542	16871	3342.6	297.6	2184.6	376.4	3168.7	727.9
1980—1989	112704	15162	3929.3	586.7	2395.4	210.8	3510	341.3
1990—1999	125786	13082	4171	241.7	2616.1	220.7	3792	282
2000—2009	133450	7664	4341	170	2740	123.9	3826	34
2010—2020	141178	7728	4259	−82	2407	−333	3185	−641

资料来源：辽宁统计年鉴（2021 年）、吉林统计年鉴（2021 年）、黑龙江统计年鉴（2021 年）、中国统计年鉴（2021 年）。

这些数据反映了中国东北地区人口增长速度的放缓，以及全国人口增长趋势的变化。东北地区的人口变化趋势与地区经济发展、产业调整、人口政策等因素密切相关。这些变化对东北地区的经济社会发展、劳动力市场、社会保障体系等方面都可能产生重要影响。因此，政策制定者需要关注这些变化，并采取相应措施以应对可能出现的社会经济挑战。

东北三省的人口出生率、死亡率和自然增长率在实施计划生育政策前后呈现出不同的特征，其变化历程可以划分为四个阶段：

第一阶段（20 世纪五六十年代）：这一时期，东北三省的人口保持高速增长，以辽宁省为例，1950 年至 1959 年，人口年均增长率高达 3.17%，超过同期全国平均水平的 2.18%。辽宁省在此期间净增人口达 1214.5 万人，占 1949 年至 2007 年全省净增人口总数的 50.81%。在这一时期，辽宁、吉林、黑龙江三省的出生率和自然增长率普遍高于全国平均水平，而死亡率则低于全国平均水平，这一高速增长阶段对东北三省庞大人口基数的形成起到了重要作用。

第二阶段（20 世纪七八十年代）：随着全国范围内计划生育政策的实施，人口增长速度显著减缓。东北三省较早实施计划生育政策，其出生率和自然增长率普遍低于全国平均水平。以辽宁省为例，出生率从 1965 年的 36.20‰下降到 1980 年的 15.84‰，低于全国同期水平 4.37 个千分点。

第三阶段（20 世纪八九十年代）：这一时期，人口出生率出现波动，出生率有所上升，辽宁省出生率从 1980 年的 15.84‰上升到 1990 年的 16.3‰，吉林省从 1980 年的 17.85‰上升到 1990 年的 19.49‰，而黑龙江省则呈现下降趋势。这一阶段，总和生育率并未显著下降，而是呈现波动状态，辽宁、吉林两省人口增长速度出现小幅回升。

第四阶段（20 世纪 90 年代至今）：东北三省人口发展进入相对稳定期，增长速度逐年放缓，人口自然增长率出现负值，标志着人口再生产类型由传统的"高出生、低死亡、高自然增长"模式向现代的"低出生、低死亡、低自然增长"模式转变（见表 5-1-2）。这种转变对于东北三省实现人口与经济、社会、资源和环境的协调发展具有重要意义。

表 5-1-2　东北三省的出生率、死亡率和自然增长率

（单位：‰）

	地区	2021 年	2019 年	2018 年	2017 年	2016 年	2015 年	2014 年	2013 年	2012 年
人口出生率	辽宁省	4.71	6.45	6.39	6.49	6.6	6.17	6.49	6.09	6.15
	吉林省	4.7	6.05	6.62	6.76	5.55	5.87	6.62	5.36	5.73
	黑龙江省	3.59	5.73	5.98	6.22	6.12	6	7.37	6.86	7.3
人口死亡率	辽宁省	8.89	7.25	7.39	6.93	6.78	6.59	6.23	6.12	6.54
	吉林省	8.08	6.9	6.26	6.5	5.6	5.53	6.22	5.04	5.37
	黑龙江省	8.7	6.74	6.67	6.63	6.61	6.6	6.46	6.08	6.03
人口自然增长率	辽宁省	−4.18	−0.8	−1	−0.44	−0.18	−0.42	0.26	−0.03	−0.39
	吉林省	−3.38	−0.85	0.36	0.26	−0.05	0.34	0.4	0.32	0.36
	黑龙江省	−5.11	−1.01	−0.69	−0.41	−0.49	−0.6	0.91	0.78	1.27

资料来源：《辽宁统计年鉴 2021》《吉林统计年鉴 2021》《黑龙江统计年鉴2021》《中国统计年鉴 2021》。

（二）人口发展现状分析

在 21 世纪的前二十年，东北三省的总人口经历了小幅增长后逐渐下降的趋势。从 2000 年的 1.0484 亿人开始，东北三省的总人口在 2010 年达到峰值，为 1.1051 亿人。随后，人口开始逐渐减少，到 2022 年降至 9644 万人。具体到各省份，辽宁省的人口在 2000 年为 4182 万人，2010 年增长至 4392 万人，但随后逐年下降，到 2023 年降至 4182 万人。吉林省的人口从 2000 年的 2678 万人增长到 2010 年的 2840 万人，然后在 2023 年降至 2339 万人。黑龙江省的人口则从 2000 年的 3624 万人增长到 2010 年的 3819 万人，再到 2023 年降至 3062 万人。（见表 5-1-3）

总体而言，东北三省的人口在 2010 年后进入了下降通道，这一趋势与全国范围内的人口下降速度有所不同，反映了东北地区特有的经济和社会挑战。

表 5-1-3　东北三省常住人口数（2000—2023 年）

（单位：万人）

年份	东北总人口	辽宁总人口	吉林总人口	黑龙江总人口
2000	10484	4182	2678	3624
2005	10788	4297	2765	3726
2010	11051	4392	2840	3819
2011	10886	4379	2725	3782
2012	10797	4375	2698	3724
2013	10699	4365	2668	3666
2014	10608	4358	2642	3608
2015	10480	4338	2613	3529
2016	10357	4327	2567	3463
2017	10273	4312	2562	3399
2018	10102	4291	2484	3327
2019	9980	4277	2448	3255

年份	东北总人口	辽宁总人口	吉林总人口	黑龙江总人口
2020	9851	4259	2407	3185
2021	9729	4229	2375	3125
2022	9644	4197	2348	3099
2023	9583	4182	2339	3062

（三）人口发展的规律与主要特征

1. 人口老龄化水平形势严峻

东北三省正面临着严峻的人口老龄化问题。自 2000 年起，少儿人口比重开始下降，而中老年人口在总人口中的比例以及人口年龄中位数均呈现上升趋势，标志着人口结构向老年型的转变。东北三省 65 岁及以上老年人口的比例迅速增加，从 2000 年的 6.61% 上升至 2015 年的 10.72%。

从 2015 年到 2030 年，由于计划生育政策导致的生育率下降，东北地区人口年龄结构的变化将更加显著，这一时期将成为老年人口增长最多、老龄化速度最快的时期。老年人口规模的迅速扩大，加上总人口增长的缓慢，导致老年人口的增长速度远超过总人口的增长速度，老龄化水平显著提升。老年人口比例预计将从 10.72% 上升至 21.53%，上升近 11 个百分点，预计辽宁省、吉林省和黑龙江省的老年人口比例将大幅上升。

人口年龄结构的变动需要从全体人口老龄化与劳动力结构老龄化两个方面进行分析。以辽宁省为例，2010 年人口普查数据显示，0—14 岁人口数量较 2000 年减少了 239.6 万人，占比下降至 11.42%；15—64 岁人口数量增加了 310.5 万人，占比提高至 78.27%；65 岁及以上人口数量增加了 121.2 万人，占比提高至 10.31%，较 2000 年上升了 2.43 个百分点。这些数据揭示了东北三省人口老龄化的严峻形势，以及老年人口比重上升对劳动力市场和公共政策带来的挑战。

2. 常住人口城乡空间分布相对稳定

东北三省的常住人口城乡空间分布相对稳定，城镇人口规模较大，城镇化水平较高。2023 年，辽宁省的城镇化率为 73.51%，比上一年提高了 0.51 个百分点。辽宁省的城镇常住人口达到了 3074 万人，较上年增加了 10 万人。辽宁省的城镇化率在全国各省中排名较高，高于全国平均水平 7.35 个百分点。沈阳市和大连市作为辽宁省的重要城市，持续深化改革开放，加强城市建设，科技创新引领，保障和改善民生，经济实现了平稳健康发展。2023 年，吉林省的常住人口城镇化率为 64.72%，比 2022 年提高了 0.99 个百分点。吉林省城镇人口为 1514.07 万人，比 2022 年末增加了 17.89 万人。吉林省常住人口城镇化率的增幅高于全国 0.05 个百分点，分别高于辽宁省、黑龙江省 0.48 个和 0.05 个百分点。2023 年，长春市和吉林市常住人口总量分别比 2022 年末增加了 3.65 万人和 0.69 万人。2022 年黑龙江省的常住人口城镇化率为 66.2%。这些数据表明东北三省的城镇化进程较快，城镇化水平在全国处于较高水平，见图 5-1-2。

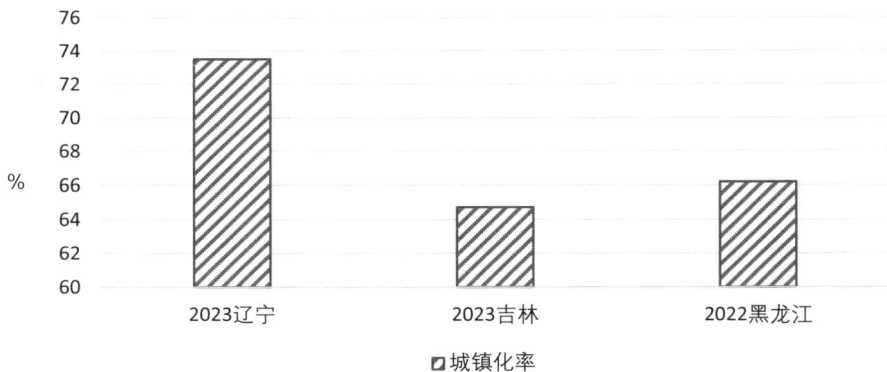

图 5-1-2　东北三省城镇化率

资料来源：国家统计局统计数据库。

3. 新出生人口数量小范围波动

东北三省的出生人口数量呈现下降趋势。2022 年，东北三省的出生人口总数跌破了 40 万，仅为 37.74 万人。这一数字远低于全国其他省份，例如广东、河南和山东。2022 年辽宁省出生人口为 17.2 万人，吉林省为 10.23 万人，黑龙江省为 10.39 万人。东北三省的出生率位列全国倒数后三位，分别为辽宁的 4.08‰，吉林的 4.33‰，黑龙江的 3.34‰。以辽宁省为例，年均出生人口在 27.3 万左右，出生人口最多的 2016 年和最少的 2011 年相差仅 3.9 万。2013 年底单独二孩生育政策出台后，实施效果短期内有所显现，2014 年出生人口数量小幅增加 1.8 万人，达到 28.5 万人。2015 年出生人口又降到了 27.1 万人，基本回落到 2012 年的出生水平。2015 年底全面放开二孩政策出台后，2016 年出生人口小幅增加 1.8 万人，达到 28.9 万人，成为 9 年间出生人口最多的年份，之后两年出生人口又开始缓慢下降。这些数据反映出东北地区低出生率的问题，这主要是由于经济下行压力、就业机会减少导致的年轻人口外流，以及计划生育政策执行严格导致的独生子女比例较高。

4. 劳动力资源仍然丰富

东北三省人口年龄结构呈现"中间大、两头小"的态势，劳动年龄人口（15—64 岁）占总人口的比重最高，其次是 65 岁以上人口，0—14 岁人口占比最小。2018 年，全国 15—64 岁劳动力人口比重为 69.72%，辽宁省为74.9%，吉林省为 75.34%，黑龙江省为 77.23%。虽然劳动力人口逐年缓慢下降，但占比一直保持在 75% 以上，仍然占总人口的绝大部分，不仅高于全国平均水平，而且一直处于全国领先地位。见表 5-1-4。

表 5-1-4　2010—2022 年东北三省和全国 15—64 岁劳动力人口比重

（单位：%）

年份	全国	辽宁	吉林	黑龙江
2010	74.5	78.3	—	—
2011	74.4	77.9	78.58	80.27
2012	74.1	79.7	80.02	79.04
2013	73.9	79.4	78.58	79.08
2014	73.4	77.6	77.61	79.02
2015	73.0	76.5	77.10	78.59
2016	72.5	76.1	76.50	78.01
2017	71.8	75.8	75.37	77.92
2018	69.72	74.87	75.34	77.23

续表

年份	全国	辽宁	吉林	黑龙江
2019	69.38	73.88	74.94	76.25
2021	69.18	70.43	72.09	73.45
2022	62.0	69.57	71.47	72.91

资料来源：国家统计局统计数据库（2020年分省数据未公开）。

第二节　东北经济发展：机遇与挑战

从《中国统计年鉴2021》《辽宁省统计年鉴2021》《吉林省统计年鉴2021》《黑龙江省统计年鉴2021》数据可以看出，无论是全国还是东北的三个省份，历年国内生产总值总体趋势均为上涨的态势，但东北三省国内历年生产总值增长幅度缓慢。辽宁省历年地区生产总值为东北三省中最高，增长幅度在三省之中最大；吉林省则为最低，增长幅度在三省之中最小。

辽宁省地区生产总值增长最为显著，从2011年的16354.9亿元增长至2023年的30209.4亿元，辽宁成为东北三省中地区生产总值最高的省份。辽宁省地区生产总值30209.4亿元，按不变价格计算，比上年增长5.3%，比全国高0.1个百分点。其中，第一产业增加值2651.0亿元，增长4.7%；第二产业增加值11734.5亿元，增长5.0%；第三产业增加值15823.9亿元，增长5.5%。吉林省的GDP增长也较为明显，从2011年的7734.6亿元增长至2023年的13531.2亿元。吉林省实现地区生产总值13531.19亿元，按可比价格计算，比上年增长6.3%。其中，第一产业增加值1644.75亿元，比上年增长5.0%；第二产业增加值4585.03亿元，增长5.9%；第三产业增加值7301.40亿元，增长6.9%。第一产业增加值占地区生产总值的比重为12.2%，第二产业增加值比重为33.9%，第三产业增加值比重为53.9%。黑龙江省的地区生产总值增长虽然相对较缓，但也从2011年的9935.0亿元增长至2023年的15883.9亿元。

从总体趋势来看，辽宁省作为东北地区的经济龙头，其经济增长较为强劲，而吉林省和黑龙江省虽然增长速度相对较缓，但也保持了稳定的增长态势。分地区历年生产总值见表5-2-1。

表5-2-1　分地区历年生产总值

（单位：亿元）

年份	全国	辽宁省	吉林省	黑龙江省
2011	487940.2	16354.9	7734.6	9935.0
2012	538580.0	17848.6	8678.0	11015.8
2013	592963.2	19208.8	9427.9	11849.1
2014	643563.1	20025.7	9966.5	12170.8
2015	688858.2	20210.3	10018.0	11690.0
2016	746395.1	20392.5	10427.0	11895.0
2017	832035.9	21693.0	10922.0	12313.0
2018	919281.1	23510.5	11253.8	12846.5
2019	986515.2	24855.3	11726.8	13544.4
2020	1013567.0	25115.0	12311.3	13698.5
2021	1149237.0	27569.5	13163.8	14858.2
2022	1204724.0	28826.1	12818.1	15831.5
2023	1260582.1	30209.4	135312	15883.9

注：保留小数点后1位。
数据来源：国家统计局统计数据库。

通过图5-2-1可知，在历年人均生产总值方面，辽宁省在2011—2013年稍高于全国水平，之后增长幅度变小；而东北其余两省则始终低于全国水平。在东北三省中比较，辽宁省人均生产总值始终高于其他两省，而吉林省人均生产总值则始终高于黑龙江省。据图5-2-2可以看出，在历年人均生产总值指数方面，从整体趋势来看，全国与东北三省均呈下降趋势。2011年东北三省均高于全国水平，2020年则是辽宁省、黑龙江省低于全国水平。其中，辽宁省于2014—2016年同样在人均生产总值指数方面出现急速下跌，吉林省与黑龙江省则是波动下降。综上，东北三个省份的人均生产总值与全国水平的差距呈不断拉大的态势，而在东北地区三个省份年末人口数不断减少的现状下，人均生产总值的降低则显现出了其经济方面不容乐观的问题。

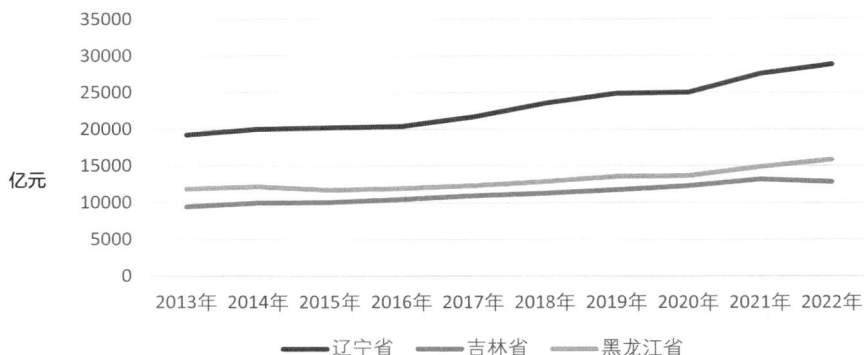

图 5-2-1　东北三省历年地区生产总值

数据来源：同表 5-2-1。

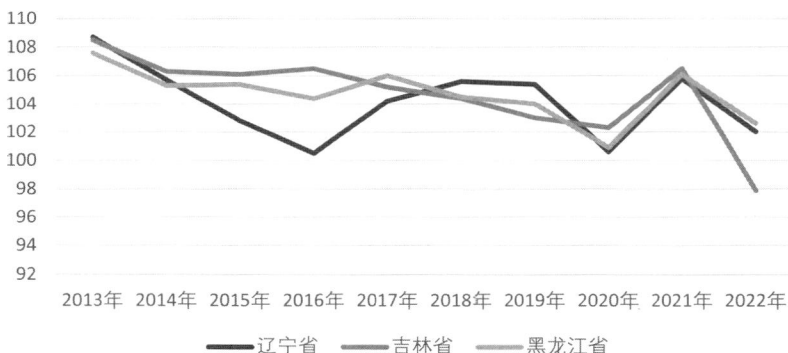

图 5-2-2　分地区历年生产总值指数（上年 =100）

数据来源：同表 5-2-1。

见表 5-2-2、表 5-2-3 的数据，可以看到，2013 年至 2020 年全国以及东北三省的居民人均可支配收入和人均消费支出的变化趋势。全国范围内，居民人均可支配收入从 2013 年的 18310.8 元增长至 2020 年的 32188.8 元，显示出持续的增长趋势。辽宁省的人均可支配收入始终高于全国平均水平，2020年达到 32738.3 元；吉林省的人均可支配收入在 2020 年为 25751.0 元，略低于全国平均水平；黑龙江省的人均可支配收入在 2020 年为 24902.0 元，也略低于全国平均水平。在人均可支配收入方面，东北三省中仅有辽宁省高于全国水平；吉林省与黑龙江省水平极为接近，但吉林省略高，两者增长幅度均较小。

表 5-2-2　分地区历年居民人均可支配收入

（单位：元）

年份	全国	辽宁省	吉林省	黑龙江省
2013	18310.8	20817.8	15998.1	15903.4
2014	20167.1	22820.2	17520.4	17404.4
2015	21966.2	24575.6	18683.7	18592.7
2016	23821.0	26039.7	19967.0	19838.5
2017	25973.8	27835.4	21368.3	21205.8
2018	28228.0	29701.4	22798.4	22725.8
2019	30732.8	31819.7	24562.9	24253.6
2020	32188.8	32738.3	25751.0	24902.0

数据来源：《中国统计年鉴 2020》《中国统计年鉴 2021》。

表 5-2-3　分地区历年居民人均消费支出

（单位：元）

年份	全国	辽宁省	吉林省	黑龙江省
2013	13220.4	14950.2	12054.3	12037.2
2014	14491.4	16068.0	13026.0	12768.8
2015	15712.4	17199.8	13763.9	13402.5
2016	17110.7	19852.8	14772.6	14445.8
2017	18322.1	20463.4	15631.9	15577.5
2018	19853.1	21398.3	17200.4	16994.0
2019	21558.9	22202.8	18075.4	18111.5
2020	21209.9	20672.1	17317.7	17056.4

数据来源：《中国统计年鉴 2020》《中国统计年鉴 2021》。

全国居民人均消费支出从 2013 年的 13220.4 元增长至 2020 年的 21209.9 元。辽宁省的人均消费支出始终高于全国平均水平，2020 年为 20672.1 元；吉林省的人均消费支出在 2020 年为 17317.7 元，略低于全国平均水平；黑龙江省的人均消费支出在 2020 年为 17056.4 元，同样略低于全国平均水平。2013—2019 年期间仅有辽宁省高于全国水平，其中 2016 年较 2015 年有明显上升；而 2020 年则是三个省份均低于全国水平。吉林省水平仍略高于黑龙江省，两者增长幅度相似且仍较小。

第三节　人口发展对区域经济发展的影响

人口总量的峰值下降对区域经济的长期发展构成了影响，这种影响尤其体现在经济效益与人口发展的直接关联上。东北三省的人口总量正在逐步稳定下降，这伴随着人口自然增长率的负增长和人口老龄化的趋势。这些因素共同作用，导致了东北三省人口增量的减少，未能把生育率维持在更替水平之上，从而影响了人口长期均衡发展的基础。目前，人口自然增长率呈现负增长，这将进一步加剧劳动年龄人口减少的问题，在当前经济下行的背景下，对经济发展构成了更大的挑战，从根本上制约了区域经济的发展。

从经济社会可持续发展的角度来看，充足的人口储备和劳动力数量是长期的人口与经济发展问题。人口总量与经济社会发展之间的互动，一方面表现为人口规模的扩大可能对经济发展产生制约，另一方面则表现为人口总量的减少可能导致劳动力短缺，从而制约经济发展。在人口高峰期过后，人口老龄化、劳动年龄人口减少等问题将引发新一轮的人口总量与经济水平之间的不适应，进而影响经济社会的进一步发展。

一、人口增长趋势呈现负向变动，劳动力流动持续增加

根据"七普"最新数据，在过去十年中，人户分离人口增长了 68.31%，

市辖区内的分离人口增长了90.66%，而流动人口增长了57.81%。在吉林省，同期内，人户分离人口增长了131.96%，市辖区内的分离人口增长了82.86%，流动人口增长了152.42%。黑龙江省的人口数据显示，在过去十年中，人户分离人口增长了107.81%，其中省内流动人口增长了106.36%，市辖区内的分离人口增长了128.41%。

东北三省的自然增长率下降幅度较为显著。这主要是由于生育率下降和人口老龄化加剧，导致出生率低于死亡率，从而使得自然增长率呈现负增长。这一现象对东北地区的经济社会发展、劳动力市场和社会保障体系都可能产生重要影响。这些数据反映了东北三省人口流动性的增加，特别是在城市化进程中，市辖区内的分离人口和流动人口的增长表明了人口向城市地区集中的趋势。同时，这也反映了东北地区人口结构的变化，以及经济和社会发展所产生的影响。人口流动性的增加对于区域经济发展、城市规划和社会保障等方面都可能产生重要影响。

二、人口老龄化程度进一步加深，劳动年龄人口不断下降

根据"七普"数据，辽宁省、吉林省和黑龙江省的人口老龄化趋势进一步加剧。具体来看，辽宁省的0—14岁人口占比为11.12%，15—59岁人口占比为63.16%，60岁及以上人口占比为25.72%，其中65岁及以上人口占比为17.42%。吉林省的0—14岁人口占比为11.71%，15—59岁人口占比为65.23%，60岁及以上人口占比为23.06%，其中65岁及以上人口占比为15.61%。黑龙江省的0—14岁人口占比为10.32%，15—59岁人口占比为66.46%，60岁及以上人口占比为23.22%，其中65岁及以上人口占比为15.61%。

从"五普"到"七普"期间的变化来看，东北三省的0—14岁人口占比逐年下降，而60岁及以上人口特别是65岁及以上人口的占比快速上升。2010年之前，东北三省的劳动年龄人口占比一直高于全国平均水平，但2010年后，这一比例逐年下降，到2020年已与全国平均水平基本持平。这

表明东北三省的人口老龄化程度在持续加深，劳动年龄人口规模也在不断减少。

具体到不同年龄段，全国 0—14 岁人口占比下降了近 5 个百分点，而东北三省下降超过 7 个百分点，其中黑龙江省下降超过 8.5 个百分点。在 15—59 岁人口占比上，全国平均水平下降了 3 个百分点，东北三省下降超过 5.7 个百分点，辽宁省下降超过 7.5 个百分点。这些数据表明，东北三省的人口年龄结构优势已经基本消失。

老年人口占总人口的比重最能够直接体现出东北三省人口老龄化水平的变化。在 60 岁及以上人口占总人口的比重上，国家平均水平在此期间提升了超过 8 个百分点，而东北三省的涨幅均达到了翻一番的水平。在 65 岁及以上人口占总人口的比重上，国家平均水平在此期间提升了超过 7 个百分点，而东北三省的涨幅则均超过了 10 个百分点，吉林省与黑龙江省的"七普"最新数据几乎是"五普"结果的近 3 倍。东北三省与全国"五普"至"七普"间人口年龄结构变化情况见表 5-3-1。

表 5-3-1　东北三省与全国"五普"至"七普"间人口年龄结构变化情况

年龄分组	地区	2000 年	2010 年	2020 年
0—14 岁	全国	22.89%	16.60%	17.95%
	辽宁省	17.68%	11.42%	11.12%
	吉林省	18.96%	11.99%	11.71%
	黑龙江省	18.90%	11.96%	10.32%
15—59 岁	全国	66.65%	70.14%	63.35%
	辽宁省	70.69%	73.15%	63.16%
	吉林省	70.58%	74.80%	65.23%
	黑龙江省	71.88%	75.03%	66.46%

续表

年龄分组	地区	2000 年	2010 年	2020 年
60 岁及以上	全国	10.46%	13.26%	18.70%
	辽宁省	11.63%	15.43%	25.72%
	吉林省	10.46%	13.21%	23.06%
	黑龙江省	9.22%	13.03%	23.22%
65 岁及以上	全国	6.96%	8.87%	13.50%
	辽宁省	7.83%	10.31%	17.42%
	吉林省	5.85%	8.38%	15.61%
	黑龙江省	5.42%	8.32%	15.61%

资料来源：历年全国人口普查数据，国家统计局。

总的来说，中国的人口老龄化水平正在快速提升，而东北三省的老龄化水平又显著高于全国平均水平，这给东北地区的经济社会发展、劳动力市场和社会保障体系带来了重大挑战。东北三省的人口老龄化正在"少子化"与"高龄化"的叠加作用下快速推进，其最直接的影响，即劳动年龄人口规模的逐年下降与老年人口规模的不断扩大，对就业、经济与社会的影响将是多方面的。

三、人口平均受教育年限持续增加，劳动力质量显著提升

根据"七普"最新数据，与"六普"相比，辽宁省全省人口中，每 10 万人中拥有大学程度学历的人口由 11965 人上升为 18216 人，15 岁及以上人口的平均受教育年限由 9.67 年提高至 10.34 年。吉林省全省人口中，每 10 万人中拥有大学文化程度的人口由 9890 人上升为 16738 人，15 岁及以上人口的平均受教育年限由 9.49 年增长至 10.17 年。黑龙江省全省人口中，每 10 万人中拥有大学文化程度的人口由 9115 人上升至 14793 人，15 岁及以上人口的平均

受教育年限由 9.36 年上升至 9.93 年。

通过比较梳理"五普"至"七普"期间东北三省与全国在每 10 万人中拥有大学文化程度的人口与平均受教育年限上的变化，我们能够发现，除黑龙江省在"七普"中与全国平均水平基本相同外，辽宁省与吉林省的大学文化程度人口与人口平均受教育年限均远高于国家平均水平。相关研究表明，人口平均受教育年限往往代表着其劳动力的质量与素养。而从人力资本的角度来看，劳动力的素质水平越高，其所蕴含的人力资本总量就越大，而人力资本水平的高低也对所在区域的经济社会发展有着重要影响。这表明，东北三省在总人口与劳动年龄人口不断下降的大背景下，其劳动力质量与素质在全国依然保持有一定的优势。

相关数据见表 5-3-2、表 5-3-3。

表 5-3-2　东北三省与全国"五普"至"七普"间每 10 万人中拥有大学文化程度人口变化情况

地区	2000 年	2010 年	2020 年
全国	3611	8930	15467
辽宁省	6182	11965	18216
吉林省	4926	9890	16738
黑龙江省	4797	9115	14793

资料来源：历年全国人口普查数据，国家统计局。

表 5-3-3　东北三省与全国"五普"至"七普"间人口平均受教育年限变化情况

地区	2000 年	2010 年	2020 年
全国	7.11	9.08	9.91
辽宁省	7.97	9.67	10.34
吉林省	7.83	9.49	10.17
黑龙江省	7.80	9.36	9.93

资料来源：历年全国人口普查数据，国家统计局。

第六章

未来展望：劳动力市场的挑战

劳动力人口的新形势和新特点，为未来的劳动力市场发展既带来了新的机遇，也带来了新的挑战。随着全球化和技术进步的加速，劳动力市场的需求和供给模式正在发生深刻变化。本章将探讨这些变化对未来劳动力市场的影响，包括劳动力需求的转变、技能要求的提升以及劳动力供给的多样性。同时，我们将分析这些变化对劳动力市场的政策和管理带来的挑战，以及如何通过教育和培训、移民政策、劳动力市场规制等手段来应对这些挑战。通过深入分析劳动力市场的新趋势，我们期望能够为未来的劳动力市场发展和政策制定提供有益的启示。

第一节　劳动力供给的潜在风险：未来的考验

根据联合国最新的人口预测以及国内部分学者的研究，未来中国的劳动年龄人口规模将继续减少，这意味着劳动力无限供给的基础正在消失。例如，蔡昉[1]和王欢等[2]的研究指出，随着人口老龄化的加剧和生育率的下降，

---

[1] 蔡昉. 人口转变、人口红利与刘易斯转折点 [J]. 经济研究，2010，45（04）：4—13.

[2] 王欢，黄健元，王薇. 人口结构转变、产业及就业结构调整背景下劳动力供求关系分析 [J]. 人口与经济，2014（02）：96—105.

劳动力市场将面临重大变化。表 6-1-1 展示了关于中国未来 15—64 岁劳动年龄人口规模和比重的三种预测结果。这些预测表明，到 2050 年，中国的劳动年龄人口规模可能会下降到 8 亿人左右。这种劳动力供给的减少与内部人口结构的老龄化相结合，意味着传统的"人口红利"正在逐渐消失。

表 6-1-1 中国 15-64 岁劳动年龄人口规模和比重的 3 种预测结果

年份	《世界人口展望》 2019 年修订版		陆杰华等 （2020）		翟振武等 （2017）	
	规模 （亿人）	比重 （%）	规模 （亿人）	比重 （%）	规模 （亿人）	比重 （%）
2020	10.12	70.32	9.82	70.05	9.87	69.13
2025	10.07	69.05	9.73	68.82	9.83	67.78
2030	9.86	67.37	9.51	67.40	9.60	65.98
2035	9.43	64.56	9.08	64.80	9.32	64.45
2040	8.98	62.00	8.54	61.70	8.94	62.51
2045	8.71	60.94	8.13	59.81	8.63	61.25
2050	8.38	59.78	7.71	58.28	8.24	59.83

资料来源：根据联合国发布的《世界人口展望》2019 年修订版数据（United Nations，2019）以及陆杰华等① 和翟振武等② 文章中的相关数据整理。

尽管劳动力供给规模的下降已成为必然趋势，但在中国经济结构实现根本转变之前，劳动力需求总量仍然很大。例如，2019 年中国的就业人员规模达到 7.75 亿人，表明劳动力需求仍然非常庞大。自 2017 年起，就业人员规模开始减少，但与劳动力供给规模的下降相比，劳动力需求规模的下降幅度相对较小。2010—2019 年中国就业人员规模及增量变动趋势。见图 6-1-1。

---

① 陆杰华，刘瑞平 . 新时代我国人口负增长中长期变化特征、原因与影响探究［J］. 中共福建省委党校（福建行政学院）学报，2020（01）：19 — 28.

② 翟振武，陈佳鞠，李龙 .2015 — 2100 年中国人口老龄化变动趋势［J］. 人口研究，2017，41（04）： 60 — 71.

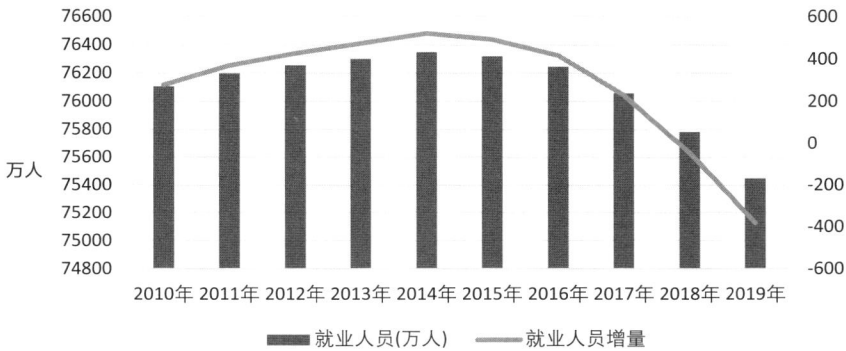

图 6-1-1　2010—2019 年中国就业人员规模及增量变动趋势
资料来源：根据历年中国统计年鉴相关数据计算绘制而成。

这些数据和预测结果揭示了未来中国劳动力市场面临的挑战和机遇。劳动力供给的减少可能会对经济增长和就业市场产生负面影响，但也可能推动劳动力市场向更加高效和技能密集型的方向发展。政策制定者需要考虑这些变化，并采取措施来应对劳动力市场的挑战，包括通过教育和培训提高劳动力素质，以及通过灵活的劳动力市场政策来适应变化。

东北三省的人口老龄化水平与增速相较于全国平均水平问题更为严峻。根据"五普"至"七普"的数据，60 岁及以上人口占总人口比重在东北三省的提升幅度显著高于全国平均水平。全国平均水平在此期间提升了超过 8 个百分点，年均增长率为 0.41%；而东北三省的涨幅在此期间均达到了翻倍的水平，年均增长率为 0.68%。在 65 岁及以上人口占总人口比重的提升上，全国平均水平在此期间提升了超过 7 个百分点，年均增长率为 0.33%；而东北三省的涨幅则超过了 10 个百分点，年均增长率为 0.49%，其中吉林省与黑龙江省的"七普"最新数据几乎是"五普"的近 3 倍，黑龙江省的年均增长率更是高达 0.51%。

此外，东北三省 0—14 岁人口比重的下降速度同样高于全国平均水平。东北三省较高的城市化率与较长的人口平均受教育年限，也使得女性的受教育水平与劳动参与率处于全国领先水平，这在客观上进一步降低了东北三省的生育率。因此，东北三省较早地进入了人口老龄化与人口低生育率的状态，且"少子化"与"高龄化"的叠加正在进一步加速推动人口老龄化的速度与深度。

随着老年人口比例的增加，社会对医疗健康、养老服务等相关产业的需求也会增加，这可能促进这些领域的技术革新和产业升级。例如，老年人对健康护理和医疗技术的需求增长，这将推动医疗健康产业的发展，从而带动经济增长。老龄化社会中，老年人口的比例增加可能导致消费结构的变化。老年人通常更注重生活质量，对高品质、健康、安全的产品和服务的需求会增加，这可能会促进相关产业的发展。劳动力市场可能会更加注重工作环境的灵活性和包容性，以吸引老年劳动力参与劳动，制订更灵活的工作安排，如兼职、远程工作等，从而提高劳动力市场的效率。老年人口通常有更高的储蓄率，这可能为投资和资本形成提供更多的资金来源，有助于推动经济增长。

如果今后劳动力需求规模的下降持续严重滞后于劳动力供给规模的下降，就可能会面临实际的劳动力数量短缺风险。因此，对于东北三省而言，如何应对这一挑战，确保劳动力市场的稳定，同时促进经济结构的转型和升级，将是未来需要深入研究和积极应对的重要课题。

第二节　人口老龄化：是经济发展活力还是挑战

东北三省作为中国重要的老工业基地，正面临着人口老龄化的严峻挑战。我们将从人口老龄化的角度出发，分析这一趋势对劳动力市场、消费结构、储蓄模式以及社会保障体系等方面的影响。同时，本节还将探讨如何通过政策创新和社会经济结构的调整来应对人口老龄化带来的挑战。通过深入分析人口老龄化对东北地区经济发展的影响，本节旨在为未来的区域经济发展策略提供有益的启示，促进东北地区经济的持续增长和社会的和谐稳定。

一、人口老龄化与经济发展活力的辩证分析

随着 45 岁及以上高龄劳动力人口的比例不断上升，中青年劳动力人口在劳动力市场中的比重整体呈现下降趋势，这种劳动力人口的老化趋势可能对经济发展产生不利影响。尽管老年劳动力人口拥有丰富的工作经验和熟练的工作技能，但不少研究表明，老年劳动力人口比重的增加可能对劳动生产率的提升以及经济社会发展的活力产生负面影响。例如，高龄劳动力人口的身体素质通常低于年轻劳动力人口，随着年龄的增长，他们获取新知识和新技能的能力也会下降，这可能导致劳动效率难以提高，劳动产出下降，从而不利于生产效率的稳步提升。此外，劳动力人口的老化也不利于技术进步。技术进步主要源于有意识的研究与开发活动，而老年劳动力人口的知识和技能更新换代较慢，研究和开发能力相对较弱。相比之下，中青年劳动力人口更能适应发展要求并进一步推动技术进步，从而提高社会整体的创新水平。劳动力人口的老化还会通过影响储蓄率、消费水平与消费结构等对经济增长产生影响，从而抑制社会经济发展的活力。总体而言，劳动力人口的老化趋势给未来的劳动力市场、就业形势以及经济发展带来了严峻挑战，尤其是中青年劳动力人口比重的下降，需要引起高度重视。

不过，中老年劳动力通常拥有丰富的经验和专业知识，这可以提高生产效率和质量。在某些行业，如管理、研发和技术等领域，这些经验是难以替代的。老年劳动力通常拥有更好的工作习惯和忠诚度，这有助于企业减少员工流动率，提高组织效率。部分成员可能对新技术和新方法持开放态度，他们可以通过学习和适应来保持其技能的更新，从而推动技术创新。老年劳动力可能享有较低的工资要求，这可能为企业节约成本，提高企业的竞争力。老年劳动力通常拥有更广泛的社会网络和商业联系，这可以为企业的商业活动提供更多的机会和资源。

劳动力人口的老化虽然带来了诸如劳动力供给减少、生产率下降、创新和研发能力减弱等一系列挑战，但通过适当的政策调整和市场机制，这些挑

战可以转化为推动经济发展的积极因素。

首先，政府可以通过实施适当的劳动力市场政策来促进老年劳动力的再就业和职业培训，提高他们的技能和就业竞争力。例如，提供终身学习机会、灵活的工作安排和退休后再就业的支持，可以鼓励老年劳动力继续参与劳动市场。

其次，企业可以通过优化工作环境和提供适合老年劳动力的岗位来吸引和保留这部分劳动力。例如，实施弹性工作制、提供健康和安全的工作条件，以及提供与老年劳动力需求相匹配的工作岗位，可以提高他们的就业满意度和生产力。

此外，政府和企业还可以通过投资于老年友好型产业和技术来创造新的经济增长点。随着老年人口比例的增加，医疗保健、养老服务、休闲娱乐等领域的需求将增加，这为相关产业的发展提供了机会。同时，技术创新，如人工智能和机器人技术，可以提高老年劳动力的生产效率，减轻他们的体力负担。

最后，政府可以通过制定合理的养老金和医疗保障政策来减轻老年劳动力的经济压力，提高他们的生活质量。这不仅有助于缓解劳动力市场的老龄化压力，还能促进消费和经济增长。

二、东北劳动力人口老化的分析

东北三省近年来经济下滑与其劳动力总量下降密切相关。充足的人口储备和劳动力数量是长期的人口与经济发展问题。人口总量与经济社会发展的互动关系，一方面表现为人口规模的扩大可能制约经济发展，另一方面则表现为人口总量的回落可能导致劳动力短缺，从而制约经济发展。在东北三省人口总量持续下降的现实下，人口老龄化、劳动年龄人口减少等人口因素带来的新一轮人口总量与经济水平之间的不适应问题，可能会阻碍经济社会的进一步发展。

在东北三省，人口老龄化问题尤为严重，老年人口比例不断上升，而劳动年龄人口比例持续下降，这种人口结构的变化对经济发展产生了显著影响。具体来说，东北三省的劳动力总量下降主要体现在两个方面：一是劳动力人口老龄化的加剧，二是年轻劳动力人口的流失。随着 45 岁及以上高龄劳动力人口比重的上升，劳动生产率可能会受到影响，因为高龄劳动力人口在体能、学习能力和创新能力方面可能不如中青年劳动力。此外，年轻劳动力人口的流失不仅减少了劳动力市场的活力，还可能影响到技术更新和产业升级，因为年轻劳动力通常更具有创新精神和接受新技能的能力。同时，人口老龄化还可能导致社会消费结构和储蓄模式的变化，进而影响经济增长。随着老年人口比例的增加，消费需求可能会向医疗、养老等服务行业倾斜，而储蓄率可能会因养老需求而上升，这可能对经济增长产生一定负面影响。

首先，劳动年龄人口的减少导致劳动力市场供给不足，尤其是在制造业、建筑业等传统产业领域。这不仅影响了生产效率，还可能导致产业转移和就业机会减少。

其次，人口老龄化增加了社会保障和医疗保健系统的压力。随着老年人口比例的上升，对养老金、医疗和养老服务的需求可能会增加，这要求政府和企业增加对社会保障和医疗保健系统的投资，以满足老年人口的需求。

此外，人口老龄化还可能导致消费结构的变化。随着老年人口比例的提高，健康、休闲和娱乐等领域的消费需求可能会增加，这可能促进相关产业的发展。然而，如果消费需求增长速度慢于生产能力下降速度，可能会导致经济增速放缓。

为了应对劳动力人口下降和人口老龄化带来的挑战，东北三省需要采取一系列措施。

首先，东北三省应注重提高人口质量，通过教育和培训提高劳动力的技能和素质水平。政府可以加大对教育和培训的投资，提供更多的终身学习机会，以提高劳动力的适应能力和竞争力。同时，企业也可以通过提供培训和发展机会来提升员工的专业技能和能力。

其次，东北三省应积极应对人口老龄化，采取措施提高老年人的生活质量和参与度。政府可以通过提供更多的养老服务和支持措施，如养老金、医疗保健和社区服务，来满足老年人的需求。此外，政府和企业也可以通过提供适合老年人的工作机会和灵活的工作安排，来鼓励老年人继续参与劳动市场。

此外，东北三省还应通过优化人口结构和调整人口政策来应对人口老龄化。政府可以通过实施合理的生育政策来提高生育率，增加年轻劳动力的供给。同时，可以通过鼓励人口流动和吸引外来劳动力来优化人口结构，以缓解劳动力短缺的压力。

最后，东北三省还应加强人口与经济发展的协调，通过优化产业布局和推动经济结构调整来适应人口变化。政府和企业可以通过投资于高技术产业和创新领域，来提高生产效率和竞争力。同时，可以通过提供更多的就业机会和支持措施，来吸引和保留年轻劳动力。

总之，东北三省需要从人口高质量发展和积极应对人口老龄化的角度出发，采取措施来应对劳动力总量下降和人口老龄化带来的挑战。这包括通过提高教育水平、培训和再培训现有劳动力，以及吸引年轻劳动力回流等措施来提升劳动力的质量和数量。此外，还需要通过政策创新来促进产业结构调整和经济增长模式的转变，以适应人口结构变化带来的挑战。这需要政府、企业和整个社会的共同努力，以实现经济和社会的长期稳定发展。

第三节　流动劳动力人口的社会融合：一体化进程

劳动力有序转移是实现高质量发展、提高就业质量的内在要求，是劳动力市场削除利益藩篱、从不均衡向均衡调整的有效途径，也是提升劳动者市民化水平、推进家庭城镇化，进而改善民生的有机结合点。劳动力是特殊的生产要素，关系到社会发展、人民福祉，因此，劳动力市场一体化是市场一体化的重要组成部分。2020 年，我国流动人口规模进一步扩大到 3.76 亿，大量流动劳动力人口持续向东部地区尤其向东部特大城市集聚。城市作为流动人口的承载主体，仍然存在户籍制度阻碍、公共服务不均等问题，导致流动人口在就业、教育、住房、医疗、社会保障等方面的需求难以得到有效满足。他们虽然在城市地区有工作，但是受到户籍制度等方面的限制，往往处于飘而不落、流而不迁、迁而难居的状态。这既是我国城镇化发展质量难以提高的原因，也对流动劳动力人口本身的生存和发展不利。因此，如何有效促进流动劳动力人口的社会融合，加快推进流动劳动力人口市民化进程，既是对未来城镇化发展提出的要求，也是劳动力市场面临的重大挑战。未来只有尽可能解决这些问题，才能使流动劳动力人口在空间上稳定下来，实现长期居留，从而加快劳动力市场一体化进程，促进劳动力市场健康发展。

目前来看，劳动力市场尚未实现城乡层面的协同发展。这主要表现在：

一是区域城镇化率的差距导致劳动力流动不均衡，未达到经济学意义上的稳态。从国际标准来看，城镇化进程可以分为三个阶段，分别为初始阶段，即城市人口占比在 30% 以下；发展阶段，即城市人口占比为 30%—70%；饱和阶段，即城市人口占比大于 70%。根据这一划分标准、辽宁已经进入饱和阶段，吉林、黑龙江正处于从城镇化发展阶段向饱和阶段过渡的时期。

二是城镇化速度与城镇化质量之间存在不匹配现象。根据发达国家的城镇化经验，城镇化的发展可以分为土地城镇化、劳动力城镇化和家庭城镇化三个阶段。目前，我国已从土地城镇化阶段过渡到劳动力城镇化阶段，并正在向家庭城镇化阶段过渡。然而，在这一阶段，家庭城镇化中的关键问题，如住房保障和子女教育，尚未得到充分解决，这需要政府和社会各界的高度关注。

三是东北三省在吸纳劳动力方面存在差异，劳动力就业质量的差异显著。近年来，辽宁和吉林两省的人口流入态势呈现弱流入，黑龙江人口呈流出态势。粗放式的城镇化发展模式往往忽视了对流动劳动者的就业质量的关注，这不仅导致了劳动者收入差距的扩大，还造成了其工作不稳定和职业发展受限等问题。

为了应对这些挑战，东北三省需要采取一系列措施来优化城镇化发展模式，提升城镇化质量。区域劳动力市场的不平衡不充分发展，主要原因在于区域协同发展中的人力资本错配。因此，城乡一体化新阶段到来之后，需厘清区域经济发展、城乡公共服务均等化、劳动力流动等方面的关系。具体可以从以下几个方向发力：

首先，致力于家庭城镇化建设是实现市民化的有效路径。家庭一体化是实现流动者融入城市的前提，其背后的主要难题是公共服务的均等化。解决流动人口个人和家庭面临的教育、就医、养老等系列问题是实现家庭城市化的基本前提和保障。一方面，企业职工对新区与老城区社区管理协同效果的低预期以及现有的高水平市民化程度不匹配易出现问题。在教育方面，要推进义务教育一体化、高中教育普适化、高等教育均衡化发展；在医疗方面，不仅要在财物方面实现城乡均等化，还要在医疗人才配置方面实现城乡均等化。另一方面，结合三次收入分配调整，帮助流动人口及其家庭获得低成本保障住房、参与社区活动等更高层次的福利配置，是政府在未来需要关注的重点。

其次，以新经济、新业态下沉乡镇和去产能为契机，打造城乡衔接的生产链条是实现劳动力市场协同的有效手段。东北三省协同发展提供了重要的岗位资源，是劳动力从农村到城市转移的基础。"互联网+"、跨界综合管理等领域的工作具有工作地点和工作时间灵活的特征，这些行业的劳动者只需考虑基于地理空间的、间断性的跨区流动，借力新业态改变运输成本，实现城乡劳动力市场协同。

最后，继续推进城乡统一的户籍制度政策。一方面，通过户籍改革，促使长期在城市生活的农村劳动力及其家庭成员以就业和收入提升为目标，有序转移到城市。另一方面，通过剥离和转移附着在户籍上的各类差异化社会功能，让在农村生活的劳动者及其家庭分享共同富裕带来的福利。应采取自由、开放、统一的身份认定办法，使户籍成为方便办事、便于出行、迅速匹配城市圈劳动力需求的"通行卡"。

第四节　劳动力素质提升：智慧的力量

在探讨劳动力素质提升的议题时，我们首先需要认识到，我国劳动力人口的受教育水平尽管近年来有了显著的提升，但与实现经济高质量发展的要求间仍存在一定的差距。同时，与发达国家相比，我国劳动力人口素质也有待提高。例如，美国、日本和德国的 25 岁及以上人口平均受教育年限分别为 13.4 年、12.8 年和 14.2 年，而我国仅为 8.1 年，不仅低于世界主要发达国家，也低于世界平均水平。

根据表 6-4-1 的数据，我们可以看到 2010 年至 2019 年间，中国、日本、韩国、美国、德国、英国、法国、印度以及世界平均水平的 25 岁及以上人口平均受教育年限的变化趋势。在这十年间，中国的平均受教育年限从 2010 年的 7.3 年增长至 2019 年的 8.1 年，这表明中国在提升劳动力人口的教育水平方面取得了显著进步。然而，与发达国家相比，中国的平均受教育年限仍然较低。例如，2019 年，美国的平均受教育年限为 13.4 年，德国为 14.2 年，而中国的 8.1 年远低于这些国家的水平。日本、韩国、美国、德国等发达国家的平均受教育年限普遍较高，且在这十年间保持相对稳定。这些国家的高教育水平反映了其劳动力市场的高竞争力和高创新能力。值得注意的是，印度的平均受教育年限在这 10 年间也有所增长，但总体上仍低于世界平均水平，这可能与其人口基数大、教育资源分配不均等因素有关。

表 6-4-1 2010—2019 年主要国家 25 岁及以上人口平均受教育年限

（单位：年）

年份	中国	日本	韩国	美国	德国	英国	法国	印度	世界平均
2010	7.3	11.5	11.6	13.3	13.8	13.2	10.9	5.4	7.9
2011	7.4	11.8	11.8	13.4	13.8	13.0	10.9	5.3	8.0
2012	7.5	12.0	11.9	13.4	13.9	12.9	11.0	5.5	8.1
2013	7.5	12.2	12.0	13.3	13.9	12.6	11.2	5.8	8.1
2014	7.6	12.5	12.1	13.3	14.0	12.7	11.4	6.0	8.2
2015	7.7	12.5	12.1	13.3	14.1	12.8	11.5	6.2	8.3
2016	7.8	12.7	12.2	13.3	14.1	12.9	11.4	6.4	8.4
2017	7.8	12.8	12.2	13.4	14.1	12.9	11.4	6.5	8.4
2018	7.9	12.8	12.2	13.4	14.1	13.0	11.4	6.5	8.4
2019	8.1	12.8	12.2	13.4	14.2	13.2	11.5	6.5	8.5

资料来源：根据联合国开发计划署人类发展指数数据库相关数据整理。

　　人力资本是经济增长的关键投入要素，提高劳动力人口素质能够通过影响人力资本积累作用于经济增长。具体来看，劳动力人口素质提高有助于提升劳动生产率、增强技术创新能力。在当前全球技术革命和产业变革蓬勃发展的大背景下，劳动力人口素质提高能够为我国转变经济发展方式、推动产业结构升级提供支撑，是我国经济高质量发展的必然要求①。尤其是近年来我国的产业价值链不断向高端环节转移，一些基于信息和知识

---

① 王小鲁，樊纲，刘鹏.中国经济增长方式转换和增长可持续性［J］.经济研究，2009,44（01）:4—16.

的生产性行业需求不断增加，就业岗位正面临从低技能、中低技能向更高技能水平的转变，越来越需要受教育水平更高且具备更高专业技能的劳动力资源。

因此，提升劳动力素质，特别是通过教育、培训和技能提升，对我国实现经济高质量发展具有重要意义。本节探讨了劳动力素质提升的途径和策略，包括教育体系的改革、终身学习机制的建立、技能培训和再培训的加强等方面。通过深入分析劳动力素质提升的重要性，我们期望能够为我国未来的经济发展和劳动力市场发展提供有益的启示。总体来看，相关数据表明，虽然中国在提升劳动力人口的教育水平方面取得了进步，但与发达国家之间仍存在一定差距。为了实现经济的高质量发展，中国需要继续加强教育体系建设，提高劳动力人口的整体素质。同时，通过终身学习机制的建立和技能培训，进一步提升劳动力市场的竞争力和创新能力。

第七章

东北三省：人口与经济的协调发展

人口是经济社会发展的内在动力，也是经济社会发展得以实现的基础条件和最终目的。本章从把握东北三省人口数量、人口流动、年龄结构、教育水平等人口因素的变化规律和特点出发，全方位、多视角解读东北三省人口与经济社会协调发展的重要内容。

第一节　东北人口的深度解读

一、人口总量在峰值后逐年下降

根据"七普"最新数据，辽宁省全省人口 10 年共减少 2.64%，年平均增长率为 −0.27%；男性占比 49.92%，女性占比 50.08%，总人口性别比由 2010 年的 102.54 降为 99.70。吉林省全省人口 10 年间共减少 12.31%，年平均增长率为 −1.31%；男性占比 49.92%，女性占比 50.08%，总人口性别比由 2010 年的 102.67 降为 99.69。黑龙江省全省人口 10 年共减少 16.87%，年平均增长率为 −1.83%；男性占比 50.09%，女性占比 49.91%，总人口性别比由 2010 年的 102.85 降为 100.35。

"五普"至"七普"期间东北三省人口总量与总人口占全国人口比重的变

化中，东北三省的人口总量均在 2010 年与 2011 年达到顶峰，此后开始呈现出逐年下降的趋势，且吉林省与黑龙江省的人口下降速度正在逐年加快（详见图 7-1-1）。同时，从东北三省人口占全国人口比重上来看，辽宁省在 2011 年前呈现出反复震荡的变化趋势，而在 2011 年后则开始逐步下降，其比重由 2000 年的 3.30% 下降至 2020 年的 3.02%。而吉林省与黑龙江省在 2000 年以后，其比重一直呈现出逐年下降的趋势，且在 2010 年之后，下降幅度进一步加大，两省的比重分别由 2000 年的 2.12% 与 3.00% 下降至 2020 年的 1.70% 与 2.26%。

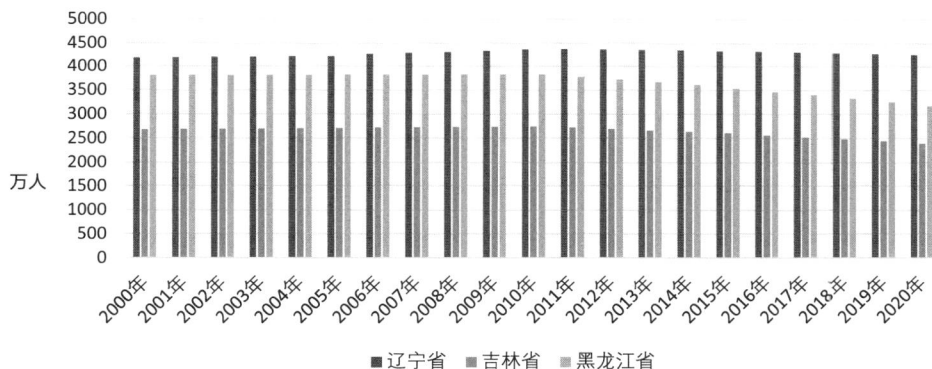

图 7-1-1　东北三省"五普"至"七普"间人口总量变化情况
资料来源：历年全国人口普查数据，国家统计局。

与此同时，"五普"至"七普"期间，东北三省人口性别构成的变化呈现出男性在总人口中的比重在持续下降，女性比重则在稳步提升，人口性别比的均衡状态在逐年改善。在"七普"的最新数据中，女性在辽宁省与吉林省总人口中的比重已经超过了男性，且东北三省的人口性别比差距均保持在 0.3% 左右，人口性别比呈现出较为均衡的状态。

二、人口增长趋势呈现负向变动

从图 7-1-2 来看，全国的人口自然增长率在 2014 年为 6.71‰，但 2015 年起开始出现负增长，到 2022 年下降至 -0.6‰。这表明全国范围内人口自然增长的趋势正在发生转变，人口增长速度正在减缓。具体到东北三省，辽宁省的人口自然增长率在 2014 年为 0.26‰，但在 2015 年转为负增长，2022 年达到 –4.96‰；吉林省的人口自然增长率在 2014 年为 0.4‰，2015 年开始下降，2022 年达到 –4.07‰；黑龙江省的人口自然增长率在 2014 年为 0.91‰，2015 年开始出现负增长，2022 年达到 –5.75‰。

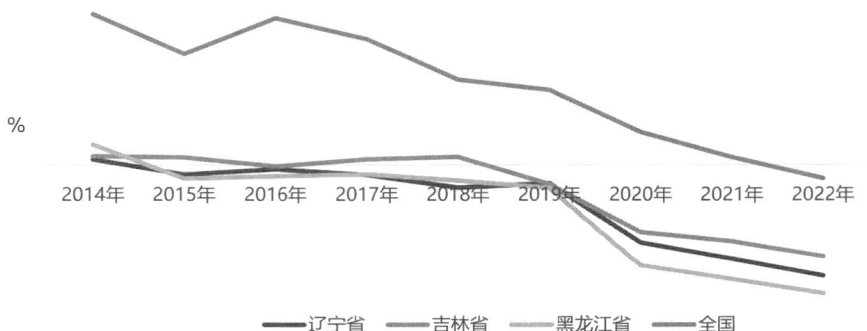

图 7-1-2　东北三省及全国 2014 年至 2022 年间人口自然增长率变化情况
资料来源：国家统计局。

这些数据显示，东北三省的人口自然增长率 2015 年以来持续负增长，且降幅较大。这一趋势反映了东北地区人口老龄化和生育率下降的问题，该问题对区域经济发展和人口结构产生了重要影响。随着人口自然增长率的持续下降，东北地区可能面临劳动力短缺、人口老龄化加剧等挑战。

与此同时，东北三省流动人口的规模正在快速扩大，其中，吉林省与黑龙江省在 10 年间人户分离人口的规模增长率均超过了 100%，综合前文的人口年平均增长率来观察，可以认为东北三省的人口外流规模正在逐步加大。

第二节　人口与经济协调分析：寻找平衡之道

　　人口与经济的协调发展是区域可持续发展的重要保障。本节将深入分析东北三省人口与经济之间的协调关系，探讨如何在人口变化趋势中寻找经济平衡发展之道。我们将从人口总量、当代老年群体发展新特点与新需求、人口红利等多个维度入手，分析人口因素对东北地区经济发展的影响。同时，本节还将提出促进人口与经济协调发展的策略和建议，为东北三省的未来发展提供理论支持和实践指导。通过深入分析人口与经济协调发展的内在规律，本节旨在为东北三省的经济社会发展提供有益的启示，推动东北地区的经济转型和可持续发展。

一、人口总量逐年下降制约区域经济长期发展

　　国内外相关研究表明，区域的经济发展与其人口总量存在着直接相关关系。东北三省的人口总量呈现逐年下降趋势，同时人口老龄化程度持续上升，这使得东北三省难以将生育率维持在更替水平以上，从而对人口的长期均衡发展构成负面影响。此外，东北三省的流动人口规模不断增长，劳动力外流现象普遍，进一步体现出人口问题的加剧。劳动力总量的下降和人口外流的双重影响，对东北三省的经济发展构成了显著制约。

　　通过对比东北三省国民经济总量在全国中的比重，可以明显看出近年来东北三省的经济发展水平呈现出下降趋势，这一趋势与人口总量占全国人口的变化趋势相似，且下降幅度更大。虽然东北三省经济总量的下降受多种因素影响，但从经济社会可持续发展的角度来看，充足的人口储备和劳动力数量是长期的人口与经济发展问题。人口总量与经济社会发展之间的互动，既可能因人口规模的扩大而促进经济发展，也可能因人口总量的下降和劳动力短缺而制约经济发展。在东北三省人口总量持续下降的背景下，人口老龄化、劳动年龄人口减少等问题加剧了人口总量与经济水平之间的不适应，进而阻碍了经济社会的进一步发展。

二、重视当代老年群体发展的新特点与新需求

随着社会经济的发展和生活水平的提高，当代老年群体具有新的特点和需求，这些变化需要得到更多的关注和重视。首先，现代老年人已经不再是传统观念中保守和落后的代表，他们越来越乐于接受新鲜事物，对摄影、修图、短视频以及智能设备等新兴事物表现出了极大的热情和接受度。这一趋势表明，老年人群体的消费潜力不容小觑，他们有望成为推动新兴市场和产业发展的关键力量。

然而，老年人在使用包括智能设备在内的硬件和软件时，可能会遇到一些困难，这要求产品在设计和使用过程中要考虑到老年人的特点，提供更加适合他们的功能和模式。我们应该认识到，老年人群体不是社会的负担。

一方面，老年人群体将成为新兴产业和市场的潜在用户和推动者。随着收入水平的提升和生活观念的转变，他们的消费能力和意愿也在增强，未来将成为消费市场的重要力量。另一方面，老年人群体本身也具有成为优质劳动力的潜力。尽管他们在体力、脑力和创造力方面可能不如年轻人，但他们的经验丰富，能够应对复杂情况，具有更广阔的视野和更深入的洞察力。在一些需要长期经验和专业技能的职业领域，如教育、医疗和科研等，老年工作者的经验和技能是极其宝贵的。

对于东北三省而言，如何充分激活老年群体的发展潜力，形成新的经济社会发展机遇，是一个值得深思的问题。这不仅需要对现有社会环境和产品进行适老化改造，还需要推动包括银发产业、健康产业和医疗产业在内的相关产业快速发展。同时，老年人群体与年轻工作者的合作和交流，可以有效提升工作效率和质量。总之，老年人群体的新特点和新需求，为经济社会发展提供了新的机遇。通过关注和满足这些需求，我们可以将老年人群体转化为推动社会进步的重要力量。东北三省应积极探索如何充分利用这一机遇，推动经济社会的可持续发展。

三、人口红利由劳动力价格优势向人才红利新形式转变

人口年龄结构是长期人口自然增长和人口迁移综合变动的结果，它不仅

关系到未来人口的发展速度、规模、类型和趋势，而且对社会经济发展具有重要作用。东北三省的人口老龄化水平与增速远高于全国平均水平，这使其较早地进入了人口老龄化与人口低生育率的状态。

这种人口老龄化与"少子化"的叠加，直接导致了劳动力进一步呈现相对稀缺的状态，劳动力无限供给的"人口红利"时代结束，劳动力密集优势弱化，产业结构需向资本和技术密集型升级转变。这种转变意味着，东北三省需要从依赖传统的以数量为主的人口红利，转向依托以质量和素质为核心的新人才红利。

进一步从人口红利的角度观察，东北三省虽然失去了传统的以数量为主的人口红利，但同时也孕育了一批高水平、高素养的劳动力，特别是工程师群体和高素质产业工人群体。此外，还形成了一批拥有一定消费能力、乐于接受改变并拥抱创新的消费者群体，这些群体从供给侧和需求侧共同推动着东北三省的产业结构不断优化升级。当东北的产业升级发展与国内外双循环形成对接与联动时，这些群体将成为东北三省最为重要的战略资源与比较优势。可以说，这是在新时代高质量发展背景下，东北三省所拥有的新人才红利。

因此，东北三省需要充分利用这一新人才红利，推动产业结构升级，培育新兴产业，提高整体竞争力。同时，还需要通过教育和培训，进一步提升劳动力素质，以适应新时代经济发展的需求。通过这些措施，东北三省可以实现从依赖传统的人口红利向依托新人才红利的转变，为区域经济发展注入新的活力。

第八章

东北振兴：劳动力就业的新篇章

随着人口结构的转变，劳动力就业问题成为一个受到社会关注的重要话题。由于人口老龄化问题的显现，劳动力短缺的影响在部分地区已经出现，而且有逐步加剧的趋势。在经济增速放缓与区域差距不断扩大的背景下，现阶段的就业形势面临着诸多压力，要求我们必须深入分析就业领域面临的挑战和风险，为"稳增长"和"促就业"提供切实有效的政策建议。

第一节　人口与就业关系：劳动力供求平衡

东北三省作为中国重要的老工业基地，其人口与就业关系对于区域经济社会发展具有重要意义。本节从人口总量变动与就业关系的角度出发，深入分析东北三省劳动力供求平衡的状况。我们将探讨人口总量变动对就业市场的影响，包括劳动力供给和需求的变化趋势，以及如何通过政策调整和市场机制来促进劳动力供求的平衡。

一、人口总量变动与就业关系

随着计划生育政策逐步推开、经济改革和人均收入水平的提高，经济因素和政策因素对家庭的生育意愿和生育行为影响越来越大。东北三省人口出生率一直保持下降的趋势，特别是在人口城市化进程中，大量农村人口和劳动力向城市迁移进一步加速了人口转变进程。自 20 世纪 70 年代以来，东北三省在城乡全面执行计划生育政策，人口数量得到了有效的控制。之后东北三省的人口缓慢增长，并且根据人口预测结果，三个省份的总人口数量缓慢回落，到 2050 年将分别减少到 4270 万人、2812 万人和 3764 万人，同 2025 年相比分别减少 266 万人、142 万人和 206 万人。这一人口增长趋势在一定程度上将增加劳动力的供给数量。人口增长对劳动力供给的影响存在一定的滞后期，这是因为一个新生儿成长为劳动力人口需要大约 15 年至 20 年的时间。因此，劳动力的供给并不会立即受当前人口自然增长的影响，而是受 15 年至 20 年前人口自然增长的影响。

随着经济发展水平的提高，青年人口接受正规教育的年限不断延长，进入劳动力市场的年龄也有提高的趋势。这意味着人口增长对劳动力供给的影响滞后期也在延长。根据预测结果，东北三省的城镇劳动力人口在没有人口城乡迁移的情况下，将呈现递减的发展趋势。例如，到 2050 年，辽宁省城镇劳动适龄人口预计将减少到 951 万人，共减少 631 万人；吉林省城镇劳动适龄人口预计将减少到 560 万人，共减少 384 万人；黑龙江省城镇劳动适龄人口预计将减少到 773 万人，共减少 541 万人。人口增长对劳动力需求的影响要比对劳动力供给的影响复杂得多。在一个竞争性的劳动力市场上，劳动力的价格即工资能比较有效地反映劳动力的供需状况。就近期而言，因人口增长所带来的劳动力供给增加会造成工资水平的下降，或者说劳动力相对于资本等其他生产要素来说变得更加便宜，这种变化会鼓励生产者更多地采用劳动密集型生产技术，增加对劳动力的需求。当然如果由于劳动力市场不完善，工资对劳动力供需状况的变动不敏感，这种情况就会阻碍劳动力替代其他要素的效应。就中远期而言，人口增长非常缓慢甚至出现下降，人口的年龄结构不断老化，人口的赡养率也相应地不断上升，就业者的社会负担会变得越来越重，由此引起的劳动力成本上升也会对劳动力需求产生负面影响。

人口总量变化对劳动力需求的影响较难量化，而且存在很大的不确定性，因此其对劳动力供给的影响很大。从总体形势看，近期三个省份由于人口基数较大，仍然拥有较大的人口总量，这虽然为东北地区经济的发展提供了丰富的人力资源，但同时也为劳动就业带来了沉重的压力。2015年以前，东北三省劳动力基本上供过于求，还会存在大量的失业人口，高峰时失业率会接近10%；而2020年以后，由于劳动适龄人口的减少，三个省份劳动力供求关系发生了根本性的逆转，出现了劳动力供不应求的局面。在高经济增长低劳动参与率的情况下，三个省份的劳动力在2050年有可能具有数以百万的供求缺口，这种非均衡的劳动力供求关系对未来的人口发展战略提出了新的要求。稳妥而适度地调整人口政策，有利于延缓人口老龄化发展趋势，保持人口结构优势，促进劳动力供求的平衡，为经济持续高速增长提供人口保障。

总之，东北三省人口转变形成的非均衡劳动力供求关系客观上要求未来的人口发展战略做出适当的调整，应兼顾劳动力在各个时期的供求关系，一方面要在合理的范围内放宽生育政策，在避免出现人口总量反弹的情况下提高现期的生育水平，这样既不会加剧近期的劳动力供求矛盾，又能增加20年后的劳动适龄人口，从而在一定程度上缩小劳动力供给的缺口；另一方面要更加注重人口质量水平的提高，延长劳动适龄人口身处劳动者队伍的时间，这样既平抑了近期就业的失业率高峰，又改善了中远期的劳动力质量，在缓解近期就业压力的同时，提高未来劳动力的技能水平，适应产业结构调整的需要和劳动力短缺的经济现实，从而促进劳动力供求关系的长期均衡。

二、人口年龄结构变动与就业关系

人口转变形成的年龄结构大体分成三个阶段，其特征分别表现为高少儿抚养比、高劳动适龄人口比重和高老年抚养比。东北地区生育率的急剧下降与平均预期寿命的提高使未来人口的年龄结构相应发生变化，表现为老龄化趋势明显，以及劳动适龄人口相对和绝对数量的减少。此外，还应该注意到，东北三省人口老龄化的发展趋势使劳动力本身的年龄结构也出现了老龄化的倾向。东北三省未来的劳动力结构偏向老化，这会对劳动力供求结构的平衡产生不利的影响。一般来说，老年劳动力学习新技术、新知识的能力和热情不如年轻劳动力，体力和记忆力也不如年轻人。在产业结构调整中，往往是传统的产业和技术遭到淘汰，不断引进新的技术手段和工艺，对劳动力的需求也主要是中青年劳动力。特别是在一个社会的产业结构快速转型时期，对有技术有文化的青年劳动力的需求旺盛，而文化程度低、掌握的技术又比较陈旧的老年劳动力将会过剩。可见，东北三省未来的劳动力供给不仅会在数量上出现短缺，也会在结构上出现失衡。

总之，东北三省近期正处于劳动适龄人口比重高的人口红利期，劳动力的充足供给促进了经济的快速增长，但同时也形成了劳动力供过于求的局面，导致就业问题比较严峻。随着人口转变快速完成，东北地区人口结构的优势趋于减弱。劳动力供给压力逐渐减小甚至消失，而劳动力需求随着经济增长和产业结构调整不断增加。结果，劳动力供给已经不能满足经济发展的需要，过去看似无限的劳动力供给形势将发生根本性的转变，劳动力的无限供给能力将逐渐消失。而且劳动力的数量短缺又和年龄结构老化并存，使得中远期的劳动力供求关系在数量和结构上都将出现失衡。因此，人口转变的快速完成，形成了近期供过于求和远期供不应求的非均衡劳动力供求关系，这主要是由生育水平快速下降形成的不合理人口结构造成的。

第二节　产业结构调整与就业：变革中的机遇

在知识经济的时代背景下，经济社会的发展已经从依赖物质资本的投入转变为依靠人力资本的投入，这要求经济的可持续发展必须以高质和足量的人力资本作为支撑。仅仅拥有人力资本是不够的，必须建立产业结构和劳动力就业的有效组合，才能实现经济的高效运行，从而促进经济社会的持续发展。

在工业化的不同发展阶段，其产业结构也会有所不同。产业结构与需求结构的适应程度通常是衡量产业结构是否合理的一个标准。产业结构完全适应需求结构的状态是不存在的，两者之间总是存在一定的偏差。产业结构的偏差意味着产业资源配置和再配置的改变存在时滞，产业结构只有当与需求结构严重背离时，才被称作畸形的产业结构。产业结构升级优化实质上是一个动态调整的过程，包括结构偏差、结构协调、结构再偏差、结构再协调的循环。

东北三省的产业结构与标准模式相比较，第一产业产值构成落后于标准产业结构，而在劳动力就业构成中占的比重过大；第二产业产值构成优于标准产业结构，但在劳动力就业构成中占的比重不足；第三产业发展滞后于标准产业结构，在劳动力就业构成中占的比重也不足。这表明东北三省的经济发展水平虽然大体相当于工业化中期阶段，但产业结构和就业结构并不合理。因此，东北三省应转向大力发展第一产业和第三产业，并将第一产业的剩余劳动力向第二产业和第三产业转移，以实现产业结构的优化和就业结构的改善。

东北三省需要采取一系列措施，包括：优化农业结构，提高农业产值和效率，促进农村劳动力向非农产业转移；加强第二产业的技术改造和升级，提高劳动生产率，吸引更多劳动力就业；加快第三产业特别是服务业、文化创意产业等的发展，提供更多就业机会。通过这些措施，可以促进产业结构的优化升级，实现经济的高质量发展。

从理论上讲，产业结构与劳动力就业结构的变迁应当是一致的，即各产业相应比例的劳动力或人力资本应创造相应份额的产值增加值。但事实并非如此，在产业结构升级过程中，地区生产总值产业结构的变动首先发生，并由此带动劳动力产业结构及其他结构的优化升级。一般地，人力资本结构错位表示劳动力产业结构、人力资本存量结构滞后于地区生产总值产业结构的幅度。它表明人力资本配置没有随产业结构的变动保持均衡，存在着人力资本配置上的浪费与失衡。

劳动力产业结构变动与就业之间存在着密切的联系，克拉克、库兹涅茨、钱纳里等经济学家的研究对此做了充分的验证。劳动力产业结构的协调发展会带来经济增长速度的加快和新兴行业的发展，从而导致就业需求增加、社会福利增大；如果劳动力产业结构分布不符合产业结构发展趋势，就出现劳动力短缺和劳动力剩余并存的矛盾现象，引发失业。产业结构的状况会影响劳动者的就业选择，产业结构的变化会带来劳动者就业结构的变化；反之，劳动者就业结构是否适应产业结构的要求、是否随产业结构的变化而变，也是影响产业发展水平的重要因素。二者间的互动关系直接影响了劳动力就业数量和就业水平。

20 世纪 80 年代以来，东北三省劳动力就业结构趋势符合工业化时期产业结构与就业结构变动的客观规律。根据产业结构和就业结构协调度的分析结论，东北三省劳动力产业结构在 1998 年前后变动趋势出现异常，其直接影响是东北三省第二产业劳动力快速释放到第一产业和第三产业。这验证了东北三省产业结构与就业结构变迁中二者不协调状态下所出现的扭曲就业结构转变特征。1999 年之后，劳动力就业结构处于"扭曲"之后的恢复阶段。三大产业在经历劳动力产业结构异常化扭转之后，就业比重基本符合世界各国劳动力产业结构发展规律。从远期来看，东北三省劳动力产业结构发展趋势必然与地区生产总值产业结构的发展相协调。

从东北三省各省份情况来看，三大产业结构与劳动力就业结构协调度不高，与发达国家和地区仍然有一定的差距。三大产业结构运行质量及调整升级状况尚未成熟。二元经济结构的传统束缚还在，农业劳动生产率非常低，农业产业化程度还处于初始阶段，同时偏离度也反映出第一产业所占劳动力比重大。根据配第—克拉克定理，第一产业的发展趋势将是大力提高产业化程度，转移大量剩余劳动力；第二产业在当前产业结构调整升级的过程中，经过激烈扭转之后，无论从产值比重还是从就业比重看都基本符合世界发展规律；第三产业是当前经济发展的主体和吸纳就业能力最强的产业，东北三省第三产业虽然近几年发展速度提升，但较发达地区仍然处于弱势，没有发挥出第三产业吸纳劳动力的优势，对于解决第二产业隐性失业显性化之后所产生的失业问题力度仍显不足。

产业结构与劳动力就业结构之间的协调程度直接关系着区域经济增长健康发展程度。考虑到东北重工业转型带动的劳动力就业结构剧烈变迁所带来的影响还需要随着经济发展和产业结构的优化升级逐渐消除，这要求人力资本数量及配置结构随产业结构调整与之相适应，实现产业结构调整中产业资源配置与人力资本配置的高契合度和高效率。

目前，辽宁省劳动力产业结构优化水平要优于东北三省的其他两个省份。劳动力产业结构水平的高低直接体现在劳动力在各产业间的分布状况，不但反映了各产业间、各产业内的比例关系即产业的构成情况，还反映出产业结构的变动状况和效益情况。产业结构的发展也同样受到劳动力的数量和质量影响。纵观经济的发展历史，三次产业是在不同的历史阶段依次出现的，包括劳动力在内的生产要素的内容也随之不断发展和丰富。在第一产业占主要地位的农业经济时代，土地和劳动力是最重要的；在第二产业占主要地位的工业经济时代，资本是最重要的；在第三产业占主要地位的后工业化时代或知识经济时代，以技术、信息为主要内容的知识性因素成为最重要的生产要素，而技术、信息只有实现与劳动者的紧密结合，即只有劳动者掌握了技术和信息，才能成为生产要素。就业结构是由产业结构决定的，产业结构构成了就业结构的物质基础，决定着就业结构和就业总规模。产业结构的调整变动一定会导致就业结构的转换变动，而产业结构调整的完成有赖于就业结构调整的完成，必然要经历劳动力再培训、劳动者结构性失业、结构性转岗等复杂长期的过程。

总之，东北三省的劳动力产业结构正经历着显著的变化，这一趋势迫切要求对未来发展战略进行相应的调整。关键在于加速产业结构的高级化与合理化，确保劳动力人口在数量和质量上与产业结构的转型升级保持同步。在此过程中，劳动力群体的整体素质成为推动产业结构良性发展的核心因素。随着经济的持续发展和产业结构的逐步演变，劳动力群体是否能够适应这些变化，取决于他们的素质和技能水平。如果劳动力能够满足市场需求，具备创新和适应能力，他们不仅能够推动新产品的开发，还能在就业市场中保持竞争力。相反，如果劳动力无法适应产业结构的变化，缺乏必要的技能和知识，他们可能会面临被市场淘汰的风险，从而面临失业问题。因此，对劳动力产业结构的及时引导和调整至关重要。这要求提高劳动力的技能和素质，使他们能够满足产业结构调整的需求。通过这种方式，可以促进劳动力产业结构与经济产业结构的均衡发展，确保经济的可持续增长和社会的稳定。这不仅需要政府的政策支持和引导，还需要企业、教育机构和劳动力本身的积极参与和努力。

第三节　经济增长与就业：繁荣的背后

经济增长与就业之间的关系是经济学研究的一个重要领域，其中"奥肯定律"是一个经典的发现。该定律最初由美国经济学家阿瑟·奥肯提出，他通过对美国的数据进行分析，发现失业率的变动与实际国内生产总值增长率和潜在国内生产总值增长率之差之间存在稳定的经验关系。具体而言，失业率的变动与实际国内生产总值增长率超过潜在国内生产总值增长率的程度成反比，即实际国内生产总值增长率每超过潜在国内生产总值增长率 2 个百分点，失业率就下降 1 个百分点，反之亦然。这一发现为理解经济增长与就业之间的关系提供了一个实用的转换方法，并在许多发达国家得到了验证，成为经济学中的一个重要经验规律。

然而，随着更多实证研究的展开，奥肯定律也面临着挑战。例如，莫雷诺·加尔维斯和卢万·拉纳弗在 2004 年的研究中指出，欧洲经济在过去 30

年中显示出失业率上升、工资上升和生产率增长速率下降的特点，经济增长与失业之间的关系并不明显。卡维列罗和哈穆在 1997 年对法国的研究中也发现，经济增长与失业之间只有弱相关关系，存在经济"无就业增长"的情况。祖尔克弗莱·奥斯曼在 2002 年的研究中观察到，马来西亚在第一个经济发展五年计划期间，尽管经济增长迅速，但并未带来失业率的下降。泽尔格在 2002 年对英国的研究中则发现，经济增长与失业之间存在显著的正相关关系。宋小川在 2004 年的研究中认为，经济中出现"无就业增长"的情况主要是由于劳动力市场无法实现动态均衡，而劳动力市场的工资刚性是失业与高劳动生产率并存的一个重要原因。[①]

这些研究表明，经济增长与就业之间的关系可能比奥肯定律所描述的要复杂得多，受到多种因素的影响，包括劳动力市场的结构、政策环境、技术进步等。因此，理解经济增长与就业之间的关系需要更深入的分析和更广泛的视角。

一、奥肯定律适用性分析

研究发现，"奥肯定律"在东北地区乃至全国的经济现实中存在两个主要的前提条件问题，这些问题主要涉及经济体制和失业率统计方法两个方面：

（一）奥肯定律基于一元经济体的假设

奥肯定律是在成熟的一元经济体中得出的经验规律，其有效性建立在一元经济结构的假设之上。在一元经济中，劳动力在不同部门的边际产出差异较小，因此劳动力的部门间转移对总产出的影响不大。此外，如果技术水平保持恒定，劳动力投入与总产出之间的关系相对稳定，就业与失业之间的对应关系也相对严格。在总劳动力数量不变的情况下，就业的增加通常意味着失业的减少。然而，东北地区表现出典型的二元经济特征，劳动力在农业和非农业部门之间的边际产出差异巨大。在总劳动力数量不变

---

① 宋小川.无就业增长与非均衡劳工市场动态学［J］.经济研究，2004（07）.

的情况下，劳动力在不同部门之间的转移会给产出带来显著影响，就业变化与失业变化不再严格对等。此外，当前的失业率统计主要关注城镇失业率（实际上只反映了非农部门的失业情况），而在农业部门存在大量剩余劳动力的情况下，非农业部门就业的变化与城镇失业率的变化之间的对应关系变得微弱。如果大量劳动力从农业部门转移到非农业部门，即使城镇失业率保持不变甚至上升，非农业部门的就业率也可能大幅增长，从而推动国民经济的总产出显著增加，这就在一定程度上切断了总产出变化与城镇失业率之间的关系。

（二）奥肯定律建立在劳动力稀缺的人口条件之上

通常情况下，劳动力供给水平对就业率的变动具有重要影响。在其他条件不变的情况下，当劳动力供给充足，其增长速度超过就业人口增长速度时，就业的增加并不一定导致就业率的提升；相反，伴随就业增加的可能是失业率的上升。通过对比美国的劳动力和就业数据，可以发现 1947 年至 1960 年间，美国处于劳动力稀缺阶段。在这段时间里，除了 1949 年和 1958 年等少数年份外，美国的就业人数增长远远超过了劳动力数量的增长。因此，其经济增长带来了就业率的正向变化趋势。

然而，在东北地区，随着计划生育政策的逐步实施、经济体制改革的推进和人均收入水平的提升，经济和政策因素对家庭的生育意愿和行为产生了显著影响，人口出生率持续下降。在人口城市化的过程中，大量农村劳动力向城市迁移，进一步加快了人口转变的进程。目前，东北地区正处于劳动适龄人口比重较高的人口红利期，劳动力的增长速度基本上超过了就业人口的增长速度。

（三）奥肯定律建立在真实失业的统计基础之上

在奥肯定律中，失业率的统计是基于真实和准确的失业人员定义，即指在一定年龄以上、短期内无工作、有能力工作并正在积极寻找工作的人群。相比之下，城镇登记失业率所统计的失业人员范围较窄，主要是指非农业户口、处于劳动年龄、有劳动能力、无业并已在当地就业服务机构登记求职的人员。这种统计方法往往低估了实际失业情况。国家统计局的失业统计仅包括那些在就业服务机构正式登记的失业人员，而未登记的失业者则未被纳入统计。此外，这些统计数据还没有包括企业的下岗职工。随着下岗失业人员逐渐转为公开失业人员，下岗人数的减少并不意味着失业问题的解决，因为登记失业人数可能会增加。

因此，城镇登记失业率并不能真实反映就业状况，也不能准确衡量就业形势的好坏。财富分配是评价国民生产总值质量的一个重要因素，而失业率又是衡量财富分配公平性的关键指标之一。然而，中国目前仅有登记失业率，缺乏真实的失业率数据。更严重的问题是登记失业率的低估现象。一方面，它没有涵盖农民和进城务工人员，无法反映大量农村人口的失业情况；另一方面，它不仅遗漏了城镇下岗失业人员、未就业的大学生以及外来城镇人口，而且将统计的年龄上限设定为男性 50 岁、女性 45 岁，这也导致了一部分失业人口的漏计。可见，两个假设前提与东北三省甚至是全国的经济现实相背离，主要原因就在于将城镇登记失业率作为衡量就业的指标。首先，在二元经济体制下城镇登记失业率仅仅反映的是城镇失业水平，而不能测量农村劳动力闲置与利用情况，不能反映出区域总体的就业水平；其次，就城镇登记失业率本身而言，它仅仅反映城镇登记失业人员状况，隐性失业者以及非正规就业人员的状况均不能得到体现，因此也就不能准确地衡量城镇真实就业水平。

尽管存在上述问题，但奥肯定律在东北地区乃至全国范围内仍然具有一定的适用性。

首先，奥肯定律的核心在于分析经济增长偏离潜在增长率的程度如何影响失业率偏离自然失业率的程度，只要自然失业率是基于城镇登记失业率来测算的，就能保持失业统计的一致性，从而可以分析就业与经济增长之间的关系。即使城镇登记失业率与真实失业率之间存在偏差，这对分析结果的影响也相对有限。

其次，尽管在二元经济结构下，城乡劳动力市场存在一定程度的分割，劳动力流动受到阻碍，城乡就业与失业状况存在差异，但如果统一测算城乡总体失业水平，则可能违背经济发展的实际情况。实际上，随着城市化进程的推进，大量农村劳动力正在以各种方式进入城镇劳动力市场，因此城镇失业率在一定程度上也能反映出农村劳动力的利用情况。

总的来说，奥肯定律虽然在发达国家经济发展中得到验证，但在东北三省乃至全国范围内，它仍然可以作为分析经济增长与就业关系的一个经验模型。

二、奥肯定律受限的原因分析

东北地区经济增长未能带动就业增长的原因主要包括以下几点：

首先，所有制结构的调整导致隐性失业显性化。东北地区因其独特的地理位置和资源优势，成为中国重要的重工业基地，同时也是国有企业集中地。在所有制结构调整中，国有企业的调整力度最大。在20世纪90年代后期，随着职工大规模下岗和失业，国有企业中普遍存在的冗员问题得以暴露。这些冗员在计划经济时期被隐藏在企业内部，而在市场经济下，企业为了追求利润最大化，会根据工资等于边际劳动者的边际产品价值的原则来调整劳动力数量，从而理性地减少这些冗员，使得隐性失业显性化。由于计划经济时期积存的冗员数量庞大，这些人员的下岗导致东北地区公开失业率不断上升。同时，由于这些冗员是边际产出为零甚至为负的无效就业人员，企业的减员并不会影响产出，反而可能因为效率提升而增加产出。因此，东北地区出现了经济增长与失业增长同时存在的情况，限制了奥肯定律的作用。

其次，在产业结构调整过程中，东北地区经济逐渐转向资本驱动增长模式，经济增长主要由资本增长推动的高投入带来。随着市场经济的逐步推进和计划经济的退出，第二产业吸纳新增就业的能力逐年下降。相比之下，第三产业在吸纳劳动力方面发挥了重要作用。劳动力从第一、二产业向第三产业的流动符合工业化进程，体现了劳动力资源和人力资本配置的基本规律。

因此，未来东北老工业基地的振兴将依赖于第三产业的发展。

再次，东北地区剩余劳动力向城市的转移加剧了城市就业压力。虽然农业生产率提高，农村仍存在大量隐性失业。近年来，由于农业生产产品单一和买方市场的影响，东北地区出现了粮食生产过剩和销售困难的现象。在农民持续增收困难的情况下，城乡可支配收入差距较大，形成了农村剩余劳动力向城市流动的强大动力。因此，东北地区的下岗职工再就业、农民工就业和大学生就业问题叠加，使得就业形势日益严峻。

三、总结

综上所述，东北三省目前正处于劳动适龄人口比例较高的人口红利期，劳动力供给的充足促进了经济的快速增长，但也导致了劳动力市场供大于求的局面，就业问题日益突出。随着人口结构转变的快速完成，东北地区的人口结构优势逐渐减弱，自2015年起，东北地区三个省份陆续进入了劳动力绝对和相对数量减少、老年抚养比增高的第三阶段。在这一阶段，劳动力供给的压力逐渐减轻甚至消失，而随着经济增长和产业结构调整，劳动力需求持续增加。因此，未来需要及时调整劳动力的这种失衡关系，同时考虑短期和长期目标，充分利用人口资源，实现人口、就业与经济的协调发展。

一方面，应合理调整经济增长模式，以缓解劳动力供求矛盾。经济增长是人口与就业协调发展的关键。虽然近期的经济快速增长创造了大量就业机会，但经济增长对就业的扩增能力较低，表现为就业弹性系数较小。为了在保持经济快速增长的同时增加就业，应采用劳动密集型的经济增长方式，优先考虑就业，最大化利用资源比较优势，充分发掘"人口红利"。这意味着相对于经济增长的就业弹性增加，即同样的经济增长率可以创造更多的就业机会。长期稳定的经济增长将不断增加对劳动力的需求，而劳动力供给将形成较大的缺口。在这种情况下，应采用集约型经济增长方式，加快物质资本的积累，提高资本形成效率，增强自主创新能力，促进技术进步，充分发挥技术进步对就业的挤出效应，实现让同样数量的劳动力创造更大价值的经济产出。

另一方面，应加大对人力资本的投资，延长劳动适龄人口的受教育年限。在未来 10 年内，由于人口增长的惯性作用，东北三省仍将面临严峻的就业形势，失业率可能达到 10%。如果在这一阶段坚持实施人口的科学发展观，加大对人力资本的教育投资，通过规范高等教育和发展职业教育来延长劳动适龄人口的受教育年限，提高劳动者的素质和技能水平，一来可以缓解近期的就业压力，减少失业人口；二来也会提高中远期的人力资本存量，在经济增长的过程中用人口质量来替代人口数量，从而减少劳动力供给的缺口。

第九章

东北三省：劳动力流动与经济发展的交响曲

历史经验显示，人口发展的绝对总量和相对总量的失控会导致人口与资源、环境以及社会经济发展之间的矛盾更加尖锐。随着我国改革的深入推进，流动人口在社会经济发展中的作用日益显著，已成为各地区不可或缺的重要资源和力量。发达国家的经验表明，人口转变导致的人口自然增长速度的降低、大规模的流动人口形成不仅是社会经济发展的重要特征，也是社会经济活力提升的关键源泉。洞察未来人口发展的趋势和特点，尤其是流动人口变化的基本特征，充分利用流动人口的优势，有效协调人口与社会经济的关系，将极大地有利于实现社会经济发展的中长期战略目标，推动辽宁省人口与社会经济的有机和谐发展，为东北老工业基地的振兴创造必要的社会资源条件。

第一节　国内外劳动力流动的规律

劳动力流动是经济发展的必然产物，它不仅关系到个体的生活改善，也影响着整个社会的经济结构和发展趋势。从国际到国内，劳动力流动的规律表现出一定的普遍性和特殊性。在全球化的背景下，国内外劳动力流动的相互作用日益显著，对经济发展和社会变革产生了深远的影响。本节将探讨国内外劳动力流动的理论依据，分析其背后的驱动因素，并探讨如何更好地利用劳动力流动促进经济发展。

一、E.G. 列文斯坦提出的"人口迁移规律"

英国统计学家 E.G. 列文斯坦（E.G.Ravenstain）的人口迁移规律，作为人口流动理论的早期全面总结，标志着人口流动理论研究的起点，并至今仍具有重要的现实意义。他1885年在英国皇家统计学会杂志上发表了"迁移定律"一文，提出了一系列关于人口迁移的规律。他指出，从迁移距离来看，大多数迁移者倾向于进行短距离迁移，并且迁移过程通常是逐步进行的，而长距离迁移者则更倾向于迁往大型商业中心。此外，每一股迁移流都会产生一个补偿性的逆流。从迁移的难易程度来看，城市居民相较于农民更不易迁移，而在出生地附近的小范围内，女性比男性更易迁移，尽管外出寻求机会的多数为男性。从迁移者的年龄分布来看，大多数迁移者为成年人，其未成年家属很少迁出原籍。在大城市的人口增长中，迁移增长超过了自然增长。人口迁移量随着工商业的发展和交通设施的改善而增加。主要的迁移方向是从农业地区向工商业中心迁移，而迁移的主要动机是经济因素。

E.G. 列文斯坦所揭示的西方社会人口流动的"迁移定律"对城市化迅速发展的发展中国家，包括中国，具有特别的适用性。中国的城市相较于农村，正处于低死亡率和低生育率的阶段。然而，该理论也存在一些缺陷，主要体现在"迁移过程是分步前进的、每个迁移流产生一个补偿性逆流、生长于城市的居民不如农民易迁移"这三个方面。这些缺陷在中国目前的情况下也有所体现。

二、加利·S. 贝克的人口流动规律

贝克认为，除了收入和就业上的改善，收益还包括文化收益和其他非货币形式的收益。这种广义利益对人们的社会行为取向和强度有着直接的影响，与他们的社会行为选择密切相关。这种关系被称为利益规律和行动规

律。在市场经济体系中，人口流动的根本原因在于市场经济体系激励人们普遍且自由地追求合法利益的最大化。当一个地区能提供更多的利益和发展机会时，人们就会倾向于迁移到那里，从而发生从流出地向流入地的社会流动。类似地，当第二产业和第三产业的工资高于第一产业时，人们就会从第一产业和第二产业向更高收入的产业转移。当发达的现代城市地区提供比欠发达的传统农村地区更好的生存和发展机会时，人们就会普遍选择从农村向城市迁移。广义利益的最大化是人口流动的主要驱动力，从收益较低的区域和行业转移到收益较高的区域和行业是人口流动的主要趋势。

三、"费—拉尼斯模式"（Fei-RanisModel）

费景汉和拉尼斯的模型是对刘易斯模型的补充和修正，旨在更全面地分析农业中的隐性失业问题以及农业在工农数量转换过程中的影响。他们认为，工农数量转换的过程可以分为三个阶段：

在第一阶段，边际劳动生产率为零的农民开始向工业部门转移。这部分农民的转移不会对农业总产出产生影响，因此，只要工业部门有劳动力需求，这部分农民就会被吸引到工业部门。工业部门支付给这些农民的工资只需要与他们在农业部门所获得的报酬相当。这种转移可以促进工业积累和工业部门的进一步扩张，同时由于农民数量的减少，其他农民的人均所得也会增加。

然而，剩余农民不仅包括边际产出为零的那部分人，还包括那些虽然边际产出不为零，但无法满足自己消费需求的人。也就是说，剩余农民包括两部分人：一部分是不增加农业总产出的人，另一部分则是不增加农业总剩余的人。当第一部分人转移到工业部门后，第二部分人也会受到工业部门的吸引而开始向工业部门流动。

在第二阶段，由于第二部分农民的边际产出不为零，他们的流出不仅会导致农业总产出水平下降，还会导致其他未流出的农民人均所得下降。当农业总产出下降到一定程度时，农产品（尤其是粮食）的相对价格会上涨，这迫使工业部门提高工资，增加成本。这种情况下，工业部门的积累和扩张会受到阻碍，进而阻碍其对剩余农民的吸纳。因此，这一阶段必须通过提高农业劳动生产率来补偿那些并不完全"剩余"的农民流出农业部门所造成的影响，否则，工农数量的转换就难以实现。

在第三阶段，经济完成了二元结构的改造，农业实现了从传统向现代的转型，与工业部门共同进入了一个均衡增长的新阶段。在这一阶段，农业和工业的工资水平由各自的边际生产力决定，劳动力的流动不再仅仅依赖于农业剩余劳动力的转移，而是更多地受到边际生产力变动的影响。经济增长不再是单一部门的扩张，而是农业和工业部门相互促进、均衡发展。这一阶段的特点是经济结构的稳定性增强，工农业产品间的贸易条件可能发生变化，整体经济更加成熟和高效。

四、威廉森的区域不平衡理论

美国经济学家威廉森[①]在"区域不平衡和国家发展过程：一个描述模型"一文中阐述了区域发展不平衡的理论。威廉森比较注重于实证研究。

通过对这些国家内部各地区经济增长差异的观察，威廉森发现这些差异呈现出一种倒 U 形曲线的趋势。他认为，在全国资源可以自由流动的条件下，一个国家在工业化起步阶段，会出现明显的聚集经济现象。经济活动会迅速集中在一些条件优越的地区，这些地区的经济水平因此迅速提升，与其他地区之间的经济发展差距也逐渐扩大，形成了发展差距倒 U 形曲线的上升部分。随着经济的进一步增长，地区间的经济差距在达到一定程度后，会保持稳定，这构成了倒 U 形曲线的峰顶部分。当经济进入成熟增长阶段，地区间的经济发展差距会随着总体经济的增长而逐渐缩小，这构成了倒 U 形曲线的下降部分。

总的来说，威廉森通过实证研究证明了，地区间的经济增长关系是一个

---

① 威廉森.区域不平等与国家发展过程：一个描述模型［J］.经济发展与文化变革,1965（13）:3-47.

由不均衡逐渐走向均衡的过程。因此，他对那种认为地区发展越来越不平衡的观点持批评态度，强调经济发展最终会趋于均衡。

五、梯度理论

梯度理论是针对地区经济发展差异现状提出的一种理论。它强调地区经济发展的阶段性，认为经济梯度转移是影响地区经济增长的关键因素。梯度理论的核心观点是，一个地区的经济发展状况取决于其产业结构的优劣，而产业结构的优劣则取决于该地区主导专业化部门在工业发展周期中所处的阶段。

根据梯度理论，如果一个地区的主导专业化部门主要由处于创新阶段的兴旺部门组成，那么这个地区就具有长期的发展潜力，被称为"高梯度地区"。相反，如果一个地区的主导专业化部门主要由处于衰退阶段的部门组成，那么这个地区的经济就会经历衰退或缓慢增长，被归类为"低梯度地区"。

从发展过程来看，新产业部门、新产品、新技术总是从高梯度地区向低梯度地区转移。这种转移是有序的，只有处于第二梯度上的地区才有能力迅速接收并消化第一梯度的创新部门和创新产品。同理，第三、第四梯度地区的发展也会遵循这样的顺序进行。梯度理论为我们理解地区经济发展提供了一个新的视角，揭示了产业结构调整和区域经济发展之间的内在联系。

第二节　东北三省流动人口的总量及监测样本分析

通过对流动人口总量的量化评估以及对监测样本的细致分析，我们将能够更深入地理解东北三省人口流动的趋势及其背后的驱动因素。这些分析结果将为制定针对性的政策与规划提供坚实的数据支持，从而更好地引导和优化人口流动，促进区域经济的可持续发展。在本节中，我们首先概述流动人口总量的现状，随后详细分析监测样本的特征，并探讨其对东北三省人口流动模式的影响。通过这种方法，我们将能够对人口流动这一复杂的社会经济现象获得更为全面和深入的理解。

一、东北三省流动人口总量分析

改革开放以来，东北三省的人口流动模式经历了显著的变化。吉林省自1978年起便呈现人口净流出趋势，这一状况持续至1987年，其间1988年短暂出现人口净流入；从1990年至1995年，吉林省又转为人口净流入状态；而自2001年起，除2002年、2005年、2006年、2008年、2011年外，其余年份均表现为人口净流出。黑龙江省的人口流动趋势与吉林省相似，1981年开始出现人口净流出，持续至1989年；1996年至1999年再次经历人口净流出，2000年短暂净流入，自2006年至2013年则持续净流出。值得注意的是，黑龙江省在2015年至2019年间出现了新一轮的人口净流出高潮，五年间净流出人口高达718623人。东北三省人口流动情况见表9-2-1。

表9-2-1 东北三省人口流动分析

年份	辽宁省	吉林省	黑龙江省
1990	64851	489000	−86700
1991	42500	82000	−44300
1992	67000	65000	−35500
1993	82000	21000	−57800
1994	51000	12400	−35000
1995	60000	4000	−2400
1996	88000	−100	−4000
1997	86000	1300	−27000
1998	103000	−1300	−20000

年份	辽宁省	吉林省	黑龙江省
1999	57000	1800	−1800
2000	−37300	121400	4779
2001	25000	−1500	−74000
2002	2000	−6400	−35800
2003	45000	6700	−57409
2004	19000	1200	−49433
2005	−1000	−616	−71913
2006	453000	−3521	−61400
2007	205000	1700	−85200
2008	123000	−3744	−75300
2009	218000	6600	−68795
2010	322000	14200	−19000
2011	95000	−8000	−31000
2012	77000	100	−48700
2013	11300	1200	−20000
2014	−1400	−1000	−54898
2015	−72000	600	−198600
2016	−32000	−201500	−116600
2017	−71000	−163200	−89423
2018	−52000	−143900	−134000

数据来源：国家统计局统计数据库。

辽宁省的情况则有所不同，自 1978 年至 1989 年，一直保持着人口净流入；1996 年至 2000 年期间，仅在 2000 年出现人口净流出；2001 年至 2005 年，仅在 2005 年有少量人口净流出，其余年份均为净流入。然而，自 2014 年起，辽宁省也开始呈现人口净流出的趋势。

综合来看，自 2014 年起，东北三省的人口外流态势发生了显著变化。从 2014 年至 2019 年，辽宁省和黑龙江省人口持续净流出，吉林省除 2015 年外，其余年份也呈现净流出。将辽宁、吉林、黑龙江三省的净流出人口数分阶段统计，1978 年至 1989 年，东北地区净流出人口为 789436 人；1990 年至 2013 年，净流出人口增至 1075931 人；2014 年至 2019 年，净流出人口进一步增加至 1662821 人。由此可见，1990—2018 年东北三省的人口外流规模呈现逐渐增大的趋势。

同时，在东北三省大量流出的人口中，高学历、高层次人才所占比例高，这是改革开放以来东北三省人口外流的一个突出特征。首先是高层次人才流失严重。据统计，"黑龙江在改革开放初 20 多年间人才流失总量达 20 万人，占现有专业技术人才的 1/6，但引进的人才总量不足 2 万人，其中副高级以上职称的专业技术人员每年出省 200 余人""在 21 世纪头两年，吉林省高级人才流失近万人，其流向主要集中于东南沿海与海外，且流失人员多为年富力强的中青年骨干，造成本地人才队伍结构的断层"。黑龙江省社会科学院 2017 年发布的《黑龙江社会发展报告》[①] 显示，"2011—2015 年间，黑龙江平均每年外流人口约为 6.92 万人，其中，仅在 2015 年就有 16.5% 的大专以上学历人口流出""2011—2014 年间，吉林省共有 1.93 万名专业技术人员流向外省，其占到省内专业技术人才总数的 3.7%。特别是在 2014 年，仅自然科学和技术领域的研究与开发机构就流失了 1011 名高层次人才"。而且近年来东北地区发布的高校就业质量报告显示，在东北三省高校毕业生中，大量东北地区生源毕业后选择去外地工作。

但根据 2023 年最新的数据和报告，东北三省的人口流动情况在近几年发生了显著变化。2023 年，辽宁省和吉林省均出现了人口净流入的现象，这是自 2012 年以来首次出现的情况。辽宁省在 2023 年实现了 8.6 万人的净流入，而吉林省的净流入人口为 4.34 万人，这标志着东北地区人口流动方向的重大

---

① 谢宝禄，王爱丽. 黑龙江蓝皮书：黑龙江社会发展报告（2017）[M]. 北京：社会科学文献出版社，2017.

转变。辽宁省的人口净流入主要是由于近年来在经济发展、产业升级以及城市化进程中的积极变化。2023年，辽宁省的地区生产总值增长达到5.3%，近十年来首次超过全国平均增速，这种经济增长为辽宁省吸引了更多的人口流入。吉林省的人口净流入则是由于在优化营商环境、发展经济以及提升人口素质方面所做的努力。2023年，吉林省的常住人口城镇化率有所提高，同时劳动年龄人口的平均受教育年限也有所增加，这表明吉林省在吸引和留住人才方面的工作取得了进展。

尽管东北三省总人口仍在下降，但辽宁和吉林两省的人口跨省净流入，显示出东北地区人口流动的新趋势。这一变化可能与近年来东北地区在经济发展、产业转型以及城市化进程中的积极变化有关。人口净流入是一个积极的信号，但由于东北地区的老龄化和低出生率问题，这些省份仍面临人口自然负增长的挑战。因此，虽然人口流动方向有所改变，但东北地区仍需继续努力，以实现人口和经济的全面振兴。

二、流动人口监测的样本分析

根据2017年的流动人口动态监测数据，东北地区的人口流动显示出明显的净流出特征。具体来看，流入东北地区的人口数量为2200人，而流出的人口数量则高达3906人，这表明东北地区的人口外流问题依然严峻，流入人口数量远远不能抵消流出人口数量。

在性别比例方面，流入和流出的人口中，男性比例均高于女性；但流入人口中男性的比例略高于流出人口男性比例，而女性的比例则相反。流入人口中，男性占比为53.9%，女性占比为46.1%；流出人口中，男性占比为52.7%，女性占比为47.3%。

在教育程度方面，流入人口中，初中教育程度的人数最多，占总数的47.0%，达到1034人；其次是高中与中专学历，占比20.7%，有455人；小学及以下教育水平的人口数量略低于高中（含中专），占比19.2%，有423人；拥有大专及以上学历的人数最少，占比仅为13.1%，有288人。而在流出人口中，初中教育程度的人口占比最高，为37.2%，有1454人，但低于流入人口中占的近10个百分点；大专及以上学历的高学历人口数量为1146人，占比达到29.3%，高于流入人口中占的16.2个百分点。其他两类教育程度的人口分别占总样本的11.8%与21.6%，小学及以下教育程度的人口有461人，高中（含中专）学历的人口有845人。

相关数据见表9-2-2。这些数据表明，东北地区高学历人口的流失问题尤为严重。高学历人群的流失可能会对东北地区的经济发展和社会进步产生不利影响，因为高学历人才通常在创新和经济增长中扮演关键角色。因此，为了推动东北地区的长期发展，需要采取措施来吸引和保留高学历人才，同时提升整体教育水平，以增强区域竞争力。

表9-2-2　东北地区省际流入人口与流出人口的居留意愿

东北流入人口居留意愿			东北流出人口居留意愿		
意愿	频率	百分比	意愿	频率	百分比
是	1759	80.0	是	3392	86.8
否	62	2.8	否	67	1.7
没想好	379	17.2	没想好	447	11.4
总计	2200	100.0	总计	3906	100.0

数据来源：2017年流动人口动态监测调查。

根据2017年的流动人口动态监测数据，东北地区的人口流动意愿呈现出一些明显的特点。在流入东北地区的人口中，有80.0%的人表示有意愿继续留在东北，这表明他们已经适应并愿意在东北地区长期生活和工作。然而，也有2.8%的人明确表示他们不打算继续居留，而17.2%的人尚未做出决定。另一方面，在流出东北地区的人口中，有86.8%的人表示打算继续留在他们选择的流入地，这可能表明流出人口已经适应了新环境，并且倾向于在流入地建立更稳定的生活。然而，流出人口中也有1.7%的人表示不打算继续居留，而11.4%的人尚未做出决定。

横向对比两个群体的数据，我们可以看到，流出人口中选择继续留在其流入地的比例高于流入人口中选择继续留在东北的比例，这可能反映了流出人口对流入地表现出更高的满意度和适应性。同时，流入人口中"没想好"的比例显著高于流出人口，这可能意味着流入人口对东北地区的未来仍有不确定，或者他们正在考虑是否要长期留在东北。

总体来看，这些数据表明，虽然东北地区吸引了相当一部分人口，但大多数流出人口更倾向于在流入地长期居住，而不是回流到东北。这可能反映了东北地区在经济发展、就业机会、生活成本等方面面临的挑战。为了促进东北地区的长期发展，需要采取措施来改善这些因素，以吸引和留住更多人才。

第三节　劳动力流动对经济发展的推动力

劳动力流动是经济发展的一个重要驱动力，它通过促进人力资源的合理配置，对经济增长产生深远影响。本节将探讨劳动力流动如何通过影响生产效率、技术创新和产业结构升级，推动经济发展。通过分析劳动力流动对经济增长的积极作用，我们可以更好地理解劳动力流动与经济发展的内在联系，并为制定相关政策和规划提供理论依据。接下来，我们将从劳动力流动对生产效率、技术创新和产业结构升级的影响等方面展开详细分析。

一、作用机理

经济发展方面，劳动力在不同地区和部门之间的流动，优化了劳动力资源的配置效率，如劳动力从低效率部门向高效率部门流动提升了经济运行的有效性，从而促进经济增长；不同区域间的劳动力流动还有助于减少结构性失业，降低失业率，有利于经济稳定。科技作为第一生产力，会对地区经济高质量发展产生明显的促进作用。影响劳动力流动的主要因素之一就是劳动报酬，而目前由于我国高科技人才的缺乏，高科技行业的劳动报酬比较丰厚，会促使高素质劳动力流入高科技行业所在地；高素质劳动力的流入又会促进地区科技创新水平，从而对地区的高质量发展产生影响。

经济协调发展包括区域协调和产业协调两方面。对于区域协调来讲，劳动力省际流动和城乡流动都会优化劳动力资源配置，对经济增长起到促进作用；同时，劳动力流动还会降低流出地土地资源和就业方面的压力，从而有利于地区的经济高质量发展。对于产业协调而言，劳动力作为重要的生产要素之一，对经济发展的贡献是不容忽视的。劳动力流动可以为流入地提供充足的劳动力资源，促进产业发展，提高要素禀赋优势；而且劳动力流动还可以通过优化资源配置，满足各地区产业结构转型的需要，从而促进地区产业结构协调，促进地区经济高质量发展。

绿色发展主要涉及绿色生产方式和环境保护两方面。20 世纪末和 21 世纪初期，农村劳动力的流动颠覆了传统的农业生产方式，"老人农业"和"化学农业"等非生态农业成为常态。同时，乡镇企业粗犷式的发展方式，低效率和高排放的生产模型使农村生态环境受到了工业化、城市化的外源污染与农业面临的内源污染的双重夹击。但是随着我国"退耕还林"等政策的实施，以及国家对环境保护的重视，这一情况有所改善。农村劳动力向城市流动，还会加大城市运行的压力，如交通出行、生活垃圾处理等方面，也会对绿色发展产生一定的负面影响。对外开放会优化地区产业结构，提供众多的就业机会，有助于吸引劳动力流入，同时抑制劳动力的流出。劳动力的流入又会提升地区经济实力，增强地区对外开放的程度，进一步吸引更多的劳动力流入该地区。

总体来看，劳动力流动对经济高质量发展的影响是全面的，涉及经济增长、科技创新、区域协调、产业协调、绿色发展等多个方面。劳动力流动与经济发展之间的影响关系是双向的，因此在实证研究中需要考虑内生性问题，以更准确地评估劳动力流动对经济发展的影响。

二、相关启示

中国作为农业大国和世界上最大的发展中国家，其国民经济结构具有明显的二元特征。在这样的背景下，实现由农业经济向工业经济的转变，以及由二元经济向现代经济的转变，关键在于如何有效地利用农业中的剩余劳动力，促进农民从农村向城镇的转移。中国需要通过提高农业生产率，减少城乡收入差距，以及完善市场体系等措施，有效地利用农业中的剩余劳动力，促进农村人口向城镇转移，从而推动经济结构的优化和升级。同时，也需要政府在政策制定和实施上，考虑到劳动力流动的多重影响，以及其与经济发展的双向互动关系。

流动人口问题产生的主要原因在于城乡在就业机会和收入方面的差异，以及户籍制度和农村土地制度对永久性迁移的限制。因此，人口流动是在一个特定时期和特定社会经济环境下产生的一种特殊现象。中国区域经济发展中心的逐渐扩散、小城镇发展战略的实施，为农村人口的流动提供了更广阔的空间和机会。流动人口的流动方向和流动频率等都随之发生变化，并由此形成中国流动人口流动过程中的阶段性特征。

国内关于劳动力流动问题的关注始于 20 世纪 80 年代初。早期有关流动人口的研究主要集中于流动人口形成的动因及其对城市社会经济的影响。当时研究者普遍认为，城市流动人口的增加既是市场经济发展的结果，也是户籍制度下的特殊产物。改革开放以来，国内关于农村劳动力转移的研究相当活跃，这些研究的思路主要有：发展小城镇，吸纳农村劳动力；发展乡镇企业，促进农村劳动力再就业；搞好农村再就业技能培训，增加农村劳动力就业能力；实施小额信贷政策，支持农民创业；打开城市就业封锁，实行城乡统筹等。就农村劳动力转移模式而言，国内转移理论研究多偏重于在应用发展经济学经典理论模式基础上，提出农村剩余劳动力转移的模式，主要包括就地转移模式、异地转移模式、多元复合转移模式。此外，在研究农村剩余劳动力转移动力机制方面，剩余劳动力转移的动力包括：来自农村的排斥力、来自工业化与城市化的推动力，以及来自转移过程中的摩擦力。

近几年，随着流动人口规模的不断扩大以及他们发展变化的全新特征，流动人口给计生、公安、劳动、城管等部门的管理工作带来了新的挑战和压力。因此，研究人员开始更加关注城市流动人口的规模、特征以及管理问题，并将流动人口规划纳入城市可持续发展的整体系统之中。

与刘易斯模式相比，我国经济结构不仅具有发展中国家二元经济的一般特征，还具有特殊性，表现为经济结构的"双重二元性"。具体来说，从城市角度来看，现代工业与传统工业并存；从农村角度来看，传统农业与以乡镇企业为代表的现代农业并存。这种特殊性是在我国经济体制变革和转型的过程中形成的，它塑造了独特的人口流动模式。

国内的一些学者将这一观点应用于我国的具体实践中，提出了我国的梯度理论。该理论认为，我国的经济发展极不平衡，沿海地区和东部地区具有强大的经济实力和先进的技术，而西部内陆和边远地区则技术力量薄弱、资金不足、发展缓慢。介于两者之间的是技术和经济发展水平中等的地带。因此，在制定我国的发展战略时，应首先利用沿海地区的优势，使其掌握先进技术，这样做既可以节省成本，又能获得较高的收益。在沿海地区发展的基础上，再按照梯度逐渐推动中间地带和西部落后地带的发展。在我国目前的对外开放中，也应该按照这种三级梯度逐渐推进。第一级是经济特区，第二级是沿海开放城市，第三级是内陆经济腹地。国内的梯度理论实际上论证了地区发展差距的合理性，认为差距的存在可以激发全社会的活力，推动发展。

世界上一些发达国家在移民理论与管理制度政策方面的经验充分表明，这些国家对于移民的管理是非常重视和慎重的。他们既不会无选择地随意吸收移民，也不会紧闭国门，拒绝外来人口。发达国家都是根据本国国情需要，吸纳那些具有特定特征、能够对本国社会经济发展带来好处的移民。由此可见，建立一套具有有效甄选功能的流动人口管理系统，对于一个国家和地区的发展来说，是非常必要和紧迫的。

三、对策建议

从前面的论述中我们可以看到，改革开放以来伴随着人口外流，东北三省陷入经济发展落后与人口流失的恶性循环中。所以，在人才是第一资源的今天，东北三省要想迅速发展起来，就必须实施合理的人才战略，通过留住用好现有人才、培养紧缺人才、引进新型人才，构建起经济社会发展的人才大军，推动经济的腾飞。

（一）优化人才环境

优化人才环境，留住和用好人才是实现区域可持续发展的重要策略。根据马斯洛的需求层次理论，当人们的基本生存和安全需求得到满足后，他们会追求更高层次的需求，如尊重和自我实现。这些需求包括对工资待遇、发展机会、工作环境等方面的期望。当这些需求难以得到满足时，人才流失问题就会变得突出。因此，创造一个良好的人才环境，合理使用人才，对于减少人口外流至关重要。

（1）企业应实施人性化管理，营造舒适的工作和生活环境，关注员工的身体和心理健康，加强沟通，开展团队活动以缓解工作压力；同时尊重员工的权利和自由，鼓励创新和探索，建立物质和精神相结合的激励机制。生活上要率先为员工建造舒适的环境，让员工安心，要时刻关注员工的身体和心理状况，多与员工沟通谈心，定期开展内部联谊和相关趣味活动，降低员工日常工作压力，帮助其放松心情，营造和谐氛围。工作中对员工的权利和自由要给予充分尊重，在企业内部树立"无论职位大小，一律平等"的原则，容许员工犯错误，鼓励员工去探索创新，建立物质奖励和精神奖励相结合的激励模式。

（2）政府和企业应营造有利于人才发展的社会氛围。利用媒体和舆论，弘扬尊重知识和尊重人才的社会风气，加大对优秀人才或做出重大贡献人才的事迹宣传；同时利用互联网，将提供的人才政策广加宣传，吸引外来人才，留住本地人才。

（3）通过政策支持和舆论引导，鼓励人才进入民营企业或自主创业，以创业带动就业，同时提供必要的创业支持和资源。出台优惠政策、设立启动资金，建立创业园区来支持青年人自主创业，利用舆论导向开展广泛宣传，引导民众改变只有进体制内、端铁饭碗这一条出路的想法，要鼓励求职者进私企，留在本地就业。

（4）企业应创建公平的就业环境，建立具有吸引力的薪酬待遇和正常的晋升机制。应建立公平的就业环境和有吸引力的薪酬体系，包括员工持股、社会保险、公积金、福利和职业培训等，以激发人才的创造力并留住人才。"引进良性晋升机制，给人才装上引擎，要强考核、能上下，强化用人正确导向，完善以能力、业绩、贡献为导向的绩效考核和聘期考核，进一步畅通'能上能下'通道，激发人才队伍活力。"应取缔托关系、走后门的不合理任用机制，建立公开公平公正的招考程序，让人才愿意来入职。此外，员工持股制度、完善的社会保险和公积金制度、过节日常福利的发放、交通补贴、住房补贴、职业培训、公费进修、日常岗位升职等也都有助于激发人才最大的创造力，长久地留住人才。

（5）加强对企业的监督和监管，维护劳动者权益。建立健全监管机制，对企业的用工行为进行定期检查和监督。这包括对企业工资支付、工作时长、劳动条件、职业健康安全等方面的合规性进行审查，确保企业遵守国家关于劳动保护的相关法律法规。针对企业恶意克扣工资、歧视员工、损害劳动者身体健康等违法行为，政府部门应依法进行严厉打击。对于查实的违法行为，应依法给予相应的行政处罚，对严重违法的企业责任人追究刑事责任，以起到警示和震慑作用。加强对劳动者的法律宣传和教育，提高劳动者的法律意识和自我保护能力。通过开展劳动法律法规的宣传活动，让劳动者了解自己的权利和义务，知晓如何通过法律途径维护自己的权益。建立健全劳动争议解决机制，为劳动者提供便捷、高效的维权渠道。这包括建立劳动争议调解、仲裁和诉讼等多元化解决机制，确保劳动者的权益得到及时有效的维护。

（6）提升医疗保障和公共服务水平，特别是对于流入人口，应提供与本地居民同等的医疗保障和服务，减少在住房、教育、交通等方面的困难，以促进他们更好地融入当地社会。城市公共服务水平的高低对流动人口融入本地社会具有重要影响，从而也就影响着他们在当地的居留意愿。因此，在改进和完善城市中的各类基础设施之外，不仅要加强医疗保障方面的服务水平，而且要使更多的流动人口能够获得应有的公共服务。具体而言，对于东北地区省际流入人口，在公共服务方面，降低其住房、子女入学、交通等多方面的成本，为他们在本地的社会交往活动提供良好环境；在医疗保障方面，使流入人口获得与本地人口同样水平的医疗保障及服务，减轻其看病治病的困难。

通过这些措施，可以创造一个有利于人才发展和成长的环境，从而留住和吸引更多的人才，促进地区的经济发展和社会进步。

（二）实施人才回流政策保障

东北地区拥有众多高校，每年培养出大量毕业生，其中不乏高精尖人才。留住这些人才对于东北三省政府和企业来说至关重要，因为人才是推动东北振兴和增强地区竞争力的关键。

在自然条件难以改变的情况下，政府和企业应从奖励和福利政策入手，制定有效的措施以留住人才。这些人才是东北振兴的前提，也是提升东北三省吸引力的保障。

在政策导向方面，应坚持以下原则：

（1）目标明确、重视培养：政府和企业应根据供需比例合理引进人才，特别是在短缺领域。如黑龙江省，重点引进现代服务业管理人才、新一代信息技术和现代生物行业技术人才。引进人才后，应提供符合其专业和需求的培养计划，确保人才能够发挥最大价值。政府和企业要严格按照供需比例合理引进人才，短缺领域多引进，饱和领域不引进。黑龙江省重点企业曾发布当前最紧缺的人才类型：现代服务业管理人才最为紧缺，新一代信息技术领域的高级技术人才、现代生物行业技术人才也颇为紧缺。因此，要重点引入这些领域内的管理和技术人才。不要只贪多凑数，要人尽其用，要看所学专业是否对口所需岗位，要让人才在岗位上很好地发挥他的作用。此外，也要重视人才培养。引进人才后，要结合人才自身需求和专业领域发展前景，量身定做人才培养计划，满足人才的基本需要，使他发光发热。

（2）完善评价和激励机制：建立科学的评价和激励机制，以留住人才。这包括公开透明的评价流程，不仅关注研究成果，也关注思想认识和道德品质。同时，建立人才激励机制，以增强员工的归属感和工作动力。"以建立健全选拔任用和管理监督机制为重点，以科学化、民主化和制度化为目标，改革和完善干部人事制度，制定人才柔性流动政策。"新型人才是目前市场上最热的人才，像高级管理和高级技术人才，几乎全国都稀缺，只有好的评价和激励机制才能引进人才、留住人才。

（3）主动抢占稀缺人力资源：面对激烈的人才竞争，东北三省应主动出击，利用高校资源，及时与所需领域的人才沟通，提供有竞争力的福利待遇，争取留住关键人才。当下人才争夺越发激烈，谁更主动，谁就能引进更多创新型人才。在整体竞争不占优势的东北三省，更应该利用好现有的顶尖高校，对于一些管理专业的，或者是新一代信息技术、新材料、智能设备领域的毕业生，政府和企业要抢占先机，及时与这些领域的人才开展沟通，提供好的福利待遇，争取毕业后便能与企业签约，留住这些急缺的关键人才。

（4）规范人才引进流程：确保人才引进流程的规范性和透明度，从信息发布到体检、录取公示等环节，都应公平公正，减少失误和不公平现象。除了有明确的政策导向，公平公开的引进流程也是举足轻重的。从信息的发布、人员的初步筛选、笔试、面试、招聘小组的监督、面试人员的确定、体检、录取公示等环节必须层层递进、相互协调统一，要将监督贯穿全过程，减少工作中的失误和不公平。如果在引进人才中出现违规操作，不但会败坏企业和政府形象，而且以后的引流工作也会未始即终。

（5）合理使用和留住人才：人才的引进不仅在于吸引，更在于如何合理使用和留住。政府和企业应提供良好的工作环境和职业发展机会，确保人才能够在本地安心工作，从而缓解人才外流趋势。人才的引进关键在于要会用，要让人才安心，要让人才留在本地，这是资源，更是竞争力的体现。当下东北三省人口外流尤其是人才外流颇为严重，做好人才引进工作，便可使多年的外流趋势得到缓解。

政府和企业应共同努力，为人才提供良好的发展环境。这包括提供充足的研究经费、搭建创新平台、建立合作机制等，以促进人才的成长。

鼓励人才参与国内外交流与合作项目，拓宽视野，提升能力。通过举办研讨会、工作坊、学术交流等活动，促进人才之间的交流与合作，激发创新思维。

除了工作条件，政府和企业还应关注人才的生活需求，提供住房、子女教育、医疗保障等全面的生活保障，以增强人才的归属感和满意度。

政府和企业应建立健全人才服务机制，为人才提供一站式服务，包括政策咨询、职业规划、法律援助等，以解决人才的后顾之忧。

通过各种渠道加强对人才政策的宣传和解读，让人才了解政策内容，明确自身权益，提高政策知晓度和满意度。

总之，东北三省应通过明确目标、完善机制、主动出击、规范流程和采取人才措施，有效留住和利用人才，为地区的长远发展奠定基础。同时，政府和企业应共同努力，为人才提供良好的发展环境和生活保障，以吸引和留住更多优秀人才。

第十章

劳动力人力资本与产业结构的互动动力

在知识经济时代的背景下，区域经济发展呈现出渐进性的特征，其本质是生产要素从传统的物质资本向人力资本的转型，同时伴随着产业结构的演变，即从劳动密集型产业向技术知识密集型产业的转变，这一过程体现了产业结构向合理化和高级化的方向发展。

随着知识经济的发展，以人力资本为核心的技术进步已成为经济增长的关键驱动力，而经济发展的实质在于产业结构的持续优化。在知识经济时代，产业结构的合理化、高级化、增长效益化、经济科技化和服务化已成为财富创造的主要特征。因此，积极稳妥地推进产业结构调整已经成为许多国家经济发展的重要战略任务。

在这一过程中，人力资本成为决定区域产业结构调整的关键因素。人力资本作为资本的一种特殊形式，不仅具有动态发展的特性，而且遵循特定的运动规律。人力资本的开发、配置和有效利用必须通过人的能动性来实现，而人的能动性在社会生产中的作用，将促进不同资本类型的有机融合，进而推动产业结构的调整和优化。

产业结构的持续优化和升级需要与合理的人力资本存量及其配置结构相匹配。而人力资本的存量及其配置结构，又对产业结构的调整起着推动作用。因此，在知识经济时代，合理配置和开发人力资本，是实现产业结构优化升级的关键途径，也是促进区域经济发展的重要手段。

第一节　劳动力人力资本与产业结构调整的互动关系

一、区域人力资本对产业结构调整的动力机制

劳动力人力资本与区域产业结构调整之间存在着密切的关系，尤其在知识经济时代，更是决定区域产业结构调整的关键因素。由于人是人力资本的载体，是生产关系中最活跃的因素，人力资本的开发、配置和使用都要通过人的自身活动来完成，而人的这种能动性作用于社会生产中，将会实现自然资本、人力资本和社会资本的有机配合，从而促进产业结构的调整和优化。

从人的角度出发，劳动力人力资本是产业结构调整的主体，具体体现在人力资本分布于特定空间区域的人身上，特定区域内所有个体人力资本总和构成了区域人力资本存量。人力资本不仅以运动形态存在于生产过程中，最终物化为产品，而且以运动形态存在于知识创新、技术创新过程中，最终形成新的知识成果和技术成果。人的智力、综合能力和创造力的运用是一个能动的过程，是各种知识技术综合交叉、相互渗透、协同发展、竞争提高的过程，也是与社会环境协调配合的过程。人力资本的运动形态与人的能力紧密相关，人的分析能力、综合能力和创造能力是人力资本最核心和最活跃的部分。在经济活动中，技术资本、专利技术和管理技术可以引进，但人力资本的这个核心只能通过人力资源的自我开发得到发展。人力资本对区域产业结构调整的作用主要体现在充分利用人的生产功能，将人的知识、技能、体能作用于一定的物质和非物质生产要素上，加入各个产业价值创造的运动之中，使人成为这些要素在区域中的最重要的活动载体；而区域人力资本存量的提高又进一步促进了这些要素的产生、集聚和扩散。

因此，劳动力人力资本在这一层面上作用于区域产业结构的有序演变。人力资本对产业结构有序演变的动力机制表现在人力资本的流动、配置推动产业结构在中心城市的升级和产业在区域地理空间上的重组。区域产业竞争优势的形成，不仅取决于生产要素的数量和质量，还取决于生产要素的配置

效率和利用效率，人力资本的配置和使用决定了自然要素、资本要素以及管理要素的配置和使用效率。对大部分产业来说，其先天的要素禀赋固然重要，但更重要的是其创造要素的能力，而这种能力必须通过人力资本加以体现。如果没有充足的人力资本投入，其他要素投入的增加很可能是无效的。在知识与资本日益对等甚至是知识雇佣资本的时代，人的决策能力、创新能力和运营能力等将决定着一个产业的生存和发展。因此，人力资本的配置和使用就成为某一产业的竞争力以及地区总体竞争力的关键因素。从某种程度上来说，充足的人力资本存量以及具有弹性的人力资本结构就决定了区域产业结构的转变，决定了区域产业结构逐步走向合理化与高级化。人力资本之所以对产业结构调整以及经济增长具有承载作用，首先反映在人力资本在社会生产中具有要素、效率、替代等方面的生产功能。

（一）劳动力人力资本的要素功能

劳动力人力资本在农业经济、工业经济以及知识经济时代都存在。在农业经济时代，劳动力人力资本表现为长期积累、传递下来的生产知识和在劳动中学会、积累的劳动技术和经验；在工业经济以及知识经济时代，经济增长越来越依赖于科学技术的发展和应用，技术进步成为经济增长的"引擎"，而这最终都要归结到人的素质的提高上来。在这个过程中，劳动力人力资本的要素功能被不断强化，劳动力人力资本在衡量经济增长贡献率的诸要素中起着关键性作用。

（二）劳动力人力资本的效率功能

劳动力人力资本是一种效率资本，其效率功能主要体现在三个方面：第一，它可以提高劳动力人力资本自身的工作效率；第二，它可以提高他人的劳动力人力资本的工作效率；第三，它可以提高其他生产要素的生产效率。劳动力人力资本具有较高的边际生产率，以至于罗莫、贝克尔等劳动力人力资本经济学家在他们的理论模型中甚至假设劳动力人力资本的边际收益率不会递减。劳动力人力资本的效率功能一方面体现在使其他生产要素边际产出增加上，另一方面也体现在使单位产出的投入成本下降上。

（三）劳动力人力资本的替代功能

主要表现为劳动力人力资本投资增加可以节约物质生产要素，这对于国民经济增长方式的转变，建立可持续发展的生产模式，对于缺乏物质资本的国家或地区而言，具有重要意义。因此，卢卡斯把人力资本的这种效应称为"外部效应"。

（四）知识的溢出效应和扩张效应

劳动力人力资本的主要内容是知识，而知识不同于普通商品，它是非竞争性的、部分排他性的物品，即具有溢出效应或外部性。这种特性可以保证技术知识创新者从创新中获益，同时又使个人或厂商不去阻止他人使用该技术。因此，技术知识通过相互学习从一个人扩散到另一个人，通过这种传递使人们的平均技能和知识水平或劳动力人力资本存量提高；一种新技术或新知识在单个厂商或部门的运用将很快对其他企业或部门产生示范作用，一个厂商知识存量的增加也提高了其他厂商的生产效率，进而提高全社会的生产率。知识的扩张效应是指知识的累积将使知识本身的生产能力呈现倍增的扩张趋势，即规模收益递增；同时，当知识存量达到某种程度后会产生新的创新，即知识生产知识，劳动力人力资本的这种属性明显地区别于物质资本。随着劳动力人力资本的积累，社会生产的可能性边界不断向外扩展，劳动力人力资本成为产业结构调整的最强大推动力。

区域产业结构调整有其内在的因素，从供给的角度讲，包括自然条件和资源禀赋、人口因素、技术进步、资金供应状况、商品供应状况、国内外环境因素等；从需求角度而言，包括消费需求、投资需求；此外，还有国际贸易、国际投资以及政府产业政策等。区域产业结构调整是多方面因素综合作用的结果。供给和需求是区域产业结构演变的原生动力，而这些要素的供给和需求都离不开人的作用，离不开劳动力人力资本生产功能的作用。在知识经济时代，知识、信息、创造力等劳动力人力资本表现形式在生产中的作用，已从非独立因素变成独立因素，由潜在生产力变成显性生产力，从科学技术物化的间接使用过渡到生产活动中的直接投入。因此，随着劳动力人力资本投资的不断增加，劳动力人力资本的生产功能不断增强，劳动力人力资本的流动与配置不断趋向合理，劳动力人力资本在区域经济发展中的核心作用不断增强，劳动力人力资本对区域产业结构调整及区域发展中的推动作用越来越明显。

二、劳动力人力资本对产业结构调整的支撑作用

随着劳动力人力资本在区域经济发展中的作用日益凸显，其对区域产业结构调整的重要性不言而喻。劳动力人力资本与区域产业结构之间应当形成一种互补、整合和一体化的协同发展模式。产业发展依赖于具备一定质量和数量的劳动力人力资本，这些劳动力作为区域产业的载体，通过其数量和质量的变化对产业结构的调整产生显著影响。劳动力人力资本的生产功能是区域产业结构优化和升级的关键条件之一，它有助于形成综合化、高端化、效益化和整合化的产业结构。

（一）从产业演化的角度来看，劳动力人力资本对产业结构转换具有支撑作用

在知识经济时代，科学技术的快速发展导致新兴产业产生、发展到消亡的周期大幅缩短，尤其是高新技术产业快速迭代。经济发展与产业结构的快速转换密切相关，产业结构转换的速度直接反映了经济发展的速度。产业结构转换的核心是产业转型，它涉及需求、贸易、生产和要素使用结构的全面变化。产业转型是保持经济竞争力的关键，涉及从失去竞争优势的成熟产业或衰退产业向新兴产业或成长产业的转移。

产业转型的效率在很大程度上取决于区域劳动力人力资本的状况。劳动力人力资本存量较大、供给效率高的区域，能够为工业经济时代的主导产业向知识经济时代产业（如 IT 产业、生物工程业等）的转换提供智力支持。劳动力人力资本的积累和优化显著提高了产业资源转移的弹性，使劳动力能够更快、更有效地适应新的生产环境，从而减少资源转移过程中遇到的阻力。因此，劳动力人力资本的有效供给对于提高产业转换速度和效率具有至关重

要的作用。

（二）劳动力人力资本的雄厚积累有助于增强产业创新能力

产业结构调整需要不断发展新兴产业，同时要求对传统产业的改造和升级。在这个过程中，政府扶持只能有重点地选择，大多数产业必须依靠自身的力量才能生存和发展。产业创新系统是区域创新体系的核心，体现着区域内一个产业创新能力和竞争力的强弱，也反映出一个产业吸收外来技术和承接外来产业转移的能力。因此，必须不断提高产业创新能力，才能融入产业结构转换的大潮流中；反之将与产业结构转换形成强大的摩擦，其生存与发展也将沦为空谈。产业创新从宏观角度来讲，主要是指一个国家能否有效形成产业竞争性环境和推动创新；从产业层面来讲，就是要进行全要素的创新，包括技术创新、制度创新、市场创新、组织创新、管理创新等，通过全面创新来催生新兴产业并带动其发展。

对区域而言，高素质的劳动力更多扮演着新兴产业"发动机"的角色，其支撑区域产业创新的核心地位无可替代。由于区域劳动力人力资本存量的增加主要是通过提高劳动力人力资本质量，而高素质的人才是区域产业创新的载体。产业创新必然要受到政策制度、文化、法律体系和社会价值等方面的影响。它仅靠自由竞争的市场经济是不够的，需要政府提供的公共商品和创新环境才能成功，而这归根结底还是需要一支高素质的公务员队伍。产业的全要素创新需要创新型人才，技术创新人才不仅具有很强的消化吸收能力，而且具有原始性创新的潜力和能力。无论是渐进还是重大技术创新，都将大大提高产业核心竞争力；而非技术要素创新则有助于提高新产品或服务的创造效率，加速开拓市场步伐，获得超额利润，增强产业竞争力甚至国际竞争力。同时，伴随着区域经济与产业的高度发展，素质高的人才就会涌向具备活力的产业，形成良性循环，区域产业创新能力将在源源不断的高素质劳动者的带动下不断提高，进而获得并长期保持区域产业竞争优势。

（三）劳动力人力资本合理配置有助于加速产业转移与扩散进程

区域经济学认为，经济发展空间上的梯度差异，使经济通过资本投资、技术传播和劳动力的迁移从一个地区流向另一个地区。经济的空间流动包括扩散和转移两种方式。这里所谓的"扩散"属于扩张型扩散，即从扩散源向周围地区逐次地、由近及远地连续扩散，扩散强度随距离的阻碍作用而逐渐减弱。而所谓的"转移"则是指采取跳跃的形式，从一个地区向另一个地区的跨过了某个空间距离的流动。一般而言，经济的总体流动往往是两种方式同时发生。产业扩散有两种形式：主动扩散和被动扩散。主动扩散一般是在官方或半官方机构的组织协调下进行，被动扩散则是在市场这只"看不见的手"的作用下自发完成。对于区域产业结构而言，由于大城市具有典型的集聚效应和规模经济效应，新兴产业都是首先在大城市中产生并得到发展。当城市产业发展到一定程度，由于成本、土地以及政策等因素的影响，发达地区产业就会自发向周边地区扩散，这就是被动扩散过程。然而，区域内部产业结构合理化要求区域经济协调发展，这就需要发挥产业的主动扩散功能。无论是产业扩散过程还是产业转移过程，都伴随着劳动力人力资本在各产业或不同地区间的流动与配置，产业的转移同时伴随着劳动力人力资本的转移。合理的劳动力人力资本配置应充分发挥市场配置的基础性作用，同时也要充分发挥政府在劳动力人力资本配置中的宏观调控作用，建立市场与政府调控有效结合的配置方式，这样将有助于新兴的高科技产业由发达地区向落后地区扩散和转移，进而缩小地区之间的差距。合理的劳动力人力资本产业配置将使在国民经济中发挥举足轻重作用的传统低利润率产业得以生存和发展，劳动力人力资本的合理配置需要发挥政府这只"看得见的手"的作用，而不至于使传统低利润率产业消亡。合理的劳动力人力资本产业配置也有助于国内优势产业向国际转移和扩散，市场的自发配置功能使高素质人才向国内优势产业集聚，而且优势产业也有条件提供各种配套措施来激励高素质人才，一旦本土劳动力人力资本通过"干中学"掌握国际发达产业的核心技术和管理经验，区域创新体系就具备了自生能力。从长期来看，即使优势产业大量向国外转移并在国外完成全部生产过程，本土产业也会自发创新出新的支柱产业。这不仅化解了"产业空洞化"的危险，也为下一轮产业国际转移奠定了基础。

总之，合理的劳动力人力资本配置是为产业结构合理化和高级化所必需的，合理的劳动力人力资本配置能提高物质资本、资金、技术投入的使用效率，并引起投放到不同地区、产业、行业和企业的各种要素的流动，使各产业、行业和企业的人才使用更加合理，人才使用的效率不断得到提高。因此，构成劳动力人力资本核心的劳动力文化程度、技术水平和创新能力等成为产业结构调整的核心。

三、劳动力人力资本对产业结构调整的拉力作用

产业结构的调整是一个产业结构不断优化的过程，而这个过程的目标就是要实现产业结构的高级化和合理化。因此，产业结构调整主要表现为新兴产业的产生和发展、对传统产业的调整和改造、衰退产业的缩减以及主导产业的选择和快速成长。从区域产业变动的角度来看，劳动力人力资本对产业结构调整的作用主要表现在对其的拉动上。

（一）催生新兴产业并推动其发展

劳动力人力资本的雄厚积累尤其是高质量的劳动力人力资本，是拉动区域新兴产业的主要动力。新兴产业的产生和发展，都离不开新技术的运用，而高素质的劳动力人力资本不仅有助于提高经济系统的产出，而且有助于催生高技术及高技术产业，引导一般性资源流向高技术产业，促进高技术产业的成长。从某种意义上讲，一国产业结构能否步入高级化良性发展轨道，并不在于它拥有多少实物资源或物质资本，而在于它是否拥有足够的人力资源。具有技术创新能力的人力资源和运用新技术的人力资源，需要企业家型劳动力人力资本、技能型劳动力人力资本和宏观管理型劳动力人力资本的支持，需要与之相适应的高素质的产业工人，从而才有条件将高新科技成果转化为现实生产力，推动产业结构不断向高级化方向演进。纵观产业发展历史，不难发现现代新兴产业的形成和发展，往往都集中于那些劳动力素质较高的国家和地区，并且依赖于这些国家和地区劳动力素质的不断提高。正是

因为这些国家和地区集聚了大批的技术创新人才、新技术运用人才和高素质产业工人，推动了科学技术的迅猛发展并缩短了科技成果产业化周期，使生产高附加值、高技术含量的智能化产品的新兴产业不断涌现，从而加速推进产业和产业结构高级化发展，才使这些国家和地区保持着较强的产业竞争力。知识经济时代，以知识和信息为基础的知识密集型产业的发展情况成为衡量一个国家或地区经济质量的标准，这对产业结构调整和升级提出了更高的要求。只有加大人力资本投资力度，提高人力资本存量，才能在新一轮产业结构调整中取得竞争优势。

（二）推进传统产业的改造和调整

对传统产业进行改造和调整，就是在传统产业中不断融入高新技术，加大产业链条中高新技术的比重，逐渐缩小传统产业与高新技术产业之间的差距。如在农业产业化经营、老工业升级换代的过程中，就要求提高产业劳动力劳动技能、更新技术知识、提高个体人力资本存量，否则即便拥有传统产业改造和调整的资金和技术能力，也会因缺乏驾驭这些要素的高素质劳动力而面临传统产业改造调整的困难。此外，在调整过程中会不可避免地出现劳动力跨部门、跨行业的转移。尽管劳动力转移依赖于产业发展和结构调整的规模、政府的政策和扶持力度等外部因素，但是更依赖于劳动力自身的素质因素，比如劳动力因自身无法适应新产业的生产方式，无法胜任新岗位、新工种的技术水平要求，往往是构成劳动力转移障碍的主要原因。目前，我国传统产业落后，关键原因就是传统产业职工队伍的知识结构、业务技能、文化修养已经落伍，不能与时代发展同步、与消费需求变化同步，同时伴随着非常严重的传统产业人才流失、人才匮乏、人才断层现象。因此，在产业结构调整进程中，劳动力需要经过职业再培训，更新、增添劳动技能和技术知识，提高自身素质，以适应传统产业调整和改造的要求；同时要从国际化视野培养国际化人才，并加大高素质人才的引进力度，以提高传统产业人力资本存量。

（三）加速主导产业的成长

主导产业的特征表现为代表新技术的发展方向、对前向后向产业具有较大的带动作用，主导产业的快速成长能够带动相关产业的快速发展。选择主导产业时必须充分考虑实施条件，必须考虑区域的比较优势。产业的发展离不开资金、技术、人才、资源、能源的支持，缺少相应的投入，产业不可能顺利发展。在知识经济时代，主导产业的选择日益与区域人力资本的结构、规模和层次相关联。目前被很多国家和地区视为主导产业的，如石油化工、汽车产业是资本、技术密集型，需要大量的投资和各类人才；电子信息产业是知识密集型，要求高素质知识型人才。由于人力资本质量的提高使新技术得到广泛应用、新产品不断涌现，在满足了市场新需求的同时，也较易于形成新的主导产业、提高国民收入水平，并进一步推动消费结构创新和市场容量扩张，从而带动相关产业和第三产业的发展，推动产业结构的转换和升级。高新技术产业是国际竞争的主要力量，中国高新技术的政策重点应由区域倾斜转向产业和技术倾斜。实际上，产业倾斜就是地区倾斜，因为不同的地区应根据自身条件选择不同的主导产业。如我国中西部地区人力资本匮乏，选择高新技术产业作为主导产业是无法发挥其比较优势的。因此，针对区域产业特征，要有目的地进行教育投资以提高地区人力资本存量；当然，人力资本也可以通过人才引进得到，但是人才引进的可行性与区域经济发展的市场环境、资本条件、区位优势紧密相关，不能违背市场规律。

第二节　区域产业结构调整对人力资本的反馈效应

区域人力资本存量的增长和结构的改变有助于推动产业结构的调整和优化，而产业结构的演变反过来又促进了人力资本投资和人力资本结构的调整，这两者之间的相互作用是显而易见的。随着区域产业结构的战略调整和新产业格局的确立，在从劳动密集型产业逐渐向资金密集型、知识技术密集型产业转变的过程中，区域经济发展对未来人才提出了新的、更高的要求，这就需要通过人力资本投资和优化人力资本配置来应对。在这里，我们可以用反馈机制来描述这种相互作用关系。

一、产业结构调整对于劳动力人力资本存量的要求

人力资本的形成基于有效的人力资源开发与投资。区域内人力资本的积累主要通过人力资源开发实现。产业结构的高级化对人力资源投资与开发的需求主要体现在数量、质量和组织管理三个方面。在知识经济的背景下，劳动密集型产业随着技术水平的提升，其要素比例和密度发生变化，产品的加工深度和附加值提高，人才资源产生集聚效应，劳动密集型产业向劳动技术密集型、劳动知识密集型产业转变，而不一定向资金、技术密集型产业转变。

产业结构升级对人力资源开发在数量上产生制约。具体体现在：（1）劳动密集型产业向物质资本密集型产业过渡时，资本有机构成提高，物质资本使用增加，简单劳动力的使用量相应减少，技术工人和初级技术人员的使用量增加，要求人力资本投资以在职培训为主，使简单劳动力尽快成长为技术工人。（2）物质资本密集型产业向技术资本密集型产业过渡时，资本资源中物质资本的含量减少，技术资本的含量增加，对高级人才的需求量增加，技术资本是人力资本的物化，特别是对高中级技术人才的操作、指挥和管理能力的要求提高。人力资本投资侧重于对高技术含量的资本资源的应用、消化、组织、指挥和管理的中级以上人才的培养。（3）从技术密集型产业向知识密集型产业转变时，人才的创新能力成为关键因素，知识作为要素直接投入生产过程，人的创造力和智力在生产过程中直接物化在产品中，形成高额的附加值，人力资本质量水平是决定这个转变能否成功的关键，人力资源开发应着重在人的知识、智力、创新能力等方面。（4）从劳动密集型产业向劳动技术密集型产业和劳动知识密集型产业转变时，劳动力的使用始终占据主导地位，劳动者素质的逐步提高是这种转变的条件，人力资源的开发应注重劳动者广泛的素质提高和数量结构的优化，其中质量水平重于数量结构。

产业结构升级对人力资源开发在质量上产生新的要求。具体体现在：（1）人力资源的投资、开发应适应产业结构升级的要求，人才结构要适应

产业结构的调整趋势，注意人才知识结构的适当宽度。知识领域的交叉和跨学科的综合，提高了人力资源的可替换性和适应性，从而缓解了产业结构的短期易变性与人力资本结构和质量水平的相对稳定性之间的矛盾，使人才素质、人才能级与产业的发展水平相匹配。（2）产业结构升级的途径，一是知识技术物化带来的技术资本含量的提高；二是知识、智力、创造力的直接使用；三是劳动力素质的整体提高。在人力资源的开发上，应加快科技理论的传播和应用，以提高人力资本的物化效率；提高人才的知识综合创新能力，使智力和创造力在生产活动中创造更多高科技含量、高附加值的产品；加大开发的投资力度，较快地提高人力资本存量。人力资源开发必须注意专才、特才、全才开发的结合，既要培养人才在专业领域中成为专才和特才，更要注意培养人才应用知识的综合能力、掌握全面理论的能力，以及组织管理的能力，使其成为综合性全才。（3）区域产业结构外向化对人力资源的开发提出了更高的要求。区域产业结构外向化是区域经济发展到一定阶段后产业结构高级化的主要表现形式，也是现代社会产业发展的主要特点。现代社会产业发展最为显著的特点即经济全球化的到来，经济全球化必然要求国际化人才的培养。要迅速储备一批具有国际视野、掌握国际管理经验并熟悉国际政治、经济、文化和法律环境的领导人才。产业结构的外向化与经济全球化必然造成区域产业的全球性分工，而只有这样的国际化人才是全球性分工的有效载体。

产业结构变化对人力资源的组织和管理提出更高要求。具体体现在：（1）应增强人力资源的流动性，使人力资源的效力得到最大限度的发挥。在以公有制为主体、多种经济成分共存的经济体制下，产业结构、就业结构呈现多元化特点，在这种条件下，各种灵活的吸引人才的用人政策和收入分配政策，将对人力资源的集聚和流向产生相当大的影响。这对人力资源的组织和管理提出了更高的要求，即对人力资源进行动态而有序的管理。（2）针对产业结构升级的复杂性与同级人才资源知识结构的替代性之间的矛盾，在人力资源的组织和管理方面，需要确保各层次人才之间的协同配合。在人力资源的开发上，应重视人才的引进、培养和潜力挖掘，同时注重人才开发的多样性、整体性、前瞻性和计划性。

产业结构变化的加速，对人力资源开发提出了新的要求，具体表现在：（1）增加人力资源的储备。随着科技进步和知识更新速度的加快，技术资本的折旧也在加速。因此，人力资源开发应具有远见和创新性，既要满足当前产业结构的需要，又要为未来产业结构升级储备人力资源。（2）注重人力资源开发的持续性和终身性。人力资源的数量结构和质量水平的变化是一个长期过程，只有通过持续不断的人力资源开发投资，才能培养出高水平的人力资源，提升人力资本的总体水平。科技进步转化为生产力的速度加快，知识传播和使用效率提高，促使知识更新速度加快。因此，一次性的人力资源开发无法适应知识的爆炸性增长和科技的快速变化，只有终身学习和发展才能充分挖掘人的潜力，提高人力资源的使用效率。（3）人力资源开发需结合脑力与体力。产业结构的高级化导致对脑力劳动的需求增加。然而，智力的开发和应用必须建立在良好体力的基础之上。因此，在提升劳动者知识水平的同时，不应忽视其身体素质的提高。

二、产业结构调整对于人力资源优化配置的需求

产业可以根据生产要素的密集度不同，分为劳动密集型、资本密集型、技术密集型和知识密集型四种类型。历史经验表明，产业结构从初级向高级的演进，是一个从劳动密集型向技术和知识密集型逐步发展的过程。产业结构的演进与人力资本的配置调整是相互制约和促进的关系。有效的人力资本配置是推动产业结构高级化和合理化的重要力量。人力资本配置结构必须与产业结构的变动相适应，以促进产业结构的高度化和合理化，否则可能成为产业结构调整的障碍。产业结构调整中产生的利益差异，也会引导人力资本向同一方向转移，形成新的适应产业结构的配置格局。

目前，我国许多地区人力资本的结构矛盾仍然明显，不合理的人力资本配置严重阻碍了人力资本作用的发挥。这主要表现在人力资本的产业分布不

合理、地区分布严重不均衡。人力资本在城乡配置中偏向城市，而人力资本的流动方向也呈现出从经济不发达地区向经济较发达地区流动的趋势。同时，由于经济、社会、体制、技术等因素的制约，人力资本的流动性较差，形成了人力资本配置的刚性，这在很大程度上影响了我国人力资本的开发与利用效率。

产业结构高级化的变化趋势通常表现为：第二产业和第三产业的比重逐渐提高；初级产品制造产业逐步向高级产品制造产业演进；劳动密集型产业逐步向资金密集型、技术知识密集型产业转变。关于劳动力在产业间流动和配置的规律，威廉·配第和克拉克在17世纪提出了著名的配第—克拉克定理，即随着人均国民收入的提高，劳动力首先从第一产业向第二产业转移；工业化完成后，劳动力又向第三产业转移。承担复杂劳动的劳动力是人力资本的主要形式，因此人力资本的产业间配置规律也遵循产业发展的要求和产业结构演变的规律。

具体来说，产业结构在演进过程中，第一产业中的人力资本存量水平不断提升，同时较高级的人力资本逐渐从第一产业流向第二产业，再流向第三产业，使得第二、三产业中的人力资本存量占据较大比重，发挥经济主导力量的作用。人力资本的利用范围随着产业的发展而扩大，社会分工的细化和新兴产业的形成为人力资本作用的发挥提供了不断扩大的空间。市场的诱导机制会使人力资本从低效率的产业不断转移到高效率的产业。人力资本的利用深度随着产业发展而加深，产业发展和产业结构优化越来越依赖人力资本的作用。因此，必须加深人力资本的利用深度，提高人力资本的使用效率和配置效率。

区域产业结构调整必须坚持区域分工和发挥区域优势，这有利于区域经济的全面协调和可持续发展。区域产业结构调整必然会引起人力资本的流动和配置调整。从宏观上看，人力资本配置主要指人力资本的地区配置和产业配置，配置的过程实质上是劳动力的流动过程，包括地域间的流动、产业间的流动以及职业内外的流动。这有利于知识、技术、劳动经验的传播和交流，缩小地区间经济发展不平衡，提高劳动力的合理利用，调动劳动者的积极性，提高就业效益。但要避免流动的盲目性，确定适当的流动率。劳动力缺乏的国家，流动率应较高；劳动力丰富但熟练技术工人和专业技术人才缺乏的国家，流动率应适当较低。

随着产业结构的高级化，产业的进入和退出壁垒不断提高，产业人力资本投资的专用性程度增强，人力资本进入和退出的技术性壁垒也随之提高。这限制了人力资本向该产业的流动，同时导致了人力资本投资的增加。为了促进区域协调发展，产业的区域性转移是发展的必然趋势，这个过程实质上也是人力资本流动的过程。尤其在当前情况下，国家提出构建和谐社会的目标，必然制定许多优惠措施以鼓励落后地区经济的发展，从而提高人力资本的配置效率。

总结而言，人力资本和产业结构是区域经济增长的两个关键要素。区域经济增长的本质是产业结构的持续优化，而在知识经济时代，人力资本对经济增长的贡献显著增强。这两者之间存在着明显的相互作用，如果能够相互适应和协调，将有助于经济的持续、快速和健康发展。通过综合分析人力资本对产业结构调整的推动机制，以及产业结构调整对人力资本的反馈机制，人力资本与区域产业结构调整之间存在相互促进的关系。随着区域产业结构的高级化和合理化，人力资本存量的增长和配置优化将推动经济逐步向发达状态过渡。在区域经济发展的过程中，关键在于如何提高资源配置效率和转换效率，即如何正确理解和有效利用产业结构与人力资本之间的互动关系。

第十一章

劳动力人口发展：东北振兴的引擎与策略

劳动力人口是推动经济发展的关键要素，特别是在这样一个东北地区经济结构转型和产业升级的关键时期。本章将深入探讨劳动力人口发展在东北振兴中的核心作用及其战略。分析东北地区劳动力人口发展的现状、挑战和机遇，并探讨如何通过有效的政策和措施，促进劳动力人口的合理配置和优化，以推动东北地区的经济振兴。

第一节　劳动力人口发展驱动东北振兴的逻辑

劳动力人口作为经济发展的核心要素，在东北地区经济结构转型和产业升级中扮演着至关重要的角色。本节将探讨劳动力人口发展如何成为驱动东北振兴的关键因素，通过分析劳动力人口发展的现状、挑战和机遇，分析劳动力人口因素与东北振兴的逻辑关系，并探讨如何通过有效的政策和措施，促进劳动力人口的合理配置和优化，以推动东北地区的经济振兴。

一、提高人口生育弹性与人口优化的关系

在当前社会经济发展的大背景下，人口生育弹性的提高与人口优化之间存在着密切的关系。人口生育弹性，即生育率对经济、政策和社会变迁的敏

感度，反映了社会对生育行为的适应能力和调整空间。随着社会的进步和观念的变化，提高人口生育弹性已成为许多国家人口政策的重要目标之一。下文将通过探讨提高人口生育弹性与人口优化之间的关系，提出相应的政策建议，以促进人口结构的优化和可持续发展。

（一）提高人口生育弹性与缓解人口老龄化的关系

提升人口生育弹性能够在一定程度上减轻中远期的人口老龄化压力，尽管人口老龄化的总体趋势不可逆转。通过适度放宽生育政策，增加人口生育弹性，可以扩大总人口规模，从而减缓老龄化进程并降低老龄化水平。生育政策的宽松程度与生育率水平呈正相关，即政策越宽松，生育率越高，对老龄化的缓解作用越显著。

东北三省面临的人口老龄化问题尤为严峻。老年人口规模是过去60年出生人口数量演变的必然结果，几乎是一个不可更改的常数。提高人口生育弹性，可以在政策实施后20年增加劳动力资源的规模，有效减轻老年抚养的负担。然而，"单独二孩"和"全面二孩"政策对缓解人口老龄化的效果有限，它们无法改变人口老龄化的趋势和方向，更不可能逆转这一趋势，只是在一定程度上具有缓解老龄化水平的远期效果。这种效果是通过增加出生人口数量和扩大总人口规模来对老龄化水平进行修正和补偿的，其利弊是并存的。

（二）提高人口生育弹性与人口总量的关系

我们应充分认识"单独二孩"和"全面二孩"政策的实施对总人口增长的叠加作用。这个人口规模对于拉动消费的作用是强大而长远的，贯穿于生命孕育、婴幼儿、少年儿童、青壮年、老年整个生命周期的各个阶段，有利于从供给和需求两个方面推动经济增长。与此同时，也加大了经济社会发展成果分配的压力和资源环境配置的竞争性，也在加大对经济发展和资源环境的压力。

提高生育弹性是关乎人口发展的重大事件，关系到人口发展的诸多方面。除了可以适度缓解老龄化和增加总人口外，还可以促进出生人口性别比的下降；有利于延长较大规模劳动力资源的供给时间，减缓劳动力人口减少的速度；有利于改善家庭人口的代际关系，增加家庭人力资源，改善提升家庭发展能力的人口基础；有利于孩子教育和健康人格的形成；实现城乡生育政策的统一，从而有利于扩大教育基础设施更好的城市的人口覆盖面。

（三）提高人口生育弹性与人口红利的关系

人口红利是指在人口增长变化由快而慢的过程中，人口年龄结构中劳动年龄人口比例增大，少年儿童和老年负担又不很重的状态，这个时期劳动年龄人口的低抚养负担为经济快速发展提供了人口机会窗口。以科学合理的教育、就业、收入分配、投资等经济社会发展政策，可以将潜在的人口机会转换为人口红利。

人口红利不会很快消失。从目前看，虽然人口红利在减弱，但是我国依然处在享受人口红利时期。虽然劳动年龄人口比重逐步下降，但是，劳动年龄人口存量巨大的特征将持续很长时间。呼声很高的延迟退休将在"十四五"期间变为现实政策，其本质就是把60—64岁的低龄老年人口转变为大龄劳动年龄人口。劳动力资源规模巨大的特征将长期保存，劳动力数量巨大和就业结构性短缺的矛盾将长期存在，就业压力将长期存在。尽管正处在快速老龄化时期，人口机会窗口依然还会存续一段时间，只要配合适当的经济社会发展政策，就可以将人口机会转变为人口红利，延续人口红利期。

劳动力资源老化是必然趋势，但是尚不显著。伴随劳动力数量减少的趋势，劳动力也在不断老化。如果不考虑延迟退休，一方面，劳动年龄人口中15—39岁年轻劳动年龄人口比重日益减少，另一方面，40—59岁年老劳动年龄人口比重不断增加。

总之，东北三省要控制住人口过快增长的态势。老龄化是一个人口发展过程。人口发展是一个周期较长的过程，具有自己的发展轨迹和规律性。从目前"全面二孩"的生育政策进行预测，人口年龄结构均衡时期的21世纪末叶或者更远未来的人口规模和结构构成，才能形成完善生育政策预期达成的最终结果，这个最终结果必然要伴随走过剧烈阵痛的人口老龄化的全部过程。当然，如果生育率水平的实际效果不能达到预期的政策目标，这个痛苦的过程会更长，痛苦的程度会更加剧。

　　未来，在死亡率稳定在低水平的基本面上，生育率水平是改变人口走向的唯一因素。继续调整和完善生育政策，需要用发展的眼光远看未来，做出正确的抉择。而人口与经济社会以及资源环境的可持续发展应该成为继续完善的生育政策的必然方向，这是促进人口长期均衡发展的客观要求。

二、人口流动与优化人口空间布局

　　合理的城镇化规模受两个方面条件制约：一是经济发展与城镇化之间具有密切联系，城镇化能够在投资、消费等方面提供经济发展推力，促进经济增长，城镇化水平偏低会导致投资、消费不足，难以有效发挥资本积聚效应和经济增长推动作用；二是城镇承载能力制约，城镇化超过适度水平，将会导致公共资源紧张、环境破坏等问题，不利于经济社会持续发展。根据东北三省城镇化水平现状，确定新型城镇化合理布局任务：控制沈阳、大连、长春、哈尔滨等城市人口增速；适度放宽中等城市的落户限制，提高中等城市人口城镇化率；放开小城市落户限制，快速提高小城市城镇化水平。依据东北地区城镇化合理布局任务，结合各地区城镇化发展实际情况，确定特大城市、大城市和中等城市三种类型常住人口城镇化率调整目标。

　　人口流入流出问题也会导致创新和发展动力和源泉的转移，影响东北地区经济转型与发展。年轻人口流入，增强了地区发展的生机和活力，提高了地区接受新事物、新技术和新产业的能力。如果劳动力人口流出过多，人口因素导致人口老龄化以及劳动力短缺与经济发展需求的不匹配，就将形成一个恶性循环，影响产业结构和就业结构，也将成为制约东北三省经济发展与全面振兴的障碍。因此，推动经济持续发展和产业结构合理升级，需要增强人力资本投资，利用优惠政策吸引高素质人才，不断提高劳动生产率，逐渐形成"持续经济增长—人才流入拉力提升—推动经济发展"的良性循环，实现新一轮东北全面振兴的目标。

三、构筑东北特色的人才战略高地

经济增长重心的转移，归根到底是人才资源得到充分利用的关键。在经济体制改革、科技创新和高新技术产业化的需求与发展中，人才资源是经济发展、社会进步最具革命性的推动力量。在市场经济条件下，企业发展的核心是市场竞争，市场竞争的核心是产品，产品竞争又取决于科技竞争，科技竞争最终取决于人才的竞争。

习近平总书记做出了"人才是第一资源"的科学判断，提出了人才强国战略和党管人才原则，并要求采取人才培养、人才激励等多方面措施，构筑人才战略高地。根据东北实际，推动人才流动进入正流入状态，制定并实施东北地区加强和改进人才工作的一系列重大方针政策，逐步确立了东北地区人才工作的基本思路和宏观布局，建设完善具有东北特色的人才战略高地。

四、发展环东北教育与科技孵化器

在经济发展新常态和东北振兴的背景下，东北地区区域经济发展逐步深入，装备制造业不断升级，现代服务业快速发展，要求建立一支适合产业结构调整战略规划的人才队伍。东北地区经济发展正由原来主要依靠劳动力和初级要素投入的阶段逐步转向主要依靠技术创新推动全省经济发展的阶段。区域专业科技人才体系的培养问题日益凸显，不能单纯依靠低廉的劳动力成本和资源产品价格优势维持自己的经济竞争力，而是必须发展环东北教育与科技企业孵化器，培养大量技术娴熟的一线科技人才，生产出高技术含量、高质量的产品，真正形成自己的产业优势，从而实现经济的快速、健康和可持续发展。

五、突破户籍限制吸引农村产业工人向城镇迁移

东北地区城乡分割的二元经济结构，表现为城市中发达的现代工业与乡村中落后的传统农业并存。突破户籍限制，吸引农村产业工人向城镇迁移，

使农民向城镇转移并最终实现市民化是解决"三农"问题、促进经济快速增长的最有效途径。托达罗模型主张依靠促进农业农村的发展来吸收剩余劳动力，通过农村工业化的道路来实现农业现代化。农村剩余劳动力如果能够打破城乡二元结构，离土离乡，逐渐转移到城镇中的二、三产业，一方面可以促进总体经济增长和产业结构升级，充分发挥城镇对农村的辐射和扩散效应，有效地减少目前劳动力供求在数量和结构上的偏差；另一方面则可以增加中远期城镇劳动力供给量，减小劳动力供给的缺口。

第二节　新时期劳动力人口驱动东北振兴的策略

从东北三省人口总量、发展趋势、人口贡献度及影响因素来看，人口要素对经济增长的弹性显著为正，表明人口要素的增长对全国和东北各省的经济增长产生了显著的促进作用。从贡献程度来看，2010 年之前，物质资本、总人口规模、劳动年龄人口比重是影响全国和东北地区经济发展的最为关键的因素；2010 年之后，人力资本对经济增长的贡献率显著提升，成为经济增长的重要驱动力。因此，协调处理好人口总量、人口素质与经济社会发展之间的问题，是解决东北地区经济下行压力下实现经济目标和跨越式发展的关键。

一、制定积极的东北人口发展战略

面对东北地区复杂的人口形势，突出的人口结构性矛盾，社会发展、经济增长、环境保护问题更加显著。作为人口与资源、环境和经济相互协调的大系统，根据东北三省主体功能区规划，实现人口与经济社会资源环境可持续发展是提升区域竞争力推进东北振兴的根本保证。沈阳、大连、长春、哈尔滨等城市要采取空间适度扩张和人口聚集并举的城市化战略，走东北地区集约化发展道路；对于资源和土地等综合条件较好、发展潜力较大的其他周边城市和中心镇，要通过东北人口发展战略等政策扶持，增强其产业和人口集聚能力。

利用东北地区的区位优势和东北全面振兴战略优势，加快人口集聚，促进沿海及经济带间的区域优势互补和协调发展。通过积极的人口政策，放宽户籍准入条件、增加劳动力转移的就业培训等，建立人口优化机制、有利于人口集聚的管道与激励机制、东北人才高地的内外生机制、环东北教育与科技企业孵化器机制，实现人口与资源环境的优化配置，以推动地区经济发展与产业结构的升级。

树立人口经济社会协调发展理念，制定积极的东北人口发展战略。在经济社会发展中树立人口与经济社会协调发展战略，一是适度鼓励普遍的二胎化，增加未来人口总量；二是促进人口流动区域内集聚；三是大力提高人口素质，开发利用人力资源；四是促进人口经济社会发展与生态环境发展相协调。将人口因素与资源环境、经济社会发展放在一个大背景下，实现人口与经济社会发展的有机融合，把人口规模、人口结构、人口素质放在经济社会协调发展的框架下，打造区域协调的人口发展战略。

加大区域教育投资技术创新力度，支撑区域经济发展。东北地区经济社会发展已由依靠人口红利和物质资本投资拉动阶段逐步转向依靠技术创新等软投入推动经济发展阶段。新的经济增长模式的主动力在于整体提升人口素质，加大区域教育投资和技术创新水平。增加教育投资，重视人才，提升人力资本水平和科技水平，注重挖掘有特殊技能人才，制定吸引人才的财政支持政策，实施灵活多样的办学形式，使正规教育、业余教育、成人教育、企业培训等人才培养方式共同作用，建立适合实际又符合人才培养和技术创新规律的政策机制，提高人口素质，为提升区域竞争力奠定良好的智力支撑体系。

推进区域产业结构优化升级调整，发挥人力资本作用。区域产业结构与就业结构之间的互动关系，是对应优化过程。高质量的劳动力结构促进产业结构的优化升级；反之，产业结构优化升级使得知识含量与技术含量不断提高，呈现出技术密集型的特点。从产业结构调整情况来看，东北地区的主导产业仍然是劳动密集型产业，产业结构调整进程落后于全国平均水平。发展技术密集型产业是东北地区发挥竞争优势产业的发展方向，技术进步对经济发展与就业都具有促进作用。要大力发展技术密集型产业，并逐步淘汰替换那些污染环境严重、资源消耗过多的劳动密集型产业。可在电子通信、生物医药、新材料、技术性服务业、知识型服务业等领域积极发展，逐步实现产业结构的跨越式提升，形成产业发展与就业发展相结合的互动局面。

二、构建人口优化机制

构建人口优化机制，完善生育激励政策，刺激生育愿望。结合东北地区广大家庭尤其是女性的需求，全方位营造生育支持环境，解除育龄妇女及其家庭的后顾之忧。优先解决2—3岁幼儿的入托需求，加大托育服务供给力度。通过鼓励企业兴办及政府购买服务等多种形式，扶持城乡集体、企业、机关事业单位幼儿园和普惠性民办幼儿园招收2岁幼儿，并将其作为评定星级幼儿园的必要条件。鼓励和支持用人单位、社区及其他社会力量，创办婴幼儿托育服务机构。

加强和完善东北妇幼健康服务机构基础设施和服务能力建设，扩大服务容量。完善育龄妇女就业保障，保障女性平等就业权，确保女性产后得以顺利回归职场；构建育龄女性再就业体系，为因生育而离职的女性提供职业培训，提供就业信息，提升其市场适应性，增强其再就业能力。

制定高素质人才的吸引优惠政策，建立有利于人口集聚的管道与激励机制。在目前东北地区经济下行以及人口流失的形势下，东北各省人才集聚能力出现减弱趋势。为避免高素质人才流失，制定吸引人才优惠政策，千方百计地吸引人才是推动人口、资源、环境协调发展的关键路径。高素质人才是振兴老工业基地的第一资源，应积极采取措施广泛吸引各类人才。首先，大力引进各类高素质人才。可以在住房、保险、子女入学、配偶安置、亲属随迁、投资创业、干部选拔任用等方面给予政策优惠，吸引经济发展建设急需的各类高素质人才来定居、工作或创业。其次，各企业可通过建立健全职工职业生涯规划机制，为员工提供调动或晋升机会，在录用高素质人才时能使其看到充分的职业发展空间。最后，构建和谐的工作环境。吸引人才除了提供较高激励优惠条件外，宽松、和谐的工作环境也是吸引人才的重要因素。总之，要建立完善的人口集聚管道与激励机制，提高软投入实力，增强东北地区人口集聚效应。

构筑东北人才高地的内外生机制。要弥补东北地区人才需求缺口，解决高技能高精尖人才不断外流的问题，就需要千方百计大力营造具有吸引力的人才发展环境、完善"引人、留人、用人"体制机制，突破人才引进、评价、流动、激励等方面体制机制障碍，构筑东北人才高地的内外生机制，激发东北地区人才活力。

第一，完善引人留人体制机制。开发更多元化的引才方式，建立全新的政府主导、多方引才机制，不断完善富有竞争价值的高层次人才引进保障体系。可以参考"人才团队＋科技成果＋政府参股＋股权激励"的科技成果转化模式，面向全球招引高层次科技人才团队，政府直接对项目团队进行股权投资，鼓励其创办企业，促进高端成果转化，形成"引进一个团队、带来关键技术、成立一个企业、形成一个产业"的溢出效应。建立"市县愿意干，省里就支持"的推进机制，明确要求市（县）政府率先支持科技团队落户创业，进一步强化市县推进主体责任，带动市县政府加大引进人才投入；通过对创新企业实施上市奖励、业绩奖励和股权回购奖励等举措，加大对高层次人才团队的奖励力度，激励其创新创业。

第二，完善人才流动机制。畅通政企、事企流动通道，着力打造"柔性引才"管理机制；构建"留才、引才、用才"合理和有效的人才管理新机制。建立符合市场化要求的科技人员双向流动制度，畅通人才流通渠道。打破人才工作的地域限制，构建统一的人才大数据库和人才市场，形成区域共同的人才评价与互认机制；打造双向人才驿站、人才飞地，通过各地互派干部挂职等手段来促进人才的合理流动，提高人才的流动效率和治理水平；提高人才流动的宽容度，支持和鼓励事业单位科研人员依规进行离岗创业与在职创业，允许技术人才从事兼职工作。允许高校、科研院所等设立流动性技术岗位，聘请招募有成功实践案例经验的企业家与技术代表担任顾问或从事兼职研究工作。

第三，强化人才激励机制。引进人才并把人才留住是集聚高层次人才的最主要难题，坚持以人为本，充分发挥人才作用，全面提高人才素质。充分尊重人才劳动，尊重人的创造精神，保护科学研究领域中的自由创造、自主研究，为其营造良好的环境。尊重成才、用才的规律，尊重创新、科学研究规律，将科技发展目标从"重成果"转向"成果与人才发展并重"，将科技工作的重点从"重物轻人"转向"人才是第一资源"。

三、全面建设环东北教育与科技企业孵化器机制

第一，建立完善环东北教育与科技企业孵化器机制，重点提高自主创新能力。以高等院校和科研机构为基地，围绕产业转型升级涉及的核心领域，建立环东北教育与科技企业孵化器，增加科研资金投入，改善科研条件，培养具有自主创新能力的人才队伍，提高发明专利、实用新型专利和外观设计专利数量，增加以产业转型升级为驱动的自主创新能力。推动技术研发和知识创新与实践应用相结合，增强经济发展活力。建设人才管理试验区和创业基地。

第二，不断完善人力资本培养梯次体系，支撑技术创新发展。产业结构转型升级的关键在于技术创新，而技术创新的基础是高层次人才队伍建设。发展农村教育事业，全面落实九年义务教育制度，根据城镇化过程中农村就学儿童数量合理设置学校、班级数量，提高农村教师待遇水平。以农业发展需求为导向，建立农村技能培训机构，针对种植业、养殖业和网络信息等方面知识进行系统培训，提高农村劳动力利用先进生产设备能力和掌握利用信息能力。增强东北地区中等职业教育和高等学校教育师资投入。鼓励社会资本投资民办高校，以政策扶持和产业就业引导为"两翼"，加强技能人才培

养，推动人才培养与产业需求相匹配，为经济转型发展提供人才支持。以争创国家自主创新示范区为契机，充分发挥区域现有优势，依托国家大学科技城、国家实验室、国际新兴产业园科技创新驱动优势，加快建设国家级人才创业基地。着力搭建海内外人才创业平台。鼓励各级政府、企业、高校、科研院所作为多元化投资主体投资建设各类创业平台，实现专业技术、项目、人才和服务资源的集聚。

第三，加强职业培训，加大培养力度。改革办学模式，深化产学合作。

1. 调整专业设置

人力资源发展与职业教育具有联动关系，职业教育的发展与改革应紧紧围绕重点产业发展的需求，实现两者的相互对接。一方面，根据东北三省重点产业用工比例制定专业设置和专业招生比例，使支柱产业的用工量与职教各专业学生规模基本匹配；另一方面，充分发挥人社厅和教育厅等政府职能部门在人才培养、职业教育工作上的管理和引导职能，定期组织调研，对地区产业发展情况、职校专业设置情况及毕业生就业情况进行跟踪调查和研究，及时掌握企业对技能人才用工的专业要求和需求数量，明确企业对员工素质及专业能力的要求，在现有职业教育基础上及时增设、扩编相关专业，适当扩大招生规模，调整教学方案。力争通过专业设置的调整、教学内容的改革，实现地区职业院校专业教育与重点产业发展的合理化匹配。

2. 深化校企合作

产学结合的人才培养模式已成为国际职教界公认的技能型实用人才培养途径，各国及我国部分省市在职业教育方面也纷纷采取了相应的教学模式。东北三省应在借鉴国内外成功经验的基础上，创新地区职业教育模式，由政府牵头，围绕企业用工需求，从学生入学到毕业，实现各阶段校企间的对接与合作。

（1）建立长期人才输送关系，大力发展订单式教育。职业院校与企业建立长期的人才输送关系，通过入学阶段签订协议，大力发展订单式教育。一是学校和企业提前签订用人供求合同，学校以企业需求为核心，企业为学校提供人才培养的具体标准和目标，学校根据企业的具体要求进行招生、组织教学，实施定向培养，学生毕业后直接到相关企业上岗工作。二是针对已入校、没有实施定向培养的学生，学校在完成对学生的基础教学以后，吸引和安排企业提前进校召开人才招聘会，面试通过后，再编班实行针对性教育。

（2）定期开展学生就业需求调研，推动用工关系改进。职业院校要定期开展学生就业需求调研，加强学校与企业沟通，将学生对薪酬、管理方式、食宿环境、自我发展等各方面的就业需求及时反馈给企业，促使企业适当调整招聘条件、改善生产生活环境、改善管理方式、调整用工时间等，改良企业与学生之间的用工关系，提高学生在东北三省企业的就业率。

（3）落实"2+1"人才培养模式。逐步推行"学校＋公司"型"学工交替"的新型技能人才培养模式，实现职业学校培养人才和服务社会的统一。教学过程中可以不定期地安排学生进企业参与实训活动，通过在企业内部修建一批教室或提供一定的教学办公设备，使学生在实践的同时能够集中学习和补充理论知识，创新"理论实践同步走"的教学模式。学校企业共同参与人才培养，师生共同参与企业的生产实践，形成学生与企业互利共赢的良性循环，提早让学生了解和适应企业的文化和环境，为学生在实习企业工作打下坚实基础。

第四，紧抓社会劳动力培训，增加供给数量。

1.制订与重点产业需求相符的社会劳动力培训计划

成立社会劳动力职业教育培训指导中心，以地区重点产业对技能人才的需求为指导，综合考虑劳动力的不同层次及需求，制订劳动力转移培训计划，开办相应的培训班。通过政府补贴培训费用、减免学杂费、提供或补贴食宿和交通费等方式，吸引和引导社会劳动力进入重点产业，最终实现社会劳动力的培养内容、培养方向与重点产业需求相对接。

2.建立培训人员个人档案，成立技能人才的信息档案库

培训指导中心对劳动力培训的情况进行全程跟踪，做好培训人员的登记记录，确保大多数人员能够一次性通过培训，掌握熟练的技能技巧。在

提高技能人才培养效率和质量的同时，确保职业教育对于重点产业的高供给效率。

3. 充分发挥就业指导中心功能，做好就业推荐工作

就业指导中心根据培训指导中心提供的学员培训信息，具有针对性地及时向学员提供东北三省重点产业企业用工信息、介绍企业情况、统一安排区内重点产业企业与相关培训学员进行面谈，实现学员与用工方的良好对接，降低劳动力供需双方的相应成本。

第五，加强职工再教育，提升供给质量。

强化职工的再培训再提高对于有效稳定现有技能人才队伍、增强职工技能素质、满足职工自我提升自我发展的需求具有重要作用，同时可以进一步优化重点产业技能人才队伍结构，提高技能人才对重点产业的供给比例。

1. 实施重点产业职工技能提升计划

企业以省内职教院校、场地、师资、器材等为依托，根据各院校提供的各类培训，校企联合制订重点产业职工技能提升计划，建立企业临时培训与长期培训相结合的培养机制。职业院校在专业课程设置及培训内容方面，突出以企业需求为核心，普遍、持续、高效地为企业提供技术培训和理论指导，提升地区重点产业技能人员的总体技能水平。

2. 成立技术工作室

企业依托各职业院校的先进技术、设施设备和强大师资，为地区重点产业解决生产实践中的技术难题，同时以工作室为依托采取一对一的培训模式，以"师带徒"、导师制等形式开展专业技术传授和交流活动，为首席技师充分发挥人才培养"传、帮、带"的作用提供舞台，提高技能人才队伍整体水平。

第六，加大培养力度。人才的短缺成为制约企业组织高效化生产的极为重要的因素之一。要改变这种状况，必须加强高技能人才培养工作并加快技能人才建设，从而为企业的发展奠定基础。企业对技能人才的培养应按照企业人才的建设规划要求，以提高企业的核心竞争力为目标，以企业的内部需

求为导向，并结合技能人才本身的特点，优化培养措施，建立并完善技能人才培养体制。企业技能人才的培养可以由一部分优秀技师和高级技师带高级工学徒，培养使其成为高技能人才的后备力量。还可以选送优秀技能人才到职业院校进行短期的脱产学习或者选送文化和专业基础好的技能人才进入普通高校学习，提高其创新能力。对将参加技师和高级技师鉴定的高级工和技师进行鉴定前的培训，将关键技术工种的技师和技能专家定期送到技能人才的培训基地进行新工艺、新技术与特殊技能培训，由企业支付培训费用。还可以进行实践培养，给技能人才提供革新和处理工艺技术难题以及培训教学的条件，让他们通过实践锻炼提高创新能力。通过组建技师协会为技能型人才提供进行技术交流的平台。不断优化培训内容，以增强培训的针对性和实效性，创新培训方式，多渠道培养人才。

四、优化人力资源使用环境

（一）营造人力资源成长的政策环境

政府要营造一种吸引人才、稳定人才、使优秀人才脱颖而出的良好环境。制定积极灵活、富有吸引力的人才引进政策；实施"来去自由、待遇平等"的人才柔性流动政策；推行"公开平等、竞争择优"的人才使用政策；制定"绩效优先、体现价值"的人才分配政策；落实运用手段先进、协调配套的人才服务政策，以及解除后顾之忧的人才保障政策。营造"尊重劳动、尊重知识、尊重人才、尊重创造"的和谐氛围，真正做到关心人、爱护人、理解人、信赖人，努力为各类人才解决实际困难，解决其后顾之忧。使各级各类人才享有良好的工作环境与生活环境，能够安心地工作生活。构建鼓励人才干事业、支持人才干成事业、帮助人才干好事业的社会环境，为人才的创业打下良好的环境基础，吸引各类人才来东北三省工作和创业。

（二）营造和谐的人文环境

加快人才立法工作建设，使人才培养、引进、使用、激励、保障等各个环节都做到有法可依，为人才尽快成长、更好地发挥作用提供强有力的法治保障。积极营造人性化的生活环境，通过"筑巢引凤"，做好引进人才的落户、子女上学、配偶就业等各项工作，千方百计地解决人才生活中的实际困难，使人才有用武之地而无后顾之忧，有干事创业的动力，有专心"谋事"的成就感。加大文化环境建设的投入，在全社会积极倡导敢冒风险、敢为人先、开拓创新的社会风尚，营造尊重知识、尊重人才、竞相争先、拼搏创业的良好氛围，创造积极健康、宽容宽松的人文环境，使人才心顺气畅，使创新、创业的才智得到充分发挥。

（三）营造良好社会环境

在当下普遍存在着"重视学历教育、轻视职业教育；重视学历文凭、轻视职业技能"的传统观念，高技能人才在社会上并未得到应该得到的重视。这具体反映在不少企事业单位在录用人才的时候，经常只重视文凭和各类职称证书，并且在人才的提拔和调配方面依旧保持着论资排辈的老习惯；而一旦得到某种职位和职称就基本有了"铁饭碗"的情况，也使得许多人才不能得到应有的社会地位和相应的价值回报，这严重制约了人才的成长。所以，提高人才的社会地位并营造高技能人才成长的良好环境有着深刻的意义。充分利用各种新闻媒体和其他宣传方式，大力宣传人才在国家经济建设中的突出作用和重要贡献，宣传技能人才培养采取的政策措施，使人才受到全社会的高度重视和广泛关注，创造人才成长的社会环境。树立新的正确的人才观，充分认识高技能人才培养的紧迫性。重能力而不唯学历，按照实际情况进行培养，发挥每个人的最大潜力，应当成为当代教育的一个根本理念。政府必须利用报纸、杂志、广播、电视、网络平台对全社会进行宣传教育，树立人才多元论的理念。对直接从事生产劳动的技术工人给予应有的地位和尊重，形成提倡对劳动技术进行认真钻研学习的社会舆论。使全社会尤其是使各级领导认识到，技能人才是推动人类社会进步和国民经济发展的一支不可缺少的力量，他们与党政人才、经营管理人才同等重要。

（四）营造良好工作环境

为了鼓励人才脱颖而出，政府部门应当实施一系列有利于人才成长的政策，从健全选拔机制开始，采取有效手段，鼓励技术工人成长。普遍推广"培训、考核、使用、待遇相一致"的激励措施，指导企业制定与技能水平匹配的工资、薪酬、福利、培训制度。企业可以将技能作为生产要素参与分配。提高技师、高级技师工资收入和津贴标准，企业甚至可以对贡献极为突出的高技能人才实行股权激励，考虑让高级技师享受与工程师、高级工程师同等的福利待遇。这些政策措施的制定和落实能够有效地将高技能人才培训、考核、使用、待遇有机结合起来，创造有利于高技能人才工作的环境。

（五）改革人事制度

改革人事制度就是要建立和完善一个更加科学合理的、有利于选人育人用人的环境，包括重新认识人力资本，建立科学的人才评价体系和用人制度，建立能够发挥人力资本潜力的激励机制和制度，打破"由少数人选人"和"在少数人中选人"以及论资排辈的传统用人方式，改进用人方面僵化、呆板的传统习惯和政策，不拘一格地选拔人才，形成人尽其才、才尽其用的选人用人机制，营造一个有利于人才竞争与流动的制度环境。要突破所有制界限，延伸人事人才服务领域，把人才选拔制度、职称评价制度、人事代理制度、人才奖励制度进一步向非公经济延伸，积极探索为各类企业单位开展人才规划、人事诊断、人才租赁、人才测评、薪酬设计等技术含量高的人事代理服务，进一步指导和推进企业内部人事制度改革。

（六）创新人才开发机制

建立以需求为导向的人才培养新机制。就是要适应东北三省对外开放的需要，就要把培养能够熟悉国际贸易规则和国际经济的专业人才和复合型人才作为重点，把培养信息技术、生物技术、新材料技术、先进制造技术的高新技术产业、旅游业高级管理人才作为重点；适应科技创新和增强核心竞争力的需要，就要把培养能够站在科技前沿、具有创新能力的高层次人才作为重点。通过建立健全科学的人才需求分析预测系统，定期发布人才资源状况，引导社会对各类重点人才的培养，带动东北地区人才平台建设。

建立公开、公平、竞争的人才使用新机制。要打破传统唯学历、唯职称、看资历的人才评价方法，真正形成重真才实学、重业绩的用人标准；要打破管理中存在的重物质资源轻人才资源的传统习惯，形成尊重知识、尊重人才的新风尚；要打破人才能进不能出、职务能上不能下、待遇能高不能低的落后的用人制度，建立和完善竞争上岗、轮岗交流、合同聘用、辞职辞退、公开选拔、科学评价、严格考核、强化监督等新的用人机制。

建立市场化的人才配置新机制。按照人才供求规律、竞争规律、价值规律、成长规律，加快人才市场化配置步伐，坚决克服传统人才管理体制遗留下来的弊端，彻底摒除计划配置人才的方式，为人才的自由流动扫清体制性障碍。逐步取消户口对人才使用的限制，使户籍不再成为制约人才流动、分割人才市场的人为障碍。健全、完善人才的社会保障机制，构筑人才流动安全网，为人才的自由流动提供良好的制度保障和环境。

建立体现知识价值的人才分配新机制。充分发挥知识产权制度对制度创新的激励和保护作用，大胆探索并形成与国际惯例接轨的、符合高新技术发展的、以保护知识产权为核心的分配制度。建立和完善市场化工资价格机制，使人才和单位结成真正的利益共同体，使人才能够得到与其贡献相应的报酬，尤其是对有突出贡献的人才，要让他们有名、有利、有位，真正使优秀人才引得进、留得住、使用好、富起来。

建立健全人才评价机制。一个完善和有效的人才评价体系必须在公平公正的前提下，建立正确的人才评价标准。一切从现实出发，在贯彻公平、公正的前提下建立客观的高技能人才评价标准，不拘一格降人才，确立技能人才评价工作的正确方向。结合职业能力，突出工作业绩。在对技能人才的考核模式上，要结合职业能力，突出工作业绩。抛弃唯学历、唯资历的评价模式，抛弃用证书判断人才能力的做法。坚持在对人才的评价中突出其具体操作能力和实际解决生产难题的能力，提高对新技术及新知识的考核要求，并随着社会经济的发展，逐渐加大对新技术及新知识的运用能力的考查力度。

在企业内部对高技能人才进行考核，要遵循统一的标准，进行现场操作，加大监督力度，综合实际的操作能力和具体的工作结果进行评定。通过考核能力来凸显高技能人才解决实际问题的能力，通过业绩评定来凸显高技能人才对企业的实际贡献。企业还要根据具体的职业标准和实际的生产岗位要求确定考核高技能人才的评定内容。

坚持社会与企业双方认可的评价机制。要综合社会和企业对技能人才的评价方式，对技能人才的评价机制进行组织和协调。对技能人才的评价需要有社会和业内的多方认可。动员全社会的有生力量，坚持共享资源和互补优势的原则，联合社会和企业的全部资源，深化技能人才评价机制。全面推行职业资格制度，对技能人才的选拔和培训提供专业的指导，加快执业资格制度建设，加大职称改革力度，扩展从业资格实施范围。积极研究对技能人才的评价方法，结合企业的特点和具体岗位要求，积极发展可从事技能人才评价的组织，在政府的宏观指导下健全技术人才企业与社会共同参与的评价机制。

参考文献

〔1〕蔡昉.中国人口与劳动问题报告 No.7：人口转变的社会经济后果〔M〕.北京：社会科学文献出版社，2006.

〔2〕李秀君.辽宁省人口发展战略研究〔M〕.沈阳：万卷出版公司，2007.

〔3〕阎蓓.新时期中国人口迁移〔M〕.长沙：湖南教育出版社，1999.

〔4〕曾毅.中国人口分析〔M〕.北京：北京大学出版社，2004.

〔5〕封进.人口转变社会保障与经济发展〔M〕.上海：上海人民出版社，2005.

〔6〕孔泾源.中国劳动力市场发展与政策研究〔M〕.北京：中国计划出版社，2006.

〔7〕国务院人口普查办公室，国家统计局人口和社会科技统计司.转型期的中国人口〔M〕.北京：中国统计出版社，2005.

〔8〕石人炳.人口变动对教育的影响〔M〕.北京：中国经济出版社，2005.

〔9〕朱向东.世纪之交的中国人口〔M〕.北京：中国统计出版社，2006.

〔10〕钟秀明，武雪萍.城市化之动力〔M〕.北京：中国经济出版社，2006.

〔11〕王桂新.迁移与发展〔M〕.北京：科学出版社，2005.

〔12〕张伟.走向开放的人口：历史与现实中的经济开放与人口发展〔M〕.成都：巴蜀书社，2004.

［13］北京市人口和计划生育委员会，北京市人口学会.人口与发展［M］.北京：清华大学出版社，2007.

［14］钟水映.人口流动与社会经济发展［M］.武汉：武汉大学出版社，2006.

［15］［美］珀尔托马斯.健康人口学［M］.北京：北京大学出版社，2005.

［16］胡鞍钢.扩大就业与挑战就业［M］.北京：中国劳动社会保障出版社，2002.

［17］苏东水.产业经济学［M］.北京：高等教育出版社，2000.

［18］冯煜.中国经济发展中的就业问题及其对策研究［M］.北京：经济科学出版社，2002.

［19］胡鞍钢，杨韵新.结构变革的创造性摧毁：中国城镇失业与失业保障（1993—2000年）［M］.北京：中国劳动社会保障出版社，2002.

［20］莫荣.2002年：中国就业报告：经济体制改革和结构调整中的就业问题［M］.北京：中国劳动社会保障出版社，2003.

［21］厉以宁.中国城镇就业研究［M］.北京：中国计划出版社，2001.

［22］杨宜勇.中国转轨时期的就业问题［M］.北京：中国劳动社会保障出版社，2002.

［23］张圣兵：全球化进程中的就业变迁［M］.北京：中国财攻经济出版社，2002.

［24］李宝元.人力资本与经济发展［M］.北京：北京师范大学出版，2000.

［25］王传荣.经济全球化进程中的就业研究［M］.北京：经济科学出版社，2007.

［26］杨中新.中国人口老龄化与区域产业结构调整研究［M］.北京：社会科学文献出版社，2005.

［27］蒋选.我国中长期失业问题研究［M］.北京：中国人民大学出版社，2004.

［28］肖立见等.转变时期中国人口与社会经济发展［M］.成都：西南财

经大学出版社，2005.

［29］杨坚白等．人口经济论［M］．北京：社会科学文献出版社，2007.

［30］李薇辉．劳动经济问题研究［M］．上海：上海人民出版社，2005.

［31］高铁梅．计量经济分析方法与建模［M］．北京：清华大学出版社，2006.

［32］李玉江．区域人力资本研究［M］．北京：科学出版社，2005.

［33］夏杰长等．增长就业与公共政策［M］．北京：社会科学文献出版社，2005.

［34］侯风云．中国人力资本投资与城乡就业相关性研究［M］．上海：上海人民出版社，2007.

［35］马培生．劳动经济学［M］．北京：中国劳动和社会保障出版社，2003.

［36］唐玉光，房剑森．高等教育改革论［M］．桂林：广西师范大学出版社，2002.

［37］郭继严，王永锡．中国就业战略研究［M］．北京：经济管理出版社，2001.

［38］袁志刚．中国就业报告［M］．北京：经济科学出版社，2002.

［39］闵维方．高等教育运动机制研究［M］．北京：人民教育出版社，2002.

［40］张世晴．人口与经济增长的理论研究［M］．西安：陕西人民出版社，1994.

［41］周天勇．劳动与经济增长［M］．上海：上海人民出版社，1994.

［42］丁俊：计量经济学软件——EVIEWS 的使用［M］．北京：对外经济贸易大学出版社，2006.

［43］朱杰．人口迁移理论综述及研究进展［J］．江苏城市规划，2008（7）：37—40.

［44］陈友华，吴凯．人口现代化对人口结构的影响分析［J］．人口学刊，2007（2）：76—79.

［45］张翼．我国人口结构几个新的重要变化［J］．中国经贸导刊，2007

（3）：28—29.

［46］张继红.关于我国的人口结构对社会经济发展的影响分析［J］.甘肃科技，2006（1）：42—46.

［47］许抄军，罗能生.中国的城市化与人口迁移——2000年以来的实证研究［J］.统计研究，2008（2）：57—60.

［48］蔡昉."人口红利"消失的隐患［J］.中国企业家，2006（7）：96—97.

［49］蔡昉，王美艳."未富先老"对经济增长可持续性的挑战［J］.中国企业家，2006（7）：6—10.

［50］蔡昉."未富先老"意味着什么［J］.科学决策月刊，2006（4）：5—7.

［51］蔡昉，王梓，曹理达，代忘.劳动力拐点之问：人口红利还是人口负债［J］.21世纪经济报道，2007（8）：1—5.

［52］蔡昉.人口转变、人口红利与经济增长可持续性［J］.人口研究，2004（2）：2—9.

［53］蔡昉.人口转变的储蓄效应和增长效应——论中国增长可持续性的人口因素［J］.人口研究，2004（5）：2—11.

［54］蔡昉.我国人口总量增长与人口结构变化的趋势［J］.中国经贸导刊，2004（13）：28—29.

［55］蔡昉，孟昕，王美艳.中国老龄化趋势与养老保障改革：挑战与选择［J］.中国经济，2004（7）：40—43.

［56］蔡昉，王德文.作为市场化的人口流动——第五次全国人口普查数据分析［J］.中国人口科学，2003（5）：11—19.

［57］蔡昉，都阳."十一五"期间劳动力供求关系及相关政策［J］.宏观经济研究，2005（6）：21—23.

［58］蔡昉."未富先老"与劳动力短缺［J］.开放导报，2006（2）：31—38.

［59］蔡昉.加快转移农村劳动力最重要——谈"刘易斯"上的新农村建设［J］.中国经济导报，2006（6）：1—2.

［60］蔡昉，都阳.经济转型过程中的劳动力流动——长期性、效应和政

策［J］.学术研究，2004（6）：16—22.

　　［61］蔡昉.劳动力短缺：我们是否应该未雨绸缪［J］.中国人口科学，2005（6）：11—16.

　　［62］蔡昉.劳动力合理流动：经济增长的"引擎"［J］.观察家论坛，2003（10）：14—15.

　　［63］蔡昉.劳动力迁移的两个过程及其制度障碍［J］.社会学研究，2001（4）：44—51.

　　［64］蔡昉.劳动力市场变化趋势与农民工培训的迫切性［J］.新思维，2006（7）：30—32.

　　［65］蔡昉.劳动力无限供给时代结束［J］.高端之见，2008（2）：16—17.

　　［66］蔡昉.论就业在社会经济发展政策中的优先地位［J］.中国人口科学，2003（3）：1—6.

　　［67］蔡昉.论市场对城乡劳动力资源的重新配置［J］.广东社会科学，2003（1）：34—41.

　　［68］蔡昉，王美艳.农村劳动力剩余及其相关事实的重新考察［J］.中国农村经济，2007（10）：4—12.

　　［69］蔡昉，都阳，高文书.如何实现经济与就业同步增长［J］.中国经贸导刊，2004（24）：16—17.

　　［70］蔡昉，都阳，高文书.实现经济与就业同步增长的政策建议［J］.中国党政干部论坛，2005（1）：32—33.

　　［71］蔡昉.市场如何配置劳动力资源［J］.今日中国论坛，2006（6）：54—57.

　　［72］蔡昉.为什么"奥肯定律"在中国失灵——再论经济增长与就业的关系［J］.宏观经济研究，2007（1）：11—14.

　　［73］蔡昉.为什么劳动力流动没有缩小城乡收入差距［J］.经济透视，2006（7）：7—9.

　　［74］蔡昉，都阳.我们需要什么样的劳动力市场制度［J］.吉林大学社会科学学报，2005（5）：29—35.

［75］蔡昉，王美艳.中国城镇劳动参与率的变化及其政策含义［J］.中国社会科学，2004（4）：68—79.

［76］蔡昉.中国劳动力市场发育与就业变化［J］.经济研究，2007（7）：4—13.

［77］蔡昉.中国用什么办法增加就业［J］.中国经济论坛，2005（34）：28—29.

［78］李林，张正河.产业结构与中国省际城市化进程差异分析［J］.管理现代化，2007（3）：62—64.

［79］郑文升，丁四保，王晓芳.东北地区城市化发展战略［J］.经济地理，2006（12）：238—241.

［80］刘艳军，李诚固，董会和，李如生.东北地区产业结构演变的城市化响应：过程、机制与趋势［J］.经济地理，2007（5）：433—437.

［81］黄晓军，李诚固，黄馨.东北地区城市化与产业结构演变相互作用模型［J］.经济地理，2008（1）：56—57.

［82］李辉.东北地区人口城市化水平的特殊性分析［J］.人口学刊，2008（2）：38—43.

［83］王晓芳，郑文升，陈才.东北老工业基地改造的城市化困境与对策研究［J］.地域研究与开发，2006（12）：28—32.

［84］袁家冬，张娜.东北老工业基地振兴与吉林省新型城市化的响应［J］.世界地理研究，2005（6）：64—71.

［85］张车伟，蔡昉.就业弹性的变化趋势研究［J］.中国工业经济，2002（5）：19—27.

［86］王晓芳，郑文升，陈才.东北老工业基地改造的城市化困境与对策研究［J］.地域研究与开发，2006（12）：28—31.

［87］陈春明，陈旭升.黑龙江省城市化发展若干问题的研究［J］.北方经贸，2006（12）：130—131.

［88］徐旭.黑龙江省城市化发展战略问题研究［J］.行政论坛，2005（4）：87—89.

［89］王艳，白雪.黑龙江省城市化进程与经济发展协调性分析［J］.经

济研究导刊，2007（2）：128—130.

［90］王波，杨华，于彦民.吉林省城市化的发展现状及对策研究［J］.吉林工程技术师范学院学报，2006（8）：10—12.

［91］王波，李小玲.吉林省农村城市化的影响因素及发展对策［J］.吉林工程技术师范学院学报，2007（10）：23—25.

［92］杨雪，孙慧宗.吉林省人口城市化水平的分析与预测［J］.人口学刊，2005（3）：53—57.

［93］李秀霞，刘春艳.吉林省人口城市化与经济发展相关分析研究［J］.人口学刊，2007（3）：8—12.

［94］王秀娜，李文男.辽宁城市化发展的制约因素分析［J］.辽宁大学学报，2006（11）：108—111.

［95］孙颖杰.辽宁城市化进程及战略模式分析［J］.社会科学辑刊，2007（4）：70—73.

［96］赵秋成.辽宁老工业基地的工业化、城市化及其路径选择［J］.经济地理，2005（3）：329—332.

［97］王胜今，侯力.论东北振兴过程中的城市化与城镇体系建设［J］.吉林大学社会科学学报，2006（6）：5—10.

［98］冯宗峰.浅析东北地区的城市化问题［J］.北方经贸，2005（10）：115—116.

［99］卢守亭.谈辽宁城市化发展历程［J］.沈阳工程学院学报，2006（10）：451—453.

［100］蒋红奇.我国农村劳动力转移与城市化进程的动态分析［J］.湖南财经高等专科学校学报，2007（2）：45—46.

［101］方秀娟.中国城市化地区差异与就业结构比较分析［J］.经济与管理，2006（3）：22—25.

［102］刘七华.我国城市化对就业规模和结构的影响［J］.经济研究导刊，2008（3）：161—164.

［103］张慧琴，陈广胜，李军.浅谈黑龙江省城市化发展与农村剩余劳动力转移［J］.农场经济管理，2007（6）：69—70.

［104］陈安平，李勋来.就业与经济增长关系的经验研究［J］.经济科学，2004（1）：32—36.

［105］李林杰，于飞.对我国城市化与就业结构依存关系的统计检验［J］.统计观察，2006（7）：84—85.

［106］林志伟.我国城镇失业状况分析［J］.现代管理科学，2004（1）：78—79.

［107］金丽国，刘晓宁.我国当前的失业状况及其形成原因［J］.西北建筑工程学院学报，2000（2）：13—17.

［108］李运兰.城市化进程中的农民再教育问题［J］.成人教育，2006(5)：82—83.

［109］刘建峰.城市化进程中农民工的可持续发展问题［J］.信阳农业高等专科学校学报，2007（6）：51—53.

［110］谢建社.城市化进程中农民工教育问题及对策［J］.教育与职业，2007（6）：5—8.

［111］程红莉.我国产业结构与就业结构的偏离及对失业的影响［J］.统计与决策，2006（3）：97—98.

［112］蒲艳萍.转型期的产业结构变动与中国的就业效应［J］.重庆大学学报，2008（1）：23—27.

［113］李仲生.中国产业结构与就业结构的变化［J］.人口与经济，2003（2）：43—47.

［114］边文霞.北京产业结构与劳动力就业结构互动关系的解析［J］.人口与经济，2008（4）：67—68.

［115］陈大红.产业结构与就业结构关联性分析［J］.西北人口,2007(4)：1—3.

［116］李玉凤，高长元.产业结构与就业结构的协整分析［J］.统计观察，2008（4）：84—86.

［117］刘桂芝，张肃.东北地区产业结构演进中的人力资本效应［J］.经济问题探索，2004（6）：88—93.

［118］丁小浩，陈良焜.高等教育扩大招生对经济增长和增加就业的影响

分析［J］.教育发展研究，2000（2）：9—14.

　［119］张万朋，王千红.高等教育规模扩张的经济学分析［J］.华东师范大学学报，2007（6）：31—36.

　［120］李双海，徐宏玲，李晓丽.高校扩招的乘数理论分析［J］.河北农业大学学报，2001（6）：12—13+29.

　［121］蒋文生.高校扩招对毕业生就业影响的经济学思考［J］.云南财贸学院学报，2006（1）：116—120.

　［122］陈倩.高校扩招六年的成绩_问题与对策［J］.统计与咨询，2006（1）：（12—13）.

　［123］李华，黄正泉.基于人力资本理论视角的高校扩招政策分析［J］.煤炭高等教育，2006（3）：31—33.

　［124］何筠，张波.江西产业结构调整与人力资源开发关系实证研究［J］.中国人口资源与环境，2006（3）：113—118.

　［125］甘国华.教育形成的专业化人力资本对产业结构演进的影响［J］.南昌大学学报，2005（1）：148—153.

　［126］魏世红，谭开明.辽宁产业结构调整实证分析与对策研究［J］.商场现代化，2007（4）：253—255.

　［127］张其春，郗永勤.区域人力资本与产业结构调整的互动关系［J］.现代经济探讨，2006（8）：16—18+52.

　［128］夏杰长.中国劳动就业结构与产业结构的偏差［J］.中国工业经济，2000（1）：36—40.

　［129］罗国勋.经济增长与劳动生产率、产业结构及就业结构的变动［J］.数量经济技术经济研究，2000（3）：28—30.

　［130］赖小琼.论经济增长与就业增长［J］.厦门大学学报（哲学社会科学版），2001（3）：41—45.

　［131］阎文谦，窦庆菊.中国的经济结构与就业结构非均衡分析［J］.山西财政税务专科学校学报，2001（6）：36—40.

　［132］王孟欣，王俊霞.我国产业结构调整对经济增长和就业结构的影响［J］.统计与决策，2003（11）：54—55.

后　记

　　党的十八大以来，以习近平同志为核心的党中央高瞻远瞩、审时度势，指导实施新一轮东北振兴战略。党的十九大报告提出，深化改革加快东北等老工业基地振兴。党的二十大报告提出，推动东北全面振兴取得新突破。2023 年 9 月，习近平总书记主持召开新时代推动东北全面振兴座谈会并发表重要讲话，强调牢牢把握东北的重要使命，奋力谱写东北全面振兴新篇章。2025 年初，习近平总书记再赴辽宁、黑龙江、吉林考察，对新时代东北全面振兴作出最新指示要求，充分彰显了总书记对东北人民的亲切关怀和深情厚爱，彰显了总书记对东北振兴的殷切期望和信任重托，是对正在为东北振兴努力奋斗的各界人士的巨大鼓舞和莫大鞭策。

　　中国东北振兴研究院是在国家发展和改革委员会指导下，以东北振兴理论和政策研究为特色，为中央和东北地区各级地方政府提供政策咨询的新型智库，是辽宁省新型智库联盟首任理事长单位、"智库人才培养联盟"单位、国家区域重大战略高校智库联盟单位。先后入选"2021 年中国智库参考案例（咨政建言类别）"和"CTTI 2022 年度高校智库百强"，荣获"CTTI 2023 年度 / 2024 年度智库研究优秀成果"特等奖。

　　2020 年，由中国东北振兴研究院组织编写的《东北振兴研究丛书》出版，被列为"十三五"国家重点图书出版规划项目、国家出版基金资助项目，荣获"第一届辽宁省出版政府奖"。2022 年，《新时代东北全面振兴研究丛书》筹划、立项，经编委会、作者团队与出版社共同努力，丛书被列入

"十四五"国家重点出版物出版规划增补项目和国家出版基金资助项目。

值此丛书付梓之际，感谢各位作者用严谨治学的精神为丛书倾注心血、贡献智慧，感谢亿达集团董事局主席孙荫环先生的鼎力支持和在丛书启动阶段给予的充分保障，感谢辽宁人民出版社编辑团队的辛勤付出。

党中央为新时代东北全面振兴指明了前进方向，也给东北振兴发展提供了新动力新机遇。东北地区要认真贯彻落实党的二十大和二十届二中、三中全会精神，坚定信心、开拓创新，勇于争先、展现作为，以进一步全面深化改革开放推动东北全面振兴取得新突破。

中国东北振兴研究院

2025 年 2 月 12 日